U0925293

改革开放40年：中国经济发展系列丛书

新型城镇化：
中国经济增长和社会变革的动力

XINXING CHENGZHENHUA
ZHONGGUO JINGJI ZENGZHANG HE SHEHUI BIANGE DE DONGLI

国家发展改革委宏观经济研究院国土开发与地区经济研究所◎著

责任编辑:高晓璐

图书在版编目(CIP)数据

新型城镇化:中国经济增长和社会变革的动力/国家发展改革委宏观经济研究院国土开发与地区经济研究所 著. —北京:人民出版社,2018.12
(改革开放40年:中国经济发展系列丛书)
ISBN 978-7-01-018949-9

Ⅰ.①新… Ⅱ.①国… Ⅲ.①城市化-研究-中国 Ⅳ.①F299.21

中国版本图书馆CIP数据核字(2018)第275248号

新型城镇化:中国经济增长和社会变革的动力
XINXING CHENGZHENHUA ZHONGGUO JINGJI ZENGZHANG HE SHEHUI BIANGE DE DONGLI

国家发展改革委宏观经济研究院国土开发与地区经济研究所 著

人民出版社 出版发行
(100706 北京市东城区隆福寺街99号)

山东鸿君杰文化发展有限公司印刷 新华书店经销

2018年12月第1版 2018年12月北京第1次印刷
开本:710毫米×1000毫米 1/16 印张:18
字数:293千字

ISBN 978-7-01-018949-9 定价:59.00元

邮购地址 100706 北京市东城区隆福寺街99号
人民东方图书销售中心 电话 (010)65250042 65289539

总 序

2018年正值我国改革开放40周年。改革开放是决定当代中国命运的关键抉择，开启了人类历史上最为波澜壮阔的工业化和现代化进程。40年来，中国经济社会发生了翻天覆地的变化，取得了举世瞩目的成就。党的十八大以来，以习近平同志为核心的党中央带领全国人民迎难而上、开拓进取，取得了改革开放和社会主义现代化建设的历史性变革和决定性进展。

统计显示，从1978年到2017年，我国国内生产总值按不变价计算增长了33.5倍，年均增长9.5%。人均国内生产总值由385元增长到59660元，扣除价格因素，增长了22.8倍，年均增长8.5%，实现了由低收入国家向中高收入国家的跨越；农业综合生产能力大幅提高，工业发展突飞猛进，服务业快速增长，建立了全球最完整的产业体系，220多种工业产品产量位居世界第一，成为世界第一制造大国，产业结构由27.7∶47.7∶24.6调整为7.9∶40.5∶51.6，就业结构由70.5∶17.3∶12.2调整为27.0∶28.1∶44.9，我国用40年时间走过了发达国家近100年的工业化历程；城镇化率从17.9%提高到58.5%，城镇常住人口从1.7亿人增加到8.1亿人，城市数量从193个增加到657个。40年来，我国新增的城镇人口相当于美国总人口的2倍、日本的5倍、英国的10倍；对外贸易额从不到100亿美元增加到4.11万亿美元，跃居世界第一贸易大国，累计吸引外国直接投资1.9万亿美元。

我国已全方位融合全球经济体系，成为推动世界经济增长的重要引擎；农村贫困人口减少 7.4 亿，占全球减贫人口总数的 70% 以上，农村贫困发生率下降 94.4 个百分点。城乡居民恩格尔系数分别从 57.5% 和 67.7% 下降到 29.3% 和 32.2%。人均预期寿命从 1981 年的 67.8 岁提高到 76.7 岁。人民生活从短缺走向充裕、从贫困走向小康和全面小康。更为可贵的是，改革开放 40 年来，中国共产党在领导推进经济发展过程中，不断深化规律性认识，形成了许多重要的经验和启示。

中国宏观经济研究院（国家发展和改革委员会宏观经济研究院，以下简称宏观院）作为改革开放的亲历者和见证者，多年来始终把为中央宏观决策和国家发展改革委中心工作服务作为立院之本和第一要务，参与了许多改革开放重大课题研究和文件的起草工作。值此改革开放 40 周年之际，宏观院集全院之力，组织撰写了《改革开放 40 年：中国经济发展系列丛书》（以下简称《丛书》）。内容涵盖宏观经济、投资、外经、产业、区域、社会、市场、能源、运输、体制改革等经济社会发展的各个领域，既是对过去 40 年经验成就的回顾和总结，也包含了对新时代中国特色社会主义发展的展望与思考。

在《丛书》写作过程中，王家诚、俞建国、石康、齐援军等同志对书稿进行了审阅把关，人民出版社对《丛书》出版给予了大力支持，在此一并表示感谢！

由于时间和水平所限，《丛书》内容难免有不足之处，敬请读者批评指正。

中国宏观经济研究院

《丛书》编委会

2018 年 10 月

前 言

改革开放的40年，见证了中国城镇化波澜壮阔的历史进程。中国城镇化率由1978年的17.9%提高到2017年的58.5%，城镇常住人口从1.7亿人达到8.1亿人，城市数量由193个增加到657个，中国的城镇化在规模和速度两方面均取得了举世瞩目的成就。京津冀、长三角、珠三角等城市群建设比肩国际先进水平，成为我国参与全球经济合作与竞争的主要平台，构建了建设世界级城市群的基础框架。一大批中小城市加速成长，众多小城镇成为以工促农、以城带乡、城乡交融的节点，成为吸纳农民工就地城镇化的重要载体。城镇化的快速推进和城镇的快速发展吸纳了大量的农业转移人口，提升了生产要素城乡配置效率，带动了国民经济持续快速发展，引发了社会结构深刻变动，促进了社会事业全面进步。城镇化发展成为中国历史上一次伟大的变革，既是中国过去40年改革开放伟大成就的集中体现，也是未来推动中国现代化建设和中华民族伟大复兴的重要引擎。

对于一个拥有960万平方公里国土面积、近14亿人口的发展中大国，推进城镇化没有先例可循，没有现成模式可套用。中国从社会主义初级阶段的基本国情出发，因势利导、勇于创新，积极探索实践中国特色的城镇化之路，历经了从粗放型、外延式的传统城镇化到集约化、内涵式的新型城镇化转变过程，用几十年时间完成了西方国家 200 年走过的城镇化进程，在创造高速经济增长奇迹的同时创造了快速城镇化的奇迹，显著提升了中国经济社会发展水平，对于全球的城镇化发展做出了积极贡献。正如诺贝尔经济学奖获得者、世界银行前副行长斯蒂格利茨将中国的城市化视为影响 21 世纪人类社会发展进程的两件大事之一，中国城镇化道路的探索为人类文明进步贡献了中国力量、中国智慧和中国方案。

党的十九大宣告中国特色社会主义进入新时代，今年又是中国实行改革开放 40 周年。在这个重要时间节点，回顾和梳理改革开放 40 年以来中国城镇化的发展路径和实践，特别是总结党的十八大以来积极推进以人为核心的新型城镇化建设进程，对于今后破解城市发展中的突出矛盾和问题，不断提升城镇化质量效益、人民生活水平和城市竞争力意义重大。为此，中国宏观经济研究院国土开发与地区经济研究所（以下简称国土地区所）组织全所科研人员撰写了此书。全所科研人员以习近平新时代中国特色社会主义思想为指导，深入学习和领会习近平总书记关于稳步推进城镇化健康发展，坚持把城镇化质量明显提高摆在突出位置，遵循规律、切实把握城镇化正确的方向等重要思想，贯彻创新、协调、绿色、开放、共享的新发展理念，以户籍、土地、大中小城市和小城镇协调发展、城镇规划及管理等方面的制度创新为主线，展现出以人为本、四化同步、优化布局、生态文明、文化传承的中国特色新型城镇化之路。

国土地区所作为国家高端智库的重要专业性科研机构，长期从事国土开发、区域经济、城镇化发展、城乡规划、资源环境可持续发展、城市转型等方面的理论和政策研究，成立30多年来承担了大量中央和国家有关部门委托的区域规划、国土规划、空间规划、城市群规划、资源型城市转型规划等重大课题研究和重要文件起草工作，主持了地方各级政府委托的关于不同空间尺度的区域和城市的课题研究和规划编制工作数百项，对于中国特色的新型城镇化拥有扎实的理论和方法研究基础，掌握了全国推进新型城镇化大量鲜活的实践案例和第一手资料，此书即是在这些长期理论和实践研究积累的基础上完成的。在撰写过程中，全所科研人员力求融理论于实践、寓全貌于案例，准确把握中国特色新型城镇化的特点和经验，揭示中国特色新型城镇化的内在规律和趋势。

本书撰写过程中，国土地区所时任史育龙所长、张庆杰副所长、申兵副所长负责框架结构的确定和文稿统筹，后期国土地区所现任高国力所长参与了书稿修订和前言撰写。导言和第一章由城镇发展研究室的欧阳慧、刘保奎、李爱民、李智撰写；第二章和第五章由国土规划研究室的黄征学、宋建军、滕飞撰写；第三章和第四章由综合研究室的贾若祥、汪阳红、张燕、王继源撰写；第六章和第七章由区域战略研究室的曹忠祥、卢伟、公丕萍撰写；第八章由环境经济研究室的李忠、刘洋、刘峥延撰写；第九章由资源经济研究室的王丽、党丽娟撰写。所科研秘书袁朱承担了撰写的组织工作。本书的撰写还得到了宏观院院领导的关心和科研管理部的大力支持，在此一并表示衷心感谢。

在中国这样一个人口众多、城乡二元结构突出的发展中大国，如何走出一条符合自身实际、具有中国特色的新型城镇化道路，是宏大而深远的时代命题。国土地区所将以此书为新的起点，在习近平新时代中国特色社会主义思想指导下，把握我国社会主要矛盾的深刻变化，坚持以人民为中心的发展思想，不断深化对中国特色新型城镇化发展道路的研究，为推进中国特色新型城镇化提供更多高质量的决策支撑。

史育龙　高国力　张庆杰　申　兵

2018 年 11 月 8 日

目　录

导 言

改革开放以来，中国经历了人类历史上最大规模的城镇化进程，城镇化的快速推进吸纳了大量农村劳动力转移就业，提高了城乡生产要素配置的效率，促进了中国国民经济持续快速发展，推动了社会结构和经济制度的深刻转型，可以说，城镇化不仅是中国经济的重要引擎，也是中国崛起的一个缩影。

一、改革开放以来中国城镇化取得辉煌成就

从 1978 年到 2017 年，中国的城镇化率从 17.9% 提高到了 58.5%，提高了 40.6 个百分点，平均每年提高 1.0 个百分点，40 年里走过了许多国家 100 年的城镇化历程，也显著快于许多新兴工业化国家的城镇化速度。

从 1978 年到 2017 年，中国的城镇常住人口从 1.7 亿人增加到 8.1 亿人，城镇人口增加了 6.4 亿人，平均每年有 1600 万人，40 年里新增的城镇人口相当于美国总人口的 2 倍、日本总人口的 5 倍、英国总人口的 10 倍。

从 1978 年到 2017 年，中国的城市数量从 193 个增加到 657 个，增加了 464 个，其中；城区人口 100 万人以上的城市数量从 29 个增

加到 89 个（《第一财经》，2018），全球人口超过 1000 万人的 25 个城市中，中国占到了 13 个。

从 1978 年到 2017 年，中国的城乡关系从城乡分割一步步走向城乡融合，城乡间从产品不能平等交易、要素不能自由流动，逐步转变为以工促农、以城带乡、工农互惠、城乡一体的新型工农城乡关系。

从 1978 年到 2017 年，中国城镇体系日臻完善，北京、上海等国际影响力日益扩大，广州、深圳、杭州、成都、郑州等一批国家中心城市加速崛起，城市群成为城镇化的主体形态，京津冀、长江三角洲、珠江三角洲三大城市群以 2.8% 的国土面积集聚了 18% 的人口，创造了 36% 的国内生产总值，成为带动我国经济快速增长和参与国际经济合作与竞争的主要平台。粤港澳大湾区已经成为世界三大湾区之一。

从 1978 年到 2017 年，中国城市建设日新月异，中国内地累计有 34 个城市建成运营城市轨道交通 5021.7 公里，上海和北京位居全球城市轨道交通运营里程前两位。城市人均住宅面积从 6.7 平方米提高到 36.6 平方米，城市用水普及率由 53.7% 提高到 91.5%，城市燃气普及率由 11.6% 提高到 82.1%。城市人均公共绿地面积由 1.5 平方米提高到 7.9 平方米。城市各类功能设施的不断完善，为生产生活提供了强劲支撑。

从 1978 年到 2017 年，从特区到开发区、再到国家级新区，产业平台和功能载体成为中国城市发展的重要抓手，形成了由 5 个经济特区、19 个国家级新区、219 个国家级经济技术开发区、156 个国家级高新技术产业开发区、135 个海关特殊监管区域[①]、19 个边境/

①《中国开发区审核公告目录（2018 版）》。

跨境经济合作区、23个其他类型开发区及1991个省级开发区构成的功能区体系，成为我国城市发展的主要动力，也成为经济发展的主要载体。

二、城镇化成为中国经济快速增长和制度创新的动力

中国的城镇化几乎伴随着改革开放的全进程。中国不断扩大的开放度，成为城市发展的重要动力源，中国的沿海城市、内陆城市和边境城市都在扩大开放中得到快速发展。在沿海城市，1980年中国政府决定在深圳、珠海、厦门、汕头成立首批4个经济特区，为了进一步扩大开放，1984年开放了14个沿海港口城市，1985年将长三角、珠三角、厦漳泉划为经济开放区，1988年将海南全省批准为经济特区，1990年又开发了浦东新区。在边境城市，从1992年开始，中国又陆续批准了黑河、绥芬河、珲春、满洲里、二连浩特、伊宁、博乐、塔城、畹町、瑞丽、河口、凭祥、东兴、丹东等14个沿边开放城市，并在边境贸易管理形式、税收等方面采取了一系列支持边境贸易发展、对外经济合作的措施，边境城市得到长足发展。在内陆城市，继沿海、沿边城市相继对外开放之后，1998年中国政府又对重庆、岳阳、武汉、九江、芜湖等5个长江沿岸城市，哈尔滨、长春、呼和浩特、石家庄、太原、合肥、南昌、郑州、长沙、成都、贵阳、西安、兰州、西宁、银川等15个城市实行沿海开放城市政策，包括扩大对外经济合作的权限、支持引进国外先进技术和管理经验、鼓励吸引外资、允许兴办经济技术开发区等。

理解中国的城镇化，不能忽略经济全球化的因素。从20世纪90年代开始，经济全球化越来越成为中国城市化的重要动力，资本、技术、产业的跨国转移，众多跨国公司竞相在中国大陆投资建

设现代化的工厂，到21世纪初，中国已经迅速发展成为全球重要的制造业基地，有“世界工厂”之誉。全球化在推动中国工业化的同时，也加速了中国的城镇化进程，特别是中国沿海城市如上海、北京、广州、深圳等国际化水平得以大幅提升，这些城市向内背靠中国大陆广袤市场，向外与全球各国联系便捷，拥有发达的航空、航运、金融和信息枢纽功能，吸引了越来越多的跨国公司总部或区域总部入驻，成为全球城市网络的重要组成部分。

经济全球化对中国城镇化的影响。在2001年中国加入了世界贸易组织之后表现得更为突出，从2000年初到2011年末，中国的城镇化率从30.89%提高到51.27%，每年平均提高1.9个百分点，是改革开放40年中城镇化最快的一个阶段，许多城市得到了爆发性增长，城区面积和人口翻了一番，像苏州、东莞、无锡、佛山等城市依托制造业的快速发展，成为这一时期的明星城市。数据显示，2000—2011年，中国城镇建成区面积增长76.4%[①]。

2012年党的十八大以来，中国进一步加快构建开放型经济新体制，推动形成全面开放的新格局，先后批准了上海、广东、福建、天津、浙江等地的自贸试验区，内陆沿边开放取得重要突破，一批内陆城市如重庆、成都、武汉、郑州等成为这一时期的增长明星，东兴、瑞丽、伊宁、珲春、丹东等边境城市发展迅速。特别需要指出的是，2013年中国提出“一带一路”倡议，迅速成为深化对外开放的引领性战略并取得重大进展，包括基础设施建设、经贸投资合作、人民币国际化、民心相通等。“一带一路”让中国城镇轴带、发展走廊进一步伸展，在宏观层面促进了城镇格局的网络化和开放化，

① 见《国家新型城镇化规划（2014—2020）》。

同时在地方的积极参与和融入下，“一带一路”成为地方经济增长和城市发展的新动力，六大走廊及其重要节点上的城市，如厦门、青岛、郑州、西安等，得到快速发展。

中国的城镇化与经济改革相辅互促。中国的改革从农村起步，包产到户极大地提升了农民的劳动生产率（林毅夫，1999），大量劳动力得以从农业中解放出来，向非农产业转移（蔡昉，2010）。粮食供应的日益充足，城市工业发展对劳动力需求的迅速增长，劳动力从农业部门向外转移，共同倒逼了20世纪80年代中期的城市户籍制度改革，1984年开始，农民可自带口粮落户城市[①]，通过户籍来管控迁移的制度设计开始松动。1992年春，邓小平同志发表了重要的南方谈话，进一步坚定了中国的改革开放的方向，也加快了从计划经济体制向市场经济体制的转型步伐。1993年，中国全面放开了粮油购销政策，使用了近40年的粮票、油票成为历史。伴随着私营经济、个体经济发展，到90年代中期，中国已经基本实现了人口的城乡自由迁徙，从人口统计也可以观察出这种变化，1990年第四次人口普查，中国的流动人口[②]为2135万人，到1995年的1%人口抽样调查，则迅速增长到7073万人，接近于翻了两番。这个趋势在进入21世纪后并未停止，2010年“六普”数据显示，居住地与户口登记地所在的乡镇街道不一致且离开户口登记地半年以上的人口为26139万人（其中进城农民工近2亿），比2000年的“五普”增加了11700万人。

到2017年，流动人口占中国总人口的比重已经超过了18%，

---

① 见1984年国务院《关于农民进入集镇落户问题的通知》。
② “四普”中的流动人口是指：“常住本县、市一年以上，户口在外县、市”及“人住本县、市不满一年，离开户口登记地一年以上”两类人。

学者们（Fan C. Cindy，2013）将之成为“流动中国”（China on the Move），迁移人口为了改善经济情况而流动，这既是改革开放以来中国人口乡城流动的主要特征，也是支撑中国经济增长的微观动力。人口流动是一种生产要素的空间再配置过程，是推动经济社会发展的重要动力（Black and Sward，2009），在沿海地区的大城市，大量的流动人口为产业发展带来人口红利，缓解了劳动力结构性短缺的矛盾，不仅支撑了“中国制造”的发展，也促进了当地消费和经济活力。

然而，农村劳动力向城市的加速转移，也对城市公共设施供给、公共安全保障等提出了挑战，给社会管理和公共服务带来了巨大压力。尽管一些学者如约翰·奎格利（John Quigley，2010）认为，由于中国的大城市更容易得到国内外资本的青睐，进而拥有更好的工作机会和公共服务，移民会容易向这些城市集聚，从而造就一个过度拥挤、管理很差的超大城市，城市病随之出现。但是，如果对改革开放以来中国城镇化的历程稍作分析就会发现，奎格利的分析并不准确，中国的流动人口并没有必然产生“大城市病”；相反，却在两个不同的阶段呈现出了“小城镇病”和“大城市病”，第一个阶段是90年代初中期，由于中国的乡镇企业得到前所未有的发展，“离土不离乡”成为当时人口流动的主要表现，乡镇企业促进了小城镇的繁荣，但是也带来了土地利用效率不高、环境污染严重、基础设施配置成本高、产业层次低、竞争力不足等问题。第二个阶段是2010年以来，以北京、上海为代表的特大城市和超大城市出现了较为严重的交通拥堵、房价高昂、大气污染等“大城市病”，一时间，“控制”和“疏解”成为中国特大城市的重要政策取向。

中国日益收紧的特大城市和超大城市政策[1]很快取得了一定成效，继2015年上海的常住人口出现减少后，2017年，北京的常住人口也开始减少。但这个政策也引起了很大争论，大部分学者对此提出了批评，其中比较有代表性的是陆铭（2016），他的研究认为无论是从城镇体系结构、都市圈发育情况，还是城市空间效率看，中国的大城市都还有很大潜力，“不是太大了而是太小了”。周其仁（2016）则从另一个侧面支持了陆铭的观点，认为中国的城市无论规模大小，都有一个共同的缺陷，就是密度不够，而高密度才能带来集聚效应，有利于社会分工。少数学者则支持对特大城市的控制，徐匡迪（2015）认为，中国已经是世界上大城市、特大城市最多的国家，而县域经济还有很大的潜力，因此中国推进新型城镇化必须严格控制特大城市的盲目扩张，发展中小城镇。

事实上，改革开放以来，中国关于发展大城市还是小城镇的争论从来没有停止。费孝通先生是“小城镇论”的提出者和支持者，在其1984年提出“小城镇、大问题”之后，城镇化道路问题开始引发全国多种学科的争论[2]。考虑到20世纪80年代中国的农村改革如火如荼，“小城镇论”的出现并占据上风离不开当时的时代背景，这

① 1984年，中国政府第一次提出发展小城镇，此后在“小城镇、大战略”思路指导下，“控制大城市规模，积极发展小城镇”成为主要政策导向。2001年“十五”计划提出“有重点地发展小城镇，积极发展中小城市，完善区域性中心城市功能，发挥大城市的辐射带动作用，引导城镇密集区有序发展”。2006年“十一五”规划提出要“坚持大中小城市和小城镇协调发展，积极稳妥地推进新型城镇化”。2011年“十二五”规划提出“特大城市要合理控制人口规模，大中城市要加强和改进人口管理，继续发挥吸纳外来人口的重要作用，中小城市和小城镇要根据实际放宽落户条件”。

② 赵新平、周一星：《改革开放以来中国城市化道路及城市化理论研究述评》，《中国社会科学》2002年第2期。

种状况一直持续到90年代中后期，随着中国城市效率的提升，“小城镇论”片面强调其“小”与“分散”的特征，而忽视城市的规模效应，受到了“大城市论”（如樊纲、王小鲁等）的攻击。周一星（1992）则跳出了城市规模单一取向的框框，指出各级城市都有发展的客观要求，被称为“多元论”。

尽管“小城镇论”“大城市论”“多元论”存在巨大分歧，但他们在是否发展城市群问题上却拥有前所未有的共识，这反映在了顶层设计上，从“十五”计划到“十三五”规划，城市群战略一步步得到重视。2001年“十五”计划中使用的是“城镇密集区”的概念，提出“引导城镇密集区有序发展”，2006年“十一五”规划提出“把城市群作为推进城镇化的主体形态”，2011年“十二五”规划提出“要以大城市为依托，以中小城市为重点，逐步形成辐射作用大的城市群”。2016年“十三五”规划提出“以城市群为主体形态，……加快城市群建设发展”。截至2018年上半年，我国已经完成了全部跨省城市群和省域内城市群规划编制。作为城市群一体化在地方层面的探索样本，在长三角三省一市，围绕建设世界级城市群，加快实施“五个着力点”，即规划对接、战略协同、专题合作、市场统一、机制完善，制订了三年行动计划，提出了时间表路线图。

与城市规模政策导向相配套的是户籍、土地的有关改革。中国户籍政策相关改革与城镇化的关系也可以分为两个大的阶段，在早期，户籍政策的调整助推了城镇化的启动，1984年城镇户籍不再与粮油挂钩[①]，允许在集镇务工经商的农民和家属在自理口粮的前提下

① 《关于农民进入集镇落户问题的通知》，规定凡在集镇务工、经商、办服务业的农民和家属，在集镇有固定住所，有经营能力，或在乡镇企事业单位长期务工，准落常住户口，口粮自理。

落户城镇，这使得农村居民流向城市的主要障碍（粮食问题）基本消除，这大大促进了此后的城镇化进程。随着进城务工经商的人口不断增加，1985 年颁布了《关于城镇暂住人口管理的暂行规定》，开始实行《暂住证》、《寄住证》制度[①]，加强对城镇暂住人口的管理能力。

在 20 世纪 80 年代末 90 年代初，尽管中国已经放开了人口乡城迁徙，但是户籍并未放开，主要是保留了“农转非”指标控制，这很快就适应不了当时需求，户籍制度改革落到了城镇化进程的后面，城镇化开始倒逼户籍制度改革，并进行了一系列创新探索。其中之一是 1992 年开始出现的“当地有效城镇户口制度”，也称为“蓝印户口”[②]，最早被允许在小城镇、经济特区、经济开发区和高新技术产业开发区实行，后来像天津、上海、石家庄等大城市也开始推行，只要满足投资、购房等条件，或缴纳一笔城市扩容费，就可以取得“城镇户口”。后来由于一些城市并未兑现“同城同待遇”的承诺，“蓝印户口”在 2001 年前后被叫停。“蓝印户口”本质上是一个地方性的城市户口，但它的贡献在于，在没有突破全国层面农业人口和非农业人口的二元结构的情况下，满足了当时部分人口在城镇获取公共服务的需要，同时为此后的户籍制度改革探索了方向，即户籍制度改革具有“地方性”，后来无论是地方探索的“购房入户”制度，还是中央政府推行的居住证制度，都离不开这个认识基础。

---

① 暂住时间超过三个月的十六周岁以上的人申领《暂住证》，暂住时间较长的人申领《寄住证》。这是城市对流动人口实行暂住证管理制度的鼻祖制度，其进步意义是突破了《中华人民共和国户口登记条例》中关于“超过三个月以上的暂住人口要办理迁移手续或动员其返回常住地”的规定。

② 由于这种户口上的公章不是常见的红色，而是蓝色，所以又被称为“蓝印户口”。

另一个探索是居住证制度，其最早是在1989年厦门和深圳为便利港、澳、台外商在本地“开展业务工作”和“多次出入境”等而采取的，但此时的居住证并没有承载相关的社会福利，上海和北京分别在1992年、1999年出台的“工作寄住证”与此类似，主要面向高新技术企业、跨国公司总部等引进人才，对持有人的购房、子女入学、社会保险等待遇进行了规定，此后上海、广东、浙江将此演化为人才居住证，但并不覆盖农民工。到2004年，上海率先将居住证扩大到全部流动人口，2008年以后深圳、无锡、温州、武汉等也借鉴了上海的这一政策，学者们将之称为居住证的“平民化”[①]。2010年，国务院首次提出将在全国范围内实行居住证制度，并在2015年发布了《居住证暂行条例》，对居住证申领、福利和服务，以及积分落户制度等进行了详细规定。居住证是中国城镇化进入新阶段后的一个探索，其本质是赋予稳定居住、稳定就业、稳定就学3个条件之一的农民工以“有限的城市户籍”，既赋予其基本的权利和便利，又不给城市政府增添过多负担。关于居住证制度仍然存在一些争论，争论的焦点在于，既然中国要推动形成城乡统一的户籍制度，那就不应该再采用居住证这样的“小户口”来对城市人口进行新的区分。

由于户籍制度改革无法“一步到位”解决中国数以亿计的进城农民工问题，在城镇化的话语体系中，需要更具针对性的表述，于是2010年以后，“农民工市民化”逐步替代了户籍制度改革而广泛出现在中国的官方文件中，并成为推进新型城镇化的首要内容。

---

① 邹湘江：《居住证制度全面实施的问题探讨——基于武汉市1095个流动人口样本的调研分析》，《调研世界》2017年第3期。

2011 年，“十二五”规划纲要中提出“稳步推进农业转移人口转为城镇居民”，2012 年，党的十八大报告中提出“有序推进农业转移人口市民化”，2016 年，“十三五”规划纲要提出“加快农业转移人口市民化”。中国推进农业转移人口市民化核心是围绕 2014 年《国家新型城镇化规划（2014—2020）》中提出的户籍人口城镇化率要超过常住人口城镇化率，且到 2020 年户籍人口城镇化率要达到 45% 的目标。在此基础上，中国又制定了推进“三个 1 亿人”城镇化的实施方案，其中重点是“促进约 1 亿农业转移人口落户城镇”。

可以说，农民进城及其倒逼的户籍制度改革是中国城镇化的一条“明线”，而在这背后还隐藏着一条“暗线”，即土地制度的不断调整。与户籍制度不同是，中国的城镇化几乎持续推动着中国户籍制度的松动，是一个“破”的过程，而中国城镇化对于土地制度，却是一个“立”的过程。

在改革开放初期，中国对城市土地施行的是无偿无限期的划拨制，在以公有制为主体的经济体系里，划拨制一度被认为是一个可行且有效的方式。但随着改革开放后外资的进入、民营的崛起，如何供应给这些非国有、也非集体企业用地，变成了一个现实问题。一开始采用收取场地使用费的形式，1980 年国务院出台《关于中外合营企业建设用地的暂行规定》提出：“中外合营企业用地，不论新征土地，还是利用原有企业场地，都应计收场地使用费。”很快“费”在转让时遇到了障碍，在中国土地制度改革历史上，1987 年是一个重要的年份，当年 1 月，新中国第一部《土地管理法》开始实施；当年 4 月，中国提出“土地使用权可以有偿转让”，并于 9 月在深圳率先试行。尽管这在今天看来司空见惯，但在当时却是一个根本性的变革，为此 1988 年对宪法进行了修改，将其中不得出租土地的规定，改为“土地的使用权可以依法转让”。在此基础上，1990年颁布了《城市国有土地使用权出让和转让暂行条例》，规定“国家按照所有权与使用权分离的原则，实行城镇国有土地使用权出让、转让制度”。

在此基础上，1992年和1995年中国政府分别对划拨和协议出让进行了规范，1998年修订的土地管理法中明确了征地制度，2004年又对招拍挂出让进行了规范，值此，经过近20年的不断调整和完善，包括土地类型划分、供应方式、供应价格、供应期限、征地制度等在内的中国特色城市土地制度初步建立。这在很大程度上为中国城市发展和工业繁荣提供了支撑，反过来促进了中国的城镇化进程。

中国的城镇化进程还催生了城市住房制度改革。改革开放之前，中国实施的是“统一管理，统一分配，以租养房”的公有住房实物分配制度，城镇居民住房主要靠所在单位提供，住房建设资金90%来自政府投资，住房成为单位提供的一种福利。改革开放以后，中国陆续开展了公房出售、增量住房成本价出售、公有住房补贴出售等试点，1986年成立了国务院住房制度改革领导小组，1994年7月国务院出台了《关于深化城镇住房制度改革的决定》，提出要从住房实物福利分配改变为货币化工资分配，1998年国务院出台的《关于进一步深化住房制度改革加快住房建设的通知》则提出“停止住房实物分配，全面实行住房分配货币化”。到2001年，以住房分配货币化、完善经适房为主的多层次城镇住房供应体系、发展住房金融、培育和规范住房交易市场等主要内容的“一次房改”基本完成，住房实现了商品化。

住房制度改革催生的房地产市场繁荣，成为中国经济快速增长的重要动力。在住房制度改革前，城市居民住房供给主要靠单位的集资建房，这种情况在住房制度改革后一段时期内仍然大量存在，城市土地市场出现了“多头供地”的情况，但这个状况并未持续太长时间，2004 年，中国政府出台了关于经营性用地必须采取招拍挂出让的有关规定，政府成为土地供应的唯一主体，再加上此前出台的国发〔2003〕18 号文中将房地产业定义为“国民经济的支柱产业”，中国的房地产市场得到了前所未有的发展，商品房销售额从 2003 年的 7955.66 亿元增长到 2017 年的 133701 亿元，大约相当当年社会消费品零售总额的 36.5%。房地产不仅在消费侧拉动着经济增长，在投资方面同样占据着重要地位，2004 年以来房地产开发投资占固定资产投资（不含农户）的比重长期保持在 20% 左右，2017 年为 17.2%。

中国在城镇化过程中逐步形成了以土地资产价值实现为核心的一整套制度设计。第一，形成了“以地生财”模式，土地出让收入举足轻重。2017 年国有土地使用权出让收入 52059 亿元，相当于全国一般公共预算支出（203330 亿元）的 25.6%。土地出让收入成为地方政府的重要财源，一些城市的土地出让收入一度相当于其地方一般预算内财政收入的 50% 以上，成为推动城市建设、完善基础设施、提供公共服务的重要资金渠道，学术界称其为“土地财政”。尽管对于土地财政的评价还存在争论，但在快速城镇化的特定历史阶段，它很好地支撑了城市快速扩张所需要的开发建设资金，在这一点上的积极意义不容忽视。第二，以土地出让收入为基础，中国的地方政府还在实践中逐步形成了依托融资平台的“以地融资”模式。在 2008 年全球金融危机以后，中国政府公共投资扩张的背景下，地方政府纷纷成立了融资平台，到 2010 年底，全国省、市、县三级政府共设立的融资平台公司已达到6576家，这些平台公司以土地收入为抵押，还有一部分以政府财政收入作为担保，从金融机构特别是开发性金融机构中贷款，成为城市建设和基础设施投资的主要手段。第三，通过工业用地和居住用地的“结构性策略”，加强和保障了这套制度的运转。压低工业用地价格和增加工业用地供应，同时减少居住用地供给和抬高居住用地价格，从而既保持了在引进产业项目时的竞争力（低地价或零地价），又保证了土地收入，这被认为是中国土地市场中的一个十分重要的逻辑（刘守英，2012），尽管受到一些学者的批评，但在大多数时期，它发挥着正面积极作用，同时推动着中国的城市发展和产业发展。

城镇化还推动着中国城市住房保障制度的建立和完善。由于土地财政在推动中国经济实现高速增长的同时，也产生了一些隐患，其中一个重要表现就是房价日益高企，这在一线城市和二线城市尤为严重，从2008年到2018年，中国的房价经历了三个快速上涨的周期，到2017年底，部分城市的房价收入比在15以上，城市居民住房困难问题开始变得越来越突出。中国的住房保障制度始于90年代中期住房改革初期，1995年国家提出了“安居工程”，1998年提出“以经济适用住房为主”，2007年调整为“以廉租住房制度为重点、多渠道解决城市低收入家庭住房困难”，2010年开始将公共租赁住房作为重要途径，2017年又进一步提出“多主体供给、多渠道保障、租购并举的住房制度”，开展了包括棚改、集体土地建设公租房、共有产权住房等在内的多种探索。到2012年，保障房建设供地占住宅用地供应的33.3%，保障性住房竣工面积占住宅竣工面积的比重在25%左右。

空间形态是城镇化和城市发展的重要维度之一，在改革开放以来中国城镇化的过程中，空间形态上呈现出四个热潮。一是 20 世纪 80 年代末至 90 年代初的乡镇企业热，在小城镇及其以下的农村地区产生了大量的产业空间。二是 20 世纪 90 年代末到 21 世纪初的开发区热，2003 年 7 月起国务院开展了对全国各类开发区的清理整顿工作，到 2006 年 12 月，全国各类开发区由 6866 个核减至 1568 个，规划面积由 3.86 万平方公里压缩至 9949 平方公里。三是 2007 年以后出现的新城新区热，绝大部分市县都规划有新城或新区，有的还不止一个，据统计，截至 2016 年 5 月，全国县及县以上的新城新区数量达 3500 多个。2015 年国家出台《关于促进国家级新区健康发展的指导意见》提高了国家级新区设置门槛，并出台土地、财政等方面的政策文件，对盲目建设新城新区进行控制。四是 2016 年以来，由于中央对浙江发展特色小镇经验的肯定，我国各地出现了一轮特色小镇热，出现了从国家到省、地市层层创建的现象，一些省份动辄提出建设上百个特色小镇，2017 年底由国家发展改革委等四部门联合出台文件进行规范。总体上看，中国城镇化的空间发展一直有很强的自下而上动力，一旦个别地区的做法得到了肯定或默许，很快就会在其他地方得到复制，并在宏观层面表现为过热，最终由中央政府出台文件进行规范。从这四个时间阶段比较清晰的热潮看，呈现出从产到城、先产后城，再到产城融合的总体趋势，这些空间载体在规模上也有一定变化，呈现出先由小到大、再由大到小的态势。

中国的城镇化进程，还推动了城乡关系的深刻调整，经历了从城乡二元到城乡统筹、再到城乡融合的发展历程。在 20 世纪 80 年代城乡之间的人口迁徙限制被打破后，并没有立刻实现城乡的一体化，反而是城乡二元反差进一步扩大，在城市内部表现得更突出，拥有城镇户籍的城市居民和没有城市户籍的进城务工人员之间在公共服务等方面存在显著差别。面对城乡之间的巨大差距，2007 年，党的十六大报告提出统筹城乡发展，从规划、基础设施、公共服务、生态环境等多个方面入手，推动城乡在物质面貌、生产生活条件等方面的统筹。由于城乡在土地制度等方面的不同安排，城乡要素难以实现同价同权，制约了农村发展，党的十九大报告提出创新城乡融合发展体制机制，城乡发展从设施融合、物质融合走向要素融合、制度融合，城乡关系进入新阶段。

中国改革开放 40 年的城镇化进程，还推动了行政建制和区划调整。包括批准了一批县改市、县改区（市改区），对特大城市中心区的区级行政单元进行了合并，推动了兵团设市、盟地州改市等。行政建制和区划调整优化了中国城镇体系层级，增强了城区的资源统筹能力，它既是城镇化发展的结果，也反过来进一步促进了城镇化进程。除此之外，在城市群建设、新型城市建设、城市治理等方面，中国也在不断探寻着自身特点的模式，形成了一些有益的经验。

三、走有中国特色的城镇化道路

回顾改革开放以来中国的城镇化历程，总的来看，中国的城镇化进程与中国的改革一脉相承，从开放起步，走出了一条以开放促改革、渐进推进的发展轨迹。在此过程中，既有改革不断成为下一次改革的动力，又持续地倒逼新的制度创新，从而走出了一条中国特色的城镇化道路。概括而言，有以下几点：

第一，经济发展是中国城镇化的重要基础，城镇化是经济发展到一定阶段的必然结果。改革开放以后，随着中国农业改革，农业生产效率得到大幅提高，农产品供应增加的同时，使农村产生了大量的富余劳动力，而另一方面城市经济的发展，对劳动力的需求不断增加，二者共同作用促进了农业劳动力向非农产业、向城镇的大量转移。从这个层面来讲，中国的城镇化符合全球各国城镇化的一般规律。

第二，放开人口乡城流动是中国城镇化及其相关改革的逻辑起点。如果没有大量人口涌入城市，就不会有城市的随后关于户籍、土地、住房等的诸多创新，人口从农业部门向非农业部门转移，释放了中国的人口红利，提高了劳动生产率，推动了城市经济增长和空间扩张，倒逼了城镇化相关的制度创新。因此，放开人口乡城流动是中国城镇化的关键一步。

第三，中国特色的渐进式户籍制度改革有效维持了人口大规模乡城流动中的秩序。中国政府在放开人口乡城流动的同时，并没有一下子让进城务工的农民工及其子女享受与城市居民同等的医疗、社保、养老等福利待遇，而是采用居住证制度等渐进式的制度设计，这既为其提供一定的权利和便利，也避免了政府过重的公共服务负担。除此之外，地方政府还建立起了一套由用工单位和居住地社区两方面构成的管理网，实现了对进城务工人员的全覆盖、精细化管理。

第四，土地制度的特殊安排是中国城镇化的重要“秘密”。中国的城镇化进程中伴随着城市土地制度的不断建立完善，中国土地制度的构建和调整并不是先有顶层设计“按图索骥”的，而是具有很显著的“干中学”特征，是自下而上和自上而下互动下的持续制度创新。包括以地生财、以地融资、工业用地和居住用地的“结构性安排”三个方面，共同形成了中国城镇化的重要动力源泉。

第五，对城市发展中的空间规制在中国城镇化健康发展中扮演着重要角色。从微观空间单元上看，中国的城镇化在空间形态上走过了“乡镇企业—开发区—新城新区—特色小镇”的发展历程，这些空间单元的形成主要来自自下而上的地方实践，反映了市场机制下中国伴随产业结构升级的空间结构升级过程；同时政府的规制也不可或缺，而在地方政府学习和复制推广中出现过热时，中央政府则及时进行规制，避免了土地资源的巨大浪费，守住了中国城镇化健康发展的底线。

第六，把城市群作为主体形态，注重城镇化进程中的宏观空间优化。在宏观上中国确立了以城市群作为主体形态，并在全国主体功能区规划中进一步明确了 19 个城市群的名称范围，并在此后的“十三五”规划纲要、国土规划纲要等得到沿用，中国还对各城市群分别编制了规划，明确了各城市群的发展定位和目标，以引导其健康发展。城市群是中国城市在功能不断升级、联系不断拓展下的重要产物，是汇聚配置高端要素的枢纽、对提高生产组织效率和促进转型升级的支撑作用不断得到显现。

第七，因时因地制宜地对行政建制和区划进行调整，可为城镇化健康发展提供必要保障。通过县改市、兵团设市、地州改市等，增加了中国的城市数量。通过县改区、市改区扩大了城市市辖区的范围，统筹资源要素能力增强，支撑了城市快速发展。通过赋予特大镇更高管理权限，促进其管理能力与经济发展需求相匹配。开展特大城市中心城区的行政区合并，降低行政管理成本。

第八，始终把“城乡关系的不断完善”放在城镇化政策体系的突出位置。由于“渐进城镇化”和“半城镇化”的特征，中国的城镇化始终是在城乡互动中实现的，对城乡关系的认知、思考和争论几乎伴随着城镇化政策的形成演进过程，从早期的“离土不离乡”，到 21 世纪初的“统筹城乡”，再到党的十九大后的“城乡融合”；从十六届五中全会提出建设社会主义新农村，到党的十九大提出实施乡村振兴战略。把城乡作为整体进行考虑，减少了城乡冲突，为推进城镇化提供了良好的氛围。

第一章　农业人口转移释放经济增长潜力

改革开放40年，是中国大规模城镇化加速发展的40年，是中国不断探索以人为本城镇化制度创新的40年，同时也是中国经济繁荣发展、不断转型升级的40年。改革开放以来，随着中国农业人口转移制度随时代的进步不断创新，逐步从控制人口流动，转为鼓励、引导农村剩余劳动力有序流动，再到近年来更加注重加快促进农业转移人口市民化，在全球城市发展史上，形成了充满中国特色的农业人口转移制度创新经验，既促进了过去40年中国经济保持高速增长，也是未来中国持续释放经济增长活力的源头。

第一节　中国农业转移人口形成的特殊背景

改革开放以来，中国进入了转型发展期，这不仅是由农业社会进入工业社会、由传统社会进入现代社会必然要经历的一个转型时期，而且是从传统的二元经济结构向工业化和现代化社会迅速转型时期。在这个时期，城乡二元结构和经济体制转型的叠加，构成了中国农业人口转移的特殊制度背景。

城乡经济社会二元经济结构是伴随着中国工业化过程形成的。

新中国成立初期，中国经济发展水平低，社会供给严重不足，可调动和供分配的资源非常有限，城市就业岗位有限，难以容纳大量人口进城，为了从制度上保证重工业发展战略的顺利实施，加速城市的工业化进程，国家不得不采取计划经济体制来集中力量办大事，即利用城乡户籍将人口进行分类，并在此基础上围绕城市、农村经济社会发展和人口管理制定了一系列的政策、法规、措施，形成了城乡分割的各种管理制度和服务体系，诸如户籍管理、粮油供应、劳动就业、土地、住房、社会保障，还包括水电气路基础设施、文化教育卫生医疗等公共服务设施等各个领域，都按照城乡分治的思路，形成了二元土地制度、二元就业制度、二元社会保障制度、二元住房制度、二元教育制度、二元医疗制度，以及城市基础设施由国家财政资金负责建设，农村的基础设施由农村集体负责或由农民出工出力建设的城乡二元财政制度等等，这一系列制度体系，构成了计划经济时期我国完整的城乡二元发展制度体系。在当时历史条件下，城乡分割的二元体制对支持城市重工业的发展、保证粮价及物价的稳定、加快社会主义建设起到了极其重要的积极作用，但与此同时也带来城乡要素无法顺畅流动以及城乡贫困差距、发展差距的不断拉大，城乡不平等问题日益凸显。

改革开放以来，中国农业劳动力转移还面临另一种“非典型性”的制度背景，就是要从传统计划经济体制与现代市场经济体制并存的双重体制转换为一重的现代市场经济体制。改革开放前，由于国家推行重工业优先的工业化战略而逐渐建立了以农产品统购统销政策、严格控制人口流动的户籍迁移制度以及农村的人民公社制度为基础的计划经济体制，中国农业劳动力转移受到了很大阻碍，以至于就业结构的转换大大滞后于产业结构的转换，农村也因此积累了大量剩余劳动力。改革开放后，中国加大了改革力度，使中国国民经济运行机制变化表现在资源配置方式的双轨运行，计划配置方式不断减少，市场配置方式不断扩大，两种配置方式并存形成了国民经济双轨运行的局面。目前，中国“旧双轨制”（价格双轨制）从孕育、出台到淡出，大部分商品和服务均已经市场化，但土地、资金、劳动力等要素价格仍未真正市场化，出现了“新双轨制”。

第二节　改革开放以来中国农业人口转移的制度变迁

在传统农业社会向现代工业社会嬗变的过程中，农业人口大规模的转移、农业劳动力占社会总劳动力份额的大幅度下降是世界各国共有的现象。配第—克拉克[①]、库兹涅茨[②]均在不同角度上揭示了这一现象。世界上大多数的发达国家都是在第一次工业革命时期以及后来的第二次工业革命时期来完成这一过程的。而对于大多数的发展中国家，却是在此之后来逐步推进这一过程，中国大规模农业人口转移起于改革开放初期。

① 配第最早（1690年）揭示了农业劳动力流向非农产业的内在动力是比较效益的差异，隐含了产业“软化”的思想。两个世纪以后，科林·克拉克以此为基础形成了著名的三次产业结构演进规律，即配第—克拉克定理：随着人均国民收入的提高，劳动力首先由第一产业向第二产业转移；而后进一步由第二次产业向第三次产业转移。参见王亚南主编：《资产阶级古典政治经济学选辑》，商务印书馆1979年版。

② 相关文献参见西蒙·库兹涅茨：《各国的阶级增长总产值和生产结构》，商务印书馆1985年版。

一、1978—1983 年："控制流动"下的准备阶段

1978 年启动的改革开放，首先是从农村地区开始的。农村地区的改革开放，实行家庭联产承包责任制，人民公社制度解体，1983 年最终宣告了人民公社制度的终结。随着包产到户、家庭联产承包责任制的不断推广，长期被人民公社体制压抑的农业生产潜力得到充分发挥，增加了农业剩余。与此同时，在农村改革启动后，城市也开始尝试性地进行某些领域的改革，对劳动力转移的限制在维持户籍制度不变的情况下开始出现了缓和，国有企业的"合同工""临时工"以及部分建筑业用工等开始对农民开放，同时粮食的市场化和住宅的商品化，为农民外出就业提供了最基本的生活条件。

这一阶段，中央政府频频发文，大力推动乡镇企业的发展，并积极鼓励农村剩余劳动力向乡镇企业转移。苏南地区率先创造的"离土不离乡""进厂不进城"的农村剩余劳动力转移模式，成为当时中国农业人口"就地转移"的主流模式；乡镇企业也相应成为当时吸纳农村转移劳动力的"蓄水池"。

但当时城市就业制度的改革尚未触及，横亘于城乡之间的户籍制度以及以此为基础建立起来的二元社会体制也仍被视为不可侵犯之"物"，因此农村剩余劳动力向城市迁移的大门仍然关而闭之，农业人口向城市迁移继续受到严格的控制。1981 年国务院颁布了《关于严格控制农业人口迁向城市和农业人口转为非农业人口的通知》①。

① 通知规定：第一，在城市地区严格禁止雇佣农村劳动力；第二，万不得已必须雇佣来自农村的劳动力时，须得到国务院批准；第三，在国家计划中需要增加人员的情况下，要首先雇佣城市的待业青年；这样还不足时需得到各地人民政府的批准；第四，城市临时雇佣的农村劳动力必须全部迁回农村，以强化户籍和粮食的管理。

可见，尽管改革开放已经开始，但政府对农村人口向城市迁移的严格控制仍如同改革开放之前。在这种情况下，作为农村经济发展能量的积聚和释放，终于在原有社队企业的基础上爆发了乡镇企业的发展。

这一阶段，农村改革虽然形成了农业人口可以在农村内部相对自由转移的条件，但是从中国国民经济整体来看，农村改革不过是对中国以往计划经济体制的“部分修改”，城乡之间的制度隔绝结构基本上没有改变。相应地，中国乡镇企业还处于起步阶段，发展规模不大，且主要集中在长三角、珠三角，吸引劳动力相当有限，而农村就业结构的逆向变动：农业劳动力占农业人口的比重趋于上升，由1978年的89.70%上升到1981年的90.7%，而非农业劳动力的比重则呈下降趋势，由10.3%下降到9.3%；1981年农业人口转移量仅为190万人，1983年上升到535万人[①]。总之，这一阶段，农业人口转移的规模不大，还处于缓慢增长阶段，属于大规模转移前的准备阶段。

二、1984—1991年：从“允许流动”到“控制盲目流动”下的就地转移主导阶段

1984年起，中国的改革开放也由农村发展到城市，改革重心向城市经济体制和社会管理战略转移。为了保证城市改革的顺利推进，财政资金和各种资源配置逐步向城市倾斜，以城市为中心的利益格局的恢复，改革集中体现在城市收入分配、社会保障制度和国家财税制度等领域。

① 王桂新等：《迁移与发展——中国改革开放以来的实证》，科学出版社2005年版。

这一阶段，中国政府对农业人口的跨城乡、跨区域转移的政策，经历了由“允许流动”到1989年后“控制盲目流动”的过程。为了适应经济发展的需要，1984年10月，国务院出台了《国务院关于农民进镇落户问题的通知》[①]，放宽了农民迁移进镇的标准，为农村剩余劳动力迁移进镇创造了一定的条件；1986年7月，国务院同时颁布了《国营企业实行劳动合同制暂行规定》和《国营企业招用工人暂行规定》，允许国营企业招收农村劳动力。1984—1988年，由于乡镇企业的迅速发展，中国农业人口转移数量大大增加，每年转移的农业劳动力都在450万人以上，农业劳动力年平均转移率达到了2.63%以上”。特别是1984年与1985年，每年转移的农业劳动力数量更是在1100万人以上，年均转移率超过了3.8%。

但在1989—1991年，随着经济发展变缓，前一时期实行的允许与鼓励政策引发了大规模的农业人口跨地区流动，其负面效应通过交通运输、社会治安、劳动力市场管理等方面的不适应问题凸显出来；另一方面，由于治理经济环境、整顿经济秩序造成了城市与乡镇企业新增就业机会的减少[②]，使得农业人口的转移和流动空间缩小。随后，国家加强了对农村劳动力盲目流动的管理，先后出台了《国务院关于做好劳动就业工作的通知》及国家计委等部门的《关于“农转非”政策管理工作分工意见的报告》等政策规定，但这一时期的政策调整并没有像计划经济时期那样“一刀切”地清理、清退农

① 通知规定：除县城外的各类县镇、乡镇、集镇，包括建制镇和非建制镇，全部对农民开放；凡申请到集镇务工、经商、办服务业的农民和家属，在集镇有固定住所、有经营能力或在乡镇企业单位长期务工的，公安部门应准予落常住户口，及时办理入户手续、发给《自理口粮户口簿》，统计为非农业人口。

② 价格并轨引发的通货膨胀，实行治理整顿。

村劳动力。从1989年开始，中国农业劳动力的转移进入一个相对停滞的时期。1989年至1991年的三年间，农业劳动力转移总量不足300万人[①]，比1983—1988年间的任何一年的转移量都要少。特别是1989年，农业劳动力出现了唯一的逆向流动。

这一阶段的农业人口转移从1984—1988年的“允许流动”过渡到1989年后的“控制盲目流动”，总体上呈现以下特点：第一，农业人口转移规模大增，从1983年的535万人，上升到1992年的1.1亿人，后者大约是前者的21倍。第二，转入地以地处农村的乡镇企业为主。到1992年，乡镇企业数目已经达到2000万个，就业人员1.06亿人，其中就地转移的农业劳动力占转移劳动力总数的60%，异地转移只占40%。第三，转移方式以兼业为主。根据全国政协经济委员会等单位组织的对全国28个县、市的调查，那时外出打工的农业劳动力绝大多数都未放弃原有的承包土地，他们农忙时在家务农，农闲时外出打工。第四，农业人口转移的制度性问题开始凸显出来。根据第四次人口普查资料，1990年迁移人口[②]达到2315万人，而户籍迁移仅为343万人。

三、1992—2000年："规范引导"下的外出务工主导阶段

1992年，以邓小平同志南方谈话和党的十四大为标志，中国的改革开放和现代化建设进入了新的阶段。中国进一步加大了改革开放的力度，由此所带来的东部沿海地区城市开发及经济建设高

---

① 王桂新等：《迁移与发展——中国改革开放以来的实证》，科学出版社2005年版。
② 包括户籍迁移和非户籍迁移。

潮的兴起，以及外企、外资的大举进入，都有力地刺激了东部沿海地区城市经济的高速增长，创造了丰富的劳动就业机会。特别是在原来的计划经济体制下相对薄弱的城市建筑业、饮食服务业等部门开始得到迅速的增长，成为吸纳农业人口转移的城市经济部门。根据 1995 年 1% 人口抽样调查资料，1995 年半年以上的跨乡、镇、街道的流动人口已经达到 7073 万人，其中从农村迁出占 60%。

这一阶段，国家对农业人口进城的政策，已从控制盲目流动过渡到力求利用经济、法律、行政手段将农民流动纳入行政规范管理阶段。1994 年国家有关部门颁发《农村劳动力跨省流动就业暂行规定》、1995 年颁发了《关于加强流动人口管理工作的意见》，决定实行统一的流动人口就业证和暂住证制度。从 1994 年开始，一些沿海地区的城市政府还相继实行人口总量控制、行业和工种限制的地方政策。

20 世纪 90 年代后期，受亚洲金融危机的影响，我国经济增速回落，就业容量下降，一方面城市人口就业问题突出，下岗人员再就业矛盾尖锐；另一方面，乡镇企业吸纳就业增幅下降，农村富余劳动力转移面临新的挑战。这一时期，国有企业开始出现大量下岗人员，仅 1999 年和 2000 年就有 1800 万失业和下岗职工；农产品进入一个供求平衡、丰年有余的新阶段，各种农产品价格都出现了较大幅度的持续下降，农民收入增长趋缓，农民负担不断加重。所有这些新情况、新变化都直接或间接地影响到中国农业人口转移。

表 1-1　北京市政府对外地劳动力的就业政策变化

<table>
<tr><th>时期</th><th>控制数量</th><th>证件、收费管理</th><th>审批和管理程序</th><th>限制行业工种</th></tr>
<tr><td>规范限制时期（1989—1991）</td><td rowspan="2">招收临时工必须具备本地城市户口；清理、压缩20万—25万外地农民工；严格控制招用农村劳动力</td><td>用人单位要为雇佣人员申领《暂住证》和《外地来京人员做工证》</td><td></td><td></td></tr>
<tr><td>政策宽松时期（1992—1994）</td><td>停止向外地保姆收取管理费</td><td>建立健全外地进京务工人员劳务合同，下放招用本市农村劳动力部分审批权限；下放使用外地务工人员部分权力</td><td></td></tr>
<tr><td>严格控制时期（1995—2000）</td><td>严格控制下岗待业人员较为集中系统使用外地务工人员的数量；下岗待工人员达到10%的企业，原则上不准招收外地务工人员；规定招用下岗职工和外地务工人员的比例；对“限制”和“调剂”使用外地务工人员的行业和工种，如何招用外地务工人员作出了规定；对外地进京人员实行总量控制</td><td>务工经商人员必须办理《暂住证》和《外地来京人员做工证》，《就业证》，“证卡合一”；从事家庭服务的外来人员必须办理《北京市外来人员家庭服务就业证》，根据来京时间、从业状况、现实表现等，为外来人口发放A、B、C三种新型暂住证</td><td>规范外来务工人员管理秩序；加强外来人员管理，收容遣送“三无”人员，对用人单位招用外地人员从事一些特殊行业的条件作出了严格的规定</td><td>使用限制外地人员的行业和工种从1996年的14个增加到1997年的32个，1997年还规定商业企业不得招用外来人员从事营业员工作；1998年限制使用外地人员的行业和工种增长到34个，1999年限制使用外地人员的行业共计8个，职业共计4个大类，12个中类，35个小类和103个细类</td></tr>
</table>

资料来源：北京市劳动局。

这期间，尽管国家采取的积极财政政策和继1984年后首次开展了户籍制度重大改革，但在城乡分割体制未消除而经济就业吸纳能力有限的情况下，一些城市为安排国有企业下岗、失业人员就业，开始采取了更为严格的准入制度。如北京市对外地劳动力在控制数量、证件、管理、审批和工种等方面提出了严格要求（见表1-1）。种种原因导致中国农业人口转移在总规模不断扩大的同时，速度上有逐步放慢的趋势。

总的看来，自1992年开始，国家对农业人口转移的政策发生了积极的变化，国务院及各部委纷纷颁布各项法令、法规，鼓励、引导农村剩余劳动力在宏观调控下有序流动，政府关于农村剩余劳动力流动的政策指导方向是积极鼓励、规范流动，并呈现以下特点：第一，“外出务工”取代乡镇企业的就地转移，成为中国农村剩余劳动力转移的主要方式。根据国家统计局农村社会经济调查总队的数据，传统意义上的乡镇企业的稳定就业劳动力有所下降，2000年全国农业人口转移人数为11340万人，其中农村转移劳动力在本乡内就业的比例为45.9%，在城镇就业的比例为65.8%。第二，农业人口转移速度呈现缓慢下降趋势。根据国家统计局农调队住户调查资料，1997—2001年年均转移600万人左右；而1992—1996年，年均转移超过800万人。

四、21世纪以来：更加注重公平和融合的农民工市民化阶段

进入21世纪以来，农业人口转移政策发生了根本性变化，由限制变为鼓励，政策着力点是保障合法权益，为农民进城务工创造良好环境，推动农民工市民化，公共政策进入统筹城乡发展、以人

为本、公平对待的轨道。2001年清理整顿对农民工的收费，除证书工本费外，行政事业性收费一律取消。2002年提出要消除不利于城镇化发展的体制和政策障碍，引导农业人口合理有序流动。2003年将农民工纳入保险范围；明确流入地政府负责农民工子女受义务教育工作，以全日制公办中小学为主；明确各级财政在财政支出中安排专项经费扶持农民工培训工作。2004年提出城市政府要切实把对进城农民的职业培训、子女教育、劳动保障及其他服务和管理经费，纳入正常的财政预算。2005年提出公共就业服务机构对进城求职的农村劳动者要提供免费的职业介绍服务和一次性职业培训补贴。2006年提出要解决工资偏低和拖欠问题，依法规范劳动管理，搞好就业服务和培训，解决社会保障问题，提供相关公共服务，健全维护农民工权益的保障机制等。2008年12月10日召开的国务院常务会议提出了6项促进农民工就业的措施，其中包括积极扶持劳动密集型企业，稳定农民工就业；加强农民工就业能力培训；扶持有条件、有能力的农民工返乡创业；确保农民工工资按时足额发放；做好农民工社会保障和公共服务；以及切实保障返乡农民工的土地承包权益。2014年，国家实行以人为本的新型城镇化战略，将农民工市民化列为新型城镇化首要任务。同时，各级政府加速了户籍制度改革，如：在一些省份改变两种户口、居民权利不平等的状况，开始解除农村人口向城市转移的深层制度约束，促进进城农民工融入城市并向市民身份转变。

这一阶段关于加快农业人口转移的政策法规较以往明显增多。从政策的内容来看，新时期的政策在注重合理引导农村人口有序转移的同时，更加重视农民工市民化，推动农民工在城市融合和身份转换问题，农业人口转移进入一个崭新的发展时期。

第三节　农业人口转移制度创新的地方故事

中国农业人口转移历经沧海桑田，不同地区在不同阶段围绕不同主题进行了可圈可点的探索，传唱着不同的地方故事，形成了可复制可推广的经验。

一、石家庄：设立社区公共户口解决无房户落户问题

石家庄是中国河北省的省会城市，石家庄市 2015 年常住人口为 1065 万人，其中户籍人口 965 万人，截至 2016 年 6 月 30 日，全市共登记流动人口 105 万人[①]。石家庄市 2001 年就率先在全国开始了户籍制度改革，2003 年取消了城乡二元制户口区分，2015 年在全省率先完成户籍制度改革。由于农业转移人口落户需要固定落户地址，这对于许多没有自身住房、就业单位也不能落户的人而言是一个巨大障碍，石家庄市探索建立社区公共户口，很好地解决了这一难题。

（一）主要做法

放宽城镇落户条件。全面放开县(市)城区和建制镇落户限制，对于无合法稳定住所的优秀农民工，可申请在县城镇派出所或社区公共地址上落户。有序放开市区落户条件，获得县(市)、区级以上劳动模范、先进工作者以及有突出贡献的优秀农民工，无合法稳定

① 清华大学中国新型城镇化研究院：《关于石家庄推进农业转移人口市民化的调研报告》，2016 年 11 月 29 日，见 http://tucsu.tsinghua.edu.cn/index.php?c=content&a=show&id=12。

住所的，可在社区公共地址办理落户；在石家庄市投资 20 万元、年纳税达到 1 万元以上的投资经商人员，可直接在投资地或社区公共地址办理落户。放宽一般人才落户限制，具有初级及以上专业技术职称、一等工（国家职业资格三级）及以上职业资格、企业需要的技术工人或中专、中技类人员，本人可以在市区、县（市）城区及下辖建制镇、县政府驻地镇及其他建制镇的单位集体户或社区公共户申请办理落户。

建立社区公共户口。针对大多数农业转移人口没有固定落户地址的情况，石家庄市探索建立社区公共户口，即在城镇以派出所为单位，在具有归属居委会的实体地址上，设立社区公共户口。并规定对在本辖区内租用的保障性住房、其他租赁房屋及尚未确定归属居委会、门牌号的固定住所居住，但无法在实际居住地址落户无亲属关系的迁入人员，可以在社区公共户口上落户；对符合户口迁入政策条件，无合法稳定住所，成员间存在家庭关系的，可在社区公共同地址上建立家庭户。在社区公共户口落户的人员及家庭户成员，与其他城镇户籍人口享有同等权益。

（二）实施成效

设立社区公共户口的举措解决了不少人因为没有固定落户地址而不能落户的难题，吸引了大量农业转移人口落户城镇。据统计，仅 2015 年，石家庄市累计落户人数达到 39103 人，全市户籍人口城镇化率从 2014 年的 41.56% 提升至 44.65%，常住人口城镇化率达到 58.3%①，极大提升了石家庄市城镇化水平。

---

① 国家发展改革委发展规划司：《河北省石家庄市推进农业转移人口市民化的典型经验》，2016 年 12 月 29 日，见 http://ghs.ndrc.gov.cn/zttp/xxczhjs/zhsd/201612/t20161229_833438.html。

二、东莞："积分制"模式有序推进外地农民工落户东莞

东莞是中国东南沿海的地级城市，2015 年，东莞全市常住人口 825.41 万人，其中户籍人口 195.01 万人，非户籍人口 630.4 万人，非户籍人口占常住人口的比重达到 76.4%，是典型的"人口倒挂"地区[①]，外来人口为东莞的经济腾飞作出了不可或缺的贡献，东莞市高度重视让外来人口分享经济发展成果，2010 年 9 月，东莞市出台了积分制落户办法，加快户籍制度改革，积极推行积分落户制度，有序推进农民工落户东莞。

（一）主要做法

一是拓宽入户渠道。2010 年确立了"条件准入"和"积分管理"相结合的积分制入户模式，2014 年对具有中级以上专业技术职务资格等十类人才实施条件准入的入户政策，2015 年底修订出台《东莞市人才入户管理办法》《东莞市积分制人才入户实施细则》《东莞市企业自评人才入户实施细则》《东莞市条件准入类人才入户实施细则》的"1+3"人才入户政策，构建了"条件准入"+"积分入户"+"企业自评"三轨并行的入户通道。

二是降低入户门槛。与广州、深圳等周边城市相比，东莞市降低了入户门槛。比如，没有年度入户名额限制；高级工、全日制本科学历无须积分可直接入户；积分入户积分项目更为丰富，社保、居住服务年限等项目分值更高；在欠发达镇街申请还给予引导加分。

三是完善公共教育服务。第一，实施"积分入学"政策。

① 《东莞市 2015 年国民经济和社会发展统计公报》，2016 年 5 月 6 日，见 http://www.tjcn.org/tjgb/19gd/32919.html。

2013—2015 年，东莞提供给新莞人子女的积分制入学学位（含优惠政策）数分别为 22497 人、25119 人和 28331 人[①]。在公办学校就读的非莞籍学生与本地户籍学生一样，享受免费义务教育，不收借读费、择校费等费用。第二，通过“购买学位”为随迁子女提供义务教育服务。面对公办学校教育资源不足的问题，东莞市探索通过“购买学位”的方式为满足“积分入学”条件的农业转移人口随迁子女提供义务教育服务。

（二）实施成效

落户人数明显增加。积分落户制度的实施为外来人落户东莞、享有东莞市民待遇发挥了积极作用，随着东莞市进一步放宽入户渠道的需要，2018 年 2 月 28 日，实施了 8 年的东莞市积分制入户政策正式落幕。尽管积分落户已成历史，但积分落户制度让落户东莞的人数大幅增加，截至 2018 年 2 月 27 日，全市共有 49137 人获得积分入户资格，随迁家属 64185 人，共 113322 人通过积分落户取得东莞户籍。

为东莞经济社会发展提供人力支撑。从经济发展角度来看，实施积分入户政策，在积分标准上突出学历、技能、专利、社会贡献、在莞年限等权重，吸纳各类人才落户东莞，激发异地务工人员干事创业、自我提升的活力，进一步提升了东莞的综合实力和城市竞争力；从社会管理的现实来说，积分入户政策的实施，加快了异地务工人员的市民化进程，在社会上起到了良好的引导和示范作用，有

① 国家发展改革委发展规划司：《广东省东莞市推进农业转移人口市民化的典型经验》，2016 年 12 月 29 日， 见 http://ghs.ndrc.gov.cn/zttp/xxczhjs/zhsd/201612/t20161229_833437.htmll。

利于增强东莞社会活力，充实城市发展后劲，培育群体认同感和归属感，促进社会有序和谐发展。

三、嘉兴：实施居住证制度推进农民工平等享有城镇基本公共服务

居住证制度是对流动人口进行管理的一种有效方式。嘉兴市外来流动人口较多，2008 年嘉兴市外来人口总量为 176 万，占本地常住人口的52%[①]。嘉兴一直重视外来人口服务管理，早在2005年，嘉兴就开始了流动人口管理探索。2008 年，嘉兴率先在浙江省开展居住证制度改革试点工作，以居住证为载体推进农民工平等享有城镇基本公共服务。

（一）主要做法

设立新居民事务局综合管理。2007 年，嘉兴在全国范围内成立首家新居民事务局，负责统一部署、组织、协调和指导新居民服务管理工作，创立“专门机构协调型”服务管理体制新模式，从传统的以治安管理为主转到社会服务管理。该局首先取消了原有暂住证制度，根据新居民的工作年限、技术技能等具体情况和基本条件，实行《临时居住证》、《居住证》和《技术员工居住证》分类登记管理。

精简居住证申领条件。从 2016 年 7 月 1 日开始，嘉兴市全面推行“全员登记、依规领证、凭证服务、量化供给”的新型居住证

① 曹雪根等:《论常住人口与流动人口倒挂下的冲突处置——以嘉兴市为例》,《公安学刊——浙江警察学院学报》2013 年第 2 期。

表 1–2 嘉兴市居住证申领办法及享受的待遇

分类	办理对象	办理条件	享受待遇
临时居住证	年满 16 周岁、拟在暂住地居住 30 天以上的新居民。未满 16 周岁随其父母登记的人员	普通人员居住证和专业人员居住证依据条件自愿申领	其 7 岁以下子女在居住地卫生院可享受计划免疫基础疫苗免费接种，符合计划生育政策的子女可免除义务教育阶段学杂费等
居住证	普通居住证：具有初中毕业以上学历、持嘉兴市临时居住证一年以上的新居民	有合法的固定住所；有合法稳定的生活来源；遵纪守法，无治安不良记录；无违反计划生育法律、法规和政策情况；已参加基本养老保险，并从申领之日或在嘉兴连续缴纳基本养老保险费之日算起，到法定领取基本养老金的年限，至少应可缴满 15 年；身体健康	符合计划生育政策的子女，义务教育阶段在公办学校就读的，减半收取借读费；其符合计划生育政策及相关报考条件的子女，可报考嘉兴市所属的各高中、中等职业学校
	专业人员类居住证：具有中专（含高中）以上学历或者具有熟练技术和管理经验的嘉兴新居民	在取得普通人员居住证 2 年后，具有高级工以上技术等级证书或初级以上专业技术职称，具有劳动贡献特别大、创新成果多、担任企业中级以上领导职务或高级以上技术职务、荣获县以上先进称号或相关荣誉等条件之一的人员，可直接申领专业人员居住证。采用积分制，规定凡满 150 分的方可领取	子女在公办学校就读的免收借读费；符合相关规定条件的可申请廉租住房和经济适用房；可申购当地建设的专门面向新居民的小户型经济适用房；持证 10 年以上的可申请最低生活保障；持证 15 年以上的可根据本人意愿准予在暂住地城镇落户

资料来源：《嘉兴首设新居民事务局 180 万外来者告别暂住证》，《领导决策信息》2008 年第 20 期。

制度。按要求发放全省统一的IC卡式《浙江省居住证》，同时停止发放本市《浙江省临时居住证》和《浙江省居住证》。在申领条件上，进一步精简化，规定流动人口在居住地居住半年以上，符合有合法稳定就业、合法稳定住所、连续就读条件之一的，便可以申领《浙江省居住证》。《浙江省居住证》作为持有人的居住证明，按照浙江省有关规定在全省范围内有效，持有人在全省范围内流动不需要换证。

突出居住证的赋权功能。同国务院发布的《居住证暂行条例》保持一致，嘉兴市居住证持有人可以享受6项基本公共服务和7项便利。其中6项基本公共服务包括：义务教育、基本公共就业服务、基本公共卫生服务和计划生育服务、公共文化体育服务、法律援助和其他法律服务、国家规定的其他基本公共服务。7项便利包括：按照国家有关规定办理出入境证件，按照国家有关规定换领、补领居民身份证，机动车登记，申领机动车驾驶证，报名参加职业资格考试、申请授予执业资格，办理生育服务登记和其他计划生育证明材料，国家规定的其他便利。除此以外，嘉兴居住证还将逐步享受职业教育资助、就业扶持、住房保障、养老服务、社会福利、社会救助等公共服务。

（二）实施成效

2014年10月，嘉兴出台《开展居住证制度改革试点工作的指导意见》，成为浙江省内第一批开展居住证制度改革试点城市，到2014年底，全市登记在册的新居民已达217万人。嘉兴在全省率先建立了积分管理的梯度服务机制，坚持凭证享受医疗计生、就业就学等基本公共服务，8317名新居民子女入读公办学校[①]。居住证改革实行的一系列新居民服务管理举措，有效保障了新居民合法权益，促进了嘉兴人口资源环境协调和可持续发展，成为全国新居民服务模式的嘉兴样本。

第四节　农业人口转移促进经济增长

国内外经验与理论表明，城镇化与经济发展水平相辅相成。中国自改革开放以来，随着户籍迁移逐渐放松，城市向农村人口敞开了大门，过去40年大规模的快速城镇化成为中国飞速发展的强劲动力，推动了中国前所未有的经济增长和转型。

一、农业人口乡—城转移促进全国经济快速增长和经济结构转型

改革开放以来，大规模的城镇化通过让劳动力从农业部门流向效率更高的工业和服务业部门，促进中国经济保持了近40年的快速增长。如图1–1所示，全国城镇化率从1978年的17.9%上升至2017年的58.5%，年均增长1.04个百分点，城镇人口增长6.4亿多，40年增长了372%，年均增长4.1%。与此同时，中国经济保持了年均9.5%以上的快速增长，GDP跃居世界第二，2017年GDP名义值较1978年增长了223.8%。根据农业与城市工业、服务业的生产率

① 国家统计局嘉兴调查队：《嘉兴外来人口居住证申领比例高》，2016年1月8日，见http://www.jiaxing.gov.cn/jxgdd/tjxx_9544/tjsj_9546/201601/t20160108_565441.html。

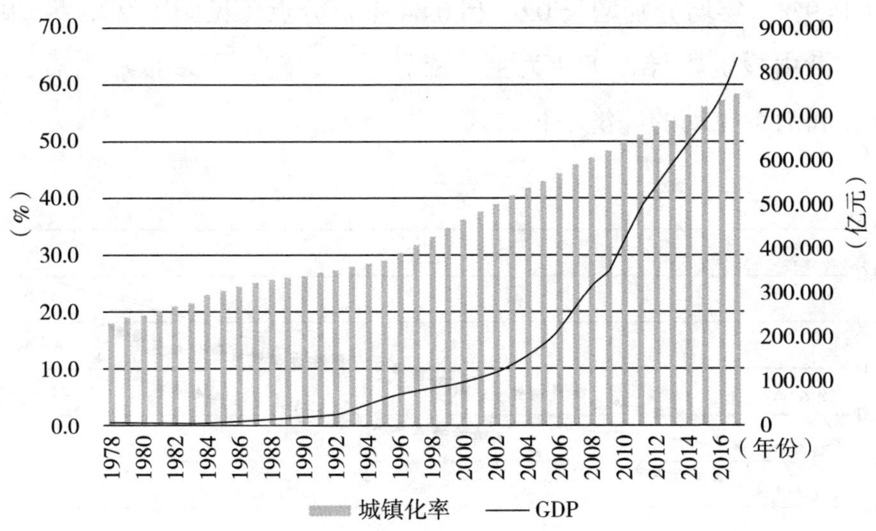

图 1–1　历年城镇化率和 GDP

数据来源：Wind，国家统计局。

差距，国务院发展研究中心和世界银行联合课题组测算，每有 1% 的人从农村迁到城市，全国 GDP 将提高 1.2%[①]。

同时，城镇化水平的持续提高推动了中国经济结构的转折性变化。据分析，改革开放以来，中国城镇化率每提高 1 个百分点，第三产业增加值比重和就业比重分别提高 0.61 和 0.72 个百分点[②]。随着城镇化水平加速提升，中国第三产业增加值比重和就业比重持续上升，分别由 1978 年的 24.6% 和 12.2% 持续上升到 2017 年的 51.6%

① 国务院发展研究中心和世界银行联合课题组，李伟、Sri MulyaniIndrawati、刘世锦、韩俊、Klaus Rohland, Bert Hofman、侯永志、Mara Warwick、Chorching Goh、何宇鹏、刘培林、卓贤：《中国：推进高效、包容、可持续的城镇化》，《管理世界》2014 年第 4 期。

② 国家发展和改革委员会宏观经济研究院：《迈向全面建成小康社会的新型城镇化道路研究》，经济科学出版社 2013 年版。

和 44.9%，年均分别增长 0.69 和 0.84 个百分点（见图 1–2），推动中国逐渐由投资主导、工业为主、依靠外需，转为更多依靠内需、服务业和消费拉动的经济增长方式。

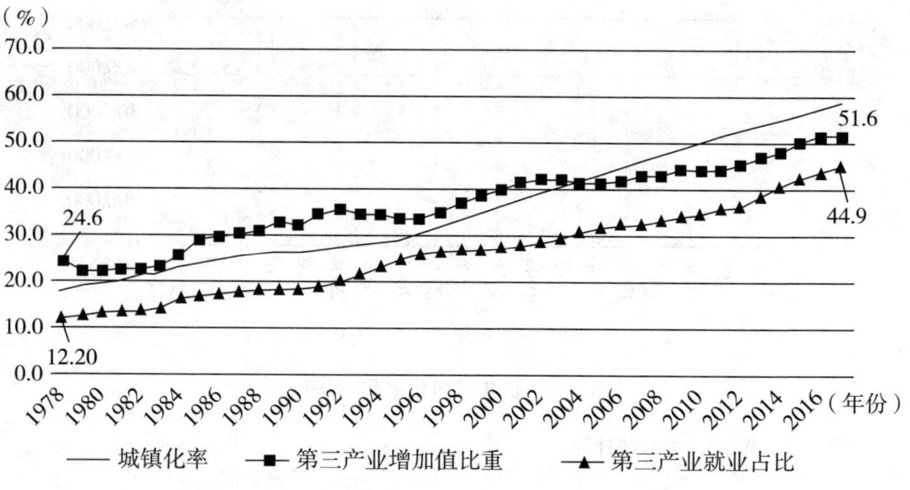

图 1–2　历年城镇化率与第三产业增加值与就业比重

数据来源：Wind，国家统计局。

改革开放以来，中国农业人口大规模的乡—城转移对经济增长的促进作用主要表现在以下两个方面。

（一）人口红利充分发挥

劳动力是重要的生产要素，从供给侧角度看，大规模的农业人口乡—城转移所带来的人口红利支撑了中国改革开放以来的高速经济增长。第一，大规模的乡城迁移人口为高速经济发展提供了充足的劳动力供给。农民工是中国城镇就业的主体，中国农民工总量从 2008 年的 2.25 亿人增加到 2017 年的 2.87 亿人，占全国城镇就业的比重维持在 67%—70% 左右（见图 1–3），是中国产业发展、基础设

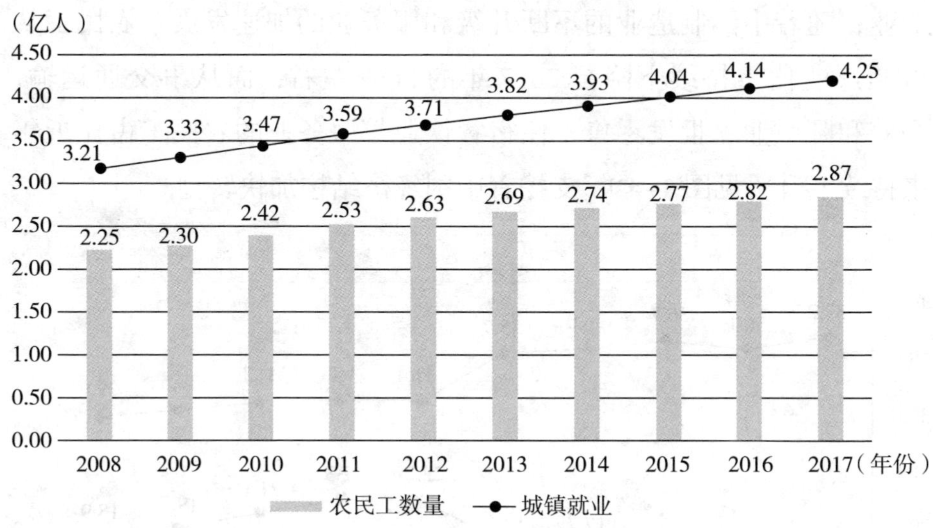

图 1–3　农民工人数和城镇就业

数据来源：Wind，国家统计局。

施建设、日常服务业等的骨干支撑。

第二，农业人口乡—城转移是劳动力资源向生产效率更高的部门和地区配置的过程，提高了经济整体的资源配置效率。研究表明，改革开放以来，劳动力向生产率更高的非农产业转移，对中国 GDP 增长的贡献率接近 20%[①]。

第三，农业人口乡—城转移既有力支撑了中国利用劳动力资源比较优势，大力发展以出口导向为主的劳动密集型产业，同时也是中国经济近年来持续转型的重要保障。改革开放以来，农民工成为中国工人队伍庞大的新生力量。2008 年，近 37.2% 的农民工从事制

① 国务院发展研究中心和世界银行联合课题组，李伟、Sri Mulyani Indrawati、刘世锦、韩俊、Klaus Rohland, Bert Hofman、侯永志、Mara Warwick、Chorching Goh、何宇鹏、刘培林、卓贤：《中国：推进高效、包容、可持续的城镇化》,《管理世界》2014 年第 4 期。

造业；随着中国制造业的不断升级和服务业的加速发展，农民工从事制造业比重持续下降至2017年的30%左右，而从事交通运输、仓储和邮政业、批发零售、住宿餐饮业等服务业的农民工占比近年来持续上升（见图1-4），支撑着中国经济结构加快转型。

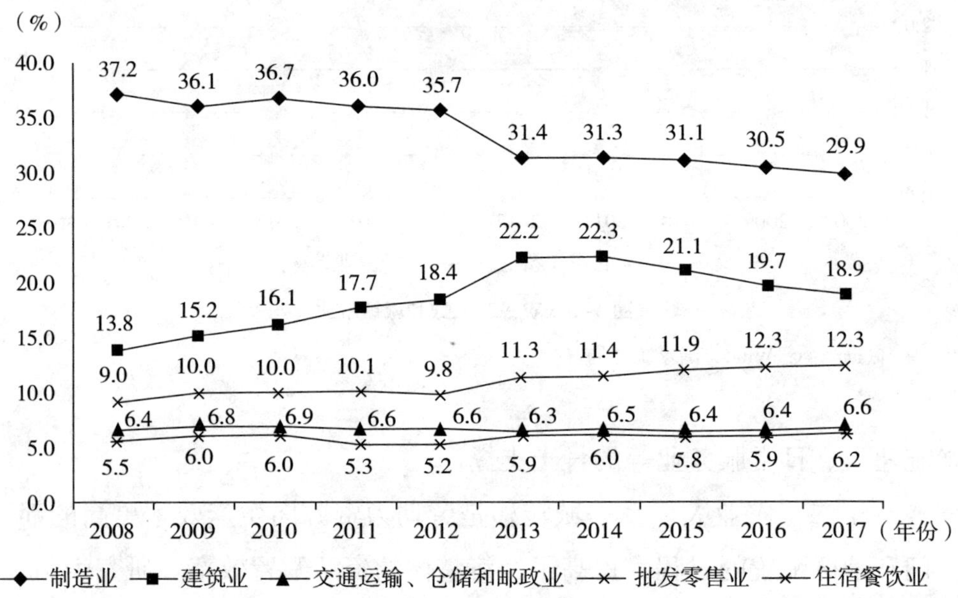

图1-4 农民工行业分布

数据来源：Wind，国家统计局。

第四，农业人口乡—城转移推动城镇劳动力的整体人力资本加速改善。如图1-5所示，高中以上、大专及以上文化程度的农民工占比持续提高，2017年分别达到17.1%和10.1%，同时，参加过非农职业技能培训的农民工占比近年来超过了30%，较2011年提高4.4个百分点。

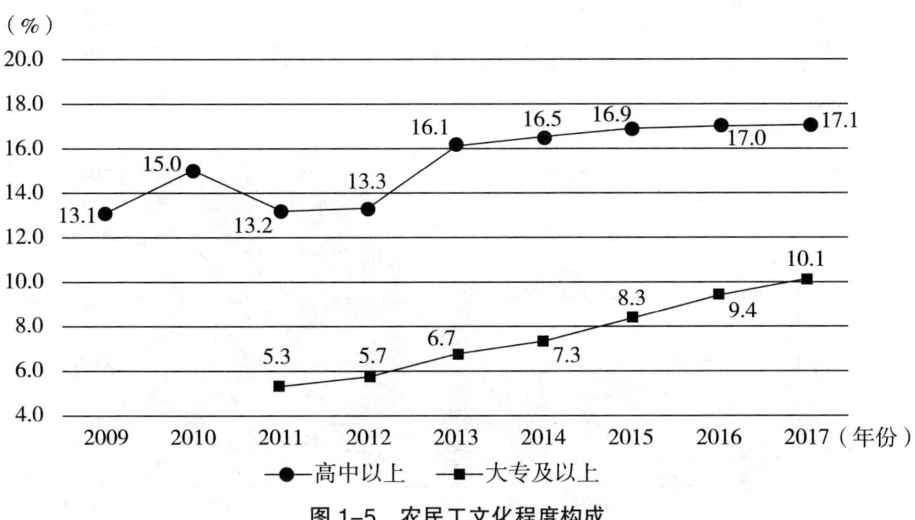

图 1-5　农民工文化程度构成

数据来源：Wind，国家统计局。

（二）潜在内需显著激活

从需求角度看，大量农业人口的乡－城转移形成了中国改革开放以来巨大的消费需求和投资需求，是推动中国经济增长的内需之源。

首先，由于城乡居民消费结构的不同，城乡存在着巨大的消费落差，大量农业转移人口进入城市后，对住房、医疗保健、食品、家电、文化娱乐等的消费需求显著提升。20 世纪 90 年代起，随着中国进入快速城镇化阶段时期，城乡居民消费水平差距也迅速扩大，城乡消费支出比从 1990 年的 2.2 迅速上升，2000 年达到 3.65 后逐步下降至 2017 年的 2.7（见图 1-6）；与此同时，大规模乡城迁移促进中国居民的消费水平迅速增长，据测算，改革开放以来，每增加 1 个城镇人口大约能够拉动消费支出 1.9 万元①。

① 国家发展和改革委员会宏观经济研究院：《迈向全面建成小康社会的新型城镇化道路研究》，经济科学出版社 2013 年版。

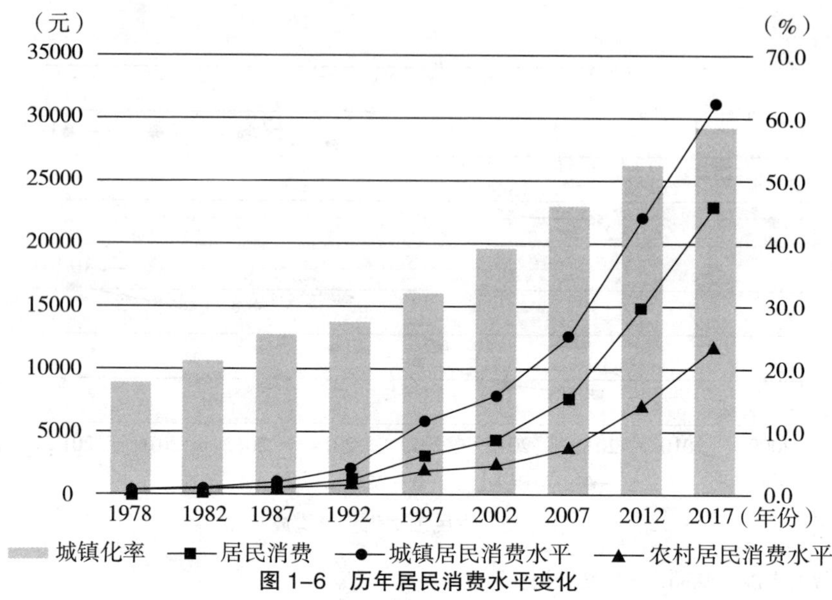

图 1–6　历年居民消费水平变化

数据来源：Wind，国家统计局。

其次，城镇人口的持续增长和消费水平的不断提高，进一步刺激了城镇的投资需求。为满足大规模农业转移人口消费、生产、生活的需要，城镇基础设施、房地产、工业消费品和生活必需用品的固定资产投资大幅度提升。随着城镇化水平的不断提高，过去 30 年，中国人均城镇居民所需要的城市建设支出显著增加（见图 1–7），2017 年城镇人均固定资产投资和房地产投资名义值分别为 1987 年的 78.7 倍和 249 倍，城市市政公用设施建设固定资产投资额年均增长 22.7%，占同期全社会固定资产投资比重在 2003 年达到顶峰，超过 8%。据测算，改革开放以来，每增加 1 个城镇人口拉动城镇固定资产投资约 4.5 万元[①]。

① 国家发展和改革委员会宏观经济研究院：《迈向全面建成小康社会的新型城镇化道路研究》，经济科学出版社 2013 年版。

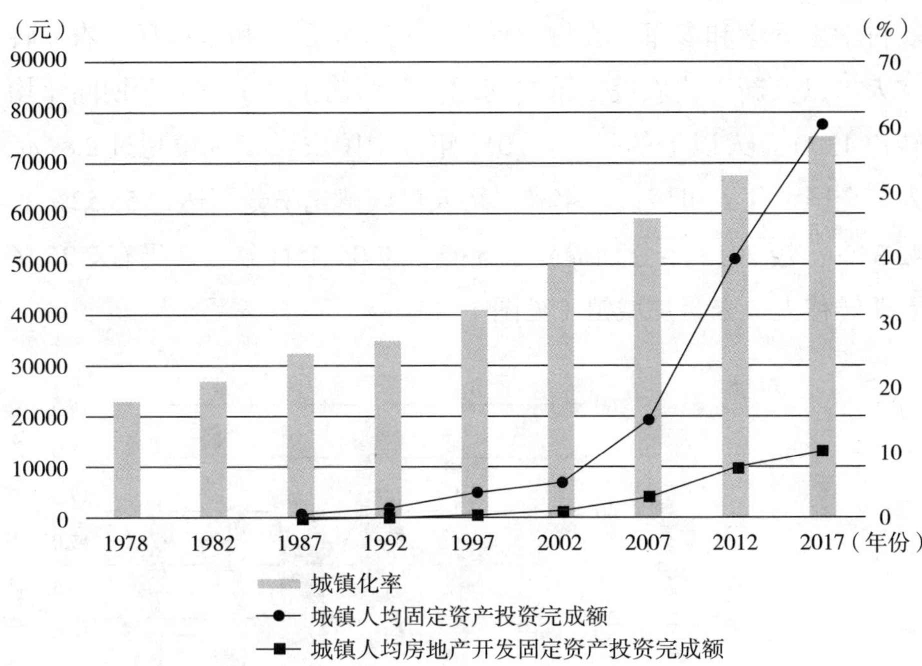

图 1–7　历年城镇人均固定资产投资和房地产开发投资

数据来源：Wind，国家统计局。

二、农业转移人口市民化进一步释放经济增长活力

改革开放以来，虽然大规模的农业转移人口促进了中国经济的长期快速增长，但是由于户籍的限制，城市中大量的农民工和外来就业人员仍然难以取得工作所在地的户籍，导致农民工得到与城镇居民不平等的公共服务、社会保障和福利待遇，从而增加了其生活、工作、收入的不确定性，严重影响生产效率，抑制消费和人力资本的投资。

党的十八大以来，随着农业转移人口市民化加快推进，以人为本的新型城镇化进一步释放经济发展的活力。国务院办公厅 2016 年印发的《推动 1 亿非户籍人口在城市落户方案》指出要优先解决农村学生升学和参军、在城镇就业居住 5 年以上和举家迁徙农业转移人口以及新生代农民工落户问题，并明确了“十三五”期间年均转户 1300 万人以上的目标。2017 年，中国农民工规模超过 2.87 亿人，全国常住人口城镇化率和户籍人口城镇化率分别达到 58.52% 和 42.35%，较 2012 年分别提高了 5.95 和 7.05 个百分点，仍有 2.25 亿农业转移人口未落户城镇（见图 1–8）。

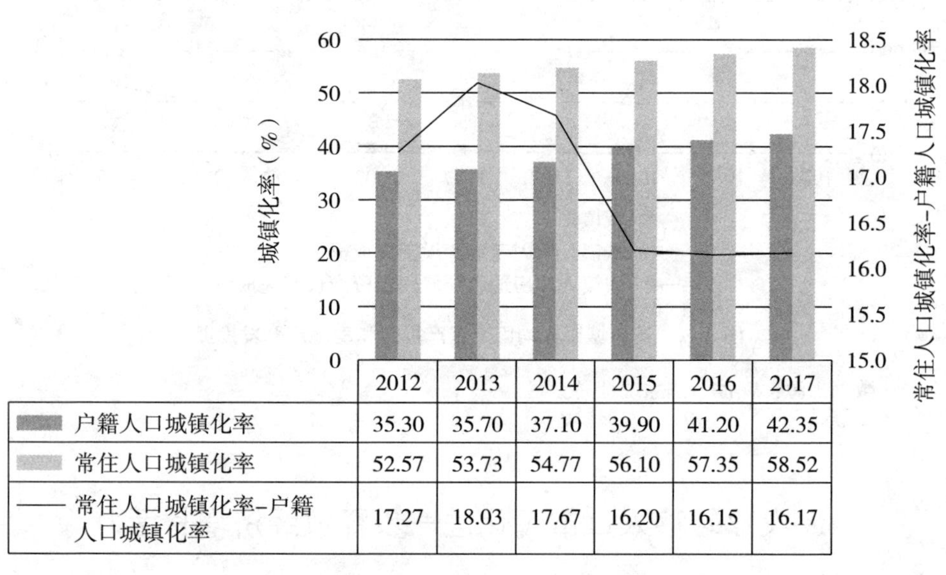

	2012	2013	2014	2015	2016	2017
户籍人口城镇化率	35.30	35.70	37.10	39.90	41.20	42.35
常住人口城镇化率	52.57	53.73	54.77	56.10	57.35	58.52
常住人口城镇化率–户籍人口城镇化率	17.27	18.03	17.67	16.20	16.15	16.17

图 1–8　历年常住人口和户籍人口城镇化率

数据来源：Wind，国家统计局。

总体来看，加快推进农业转移人口市民化，是近几年来，以及未来，中国新型城镇化进一步促进中国经济发展和转型的重要举措（见表 1–3）。例如，国务院发展研究中心课题组研究发现，每年市民化 1000 万人，GDP 增速将提高 0.75—1 个百分点，增加 15 万非农就业，同时将进一步提高消费需求对经济增长的拉动力和服务业

表 1–3　市民化政策对经济影响的相关研究

相关研究	市民化情景模拟	对经济整体影响	拉动内需影响	城镇就业影响	经济结构影响
国务院发展研究中心课题组（2010）	每年市民化1000万人	GDP 增速提高 0.75—1 个百分点	•城镇居民消费提高 1854.8 亿元 •政府消费提高 576.4 亿元 •固定资产投资增加 1584.5 亿元	•增加 15 万非农就业	•第一、二产业比重下降，第三产业比重上升约 0.1 个百分点
胡秋阳（2012）	通过市民化促进农民工与城市居民储蓄 / 支出趋同、工资待遇公平化	GDP 提高 0.89%	•消费需求占地方生产总值比重上升 1.43% •其中居民消费需求比重上升 1.28%，	•就业提高 0.07% •城镇劳动力和城镇农民工分别提高 1.55% 和 0.56%	•第三产业比重上升 0.66 个百分点
彭秀健等（2013）	通过市民化消除由户籍制度导致的收入不平等	GDP 提高 0.68%	•居民实际消费高出 0.2%	•就业提高 0.16%	•农业部门产出减少 2%； •工业部门产出增加 0.98%； •服务业部门产出增加 0.85%
吴琦等（2015）	每年市民化 300 万人	GDP 增速提高 0.14—1.21 个百分点	•2015—2020 年实际消费累计增长 1.18%	•就业增长 0.2%—0.64%	•制造业产出增加 1.4%； •服务业产出增幅最为显著，长期增幅达到 1.59%

资料来源：国务院发展研究中心课题组，刘世锦、陈昌盛、许召元、崔小勇：《农民工市民化对扩大内需和经济增长的影响》，《经济研究》2010 年第 45 期；胡秋阳：《农民工市民化对地方经济的影响——基于浙江 CGE 模型的模拟分析》，《管理世界》2012 年第 3 期；彭秀健、麦音华、何昱：《论户籍制度改革对城乡居民收入差距的影响——动态一般均衡分析》，《劳动经济研究》2013 年第 1 期；吴琦、肖皓、赖明勇：《农民工市民化的红利效应与中国经济增长的可持续性——基于动态 CGE 的模拟分析》，《财经研究》2015 年第 41 期。

对经济增长的驱动力。

第一，加快市民化可以减少非正规就业[①]，提高农民工工资待遇。与正规就业工人比，非正规就业工人往往难以享受到同等的公共服务和福利保障。在中国，相比于当地居民，农民工大多从事非正规就业，从而面临工资拖欠，劳动合同不规范，劳动权益保障不足，失业保险参与率低等问题。首先，市民化可以减少农民工从事非正规就业比重。根据2010年中国社科院负责组织的中国城市劳动力调查显示，在上海、武汉、沈阳、福州、西安、广州这6个城市中，农民工从事非正规就业的比例为55%左右，高于本地居民35个百分点。其次，市民化可以提高农民工非正规就业工资待遇。非正规就业的工资待遇往往低于正规就业，并且这个差距在农民工中更为显著。农民工中非正规就业的工资仅为正规就业工资的52%—61.8%，而本地居民中非正式就业的工资为正式就业工资的63%—66%。因此，通过市民化可以减少中国城市非正规就业，并提高农民工工资待遇。

第二，市民化可以进一步增加劳动力供给，促进就业增长。随着市民化带来的农民工收入增加，在城市的保障不断完善，会吸引更多的农业转移人口进城务工，进一步激发潜在人口红利。研究表明，农业转移人口市民化可以将总就业提高0.07%，其中，城镇劳动力和城镇农民工分别提高1.55%和0.56%（见表1–3：胡秋阳，2012）。另外，市民化有助于增强农民工在城市的归属感和社会融合，有助于提高生活和工作的稳定性，有利于人力资本的积累，激

① 非正规就业指，没有社会保险（养老、健康、失业保险）的就业人员或没有签署正规劳动合同的就业人员，包括家庭工人、自我雇佣者、临时工、小时工、杂工等。

发工作热情和效率，从而提高劳动力效率。

第三，市民化可以有效提升消费水平，扩大内需。虽然农民工的收入近几年来明显提高，农民工消费倾向仍然远远低于城镇居民。根据2007年数据比较，农民工消费倾向低于城镇居民40个百分点，恩格尔系数远远高于城镇居民10个百分点以上[①]，农民工除了维持最基本的生活需求之外，基本上不作其他消费。农民工低水平的消费倾向主要是由于就业的不稳定性、缺少与户籍绑定的公共服务、福利保障所导致的。因此，市民化可以通过降低农民工收入支出的不确定性，减少预防性储蓄，进而刺激消费。研究表明，农业转移人口市民化将进一步提升居民消费、政府消费和固定资产投资。

第五节　展望：更加注重质量的城镇化发展阶段

当前，中国的城镇化率即将达到60%，中国城镇化的发展环境发生深刻变化，从人口结构看，每年新增农业转移人口数量在下降，城镇化的速度放缓将成为趋势；从经济发展看，中国城市特别是大城市面临动能转化，知识经济、信息经济等科技创新、生产服务、人力资本等对城市发展的重要性凸显，支撑城镇化发展的经济基础在发生变化，一些新动能培育好、转型步伐快的城市，得到了进一步提升，而那些新动能培育缓慢的城市则因资源枯竭、产业衰退、财政困难等不同程度出现收缩，中国城镇化进入下半程。在此

① 国务院发展研究中心课题组，刘世锦、陈昌盛、许召元、崔小勇：《农民工市民化对扩大内需和经济增长的影响》，《经济研究》2010年第45期。

背景下，城镇化的动力机制、内在逻辑和外在表征发生重大变化，对农业转移人口市民化的速度将明显换挡，并将在城市建设、地方财政、城市治理、城乡关系等多个方面进入一个更加追求质量的新发展阶段。

一是城镇化速度将会有所放缓。受经济增长速度放慢，人口结构变化等因素影响，中国劳动人口数量开始下降，2010—2015 年中国农村 15—64 岁劳动年龄人口年均下降 1045 万。受此影响，中国每年进城务工的农村转移人口也开始减少，年度新增农业农村转移人口总量已从 2010 年的 1688.6 万人降至 2016 年的 704.3 万人，年均下降 16.1%。此外，每年还有规模不断扩大的农民工群体返乡创业。在此背景下，预计未来一段时期，中国的城镇化速度将会明显放缓。但由于中国每年还有一定数量的城镇人口自然增长和普通高校农村籍新生，这两项加起来大约每年有 760 万人以上，能够支撑中国城镇化率提高 0.55 个百分点。对中国而言，在经济增速有所下降的背景下，城镇化率能够保持此速度增长，依然是难能可贵的。

二是更加重视城镇化质量问题。数以亿计的农业转移人口未能落户城镇或在城镇平等、全面地享有城镇基本公共服务，是我国城镇化质量不高的核心问题。解决这一问题不仅仅需要户籍登记制度改革、行政建制变更和区划调整，更需要在中央和地方财政之间就相关事权和财权构建合理的分担机制，需要对现行财税制度进行改革以激励城市政府通过科学管理吸纳更多人口，需要加快农村土地制度改革步伐使进城落户者拥有更多资产性收入。为此，应把对城镇化问题的关注重点，放在提高城镇基本公共服务供给、激发农业转移人口在城镇的消费需求上来，紧紧围绕人在城镇化进程中的核心需求，推动相关领域深化改革，进一步完善户籍、财政、土地等制度安排，推进均等化公共服务，实现城镇化质量的全面提升。

三是城市地域特色风貌保护将得到加强。由于中国快速的城镇化加速了地方文化的消亡，“千城一面”风貌趋同现象十分突出，城市的可识别性越来越差，引起了社会各界的重视。面向未来，城市的地域性的重要性将超过全球性，成为城市更主要的属性，与地域性相关联的是地域的精神内涵、文化、民俗、景观风貌等，在下一步城市发展和城市建设中的重要性将增强，城市的特色和魅力成为吸引人才的重要卖点。相比之下，文化和景观风貌有特色的城市，将更具创新发展的活力，而这种特色则来自对历史风貌的保护和传承，对地域文化的识别和提炼。地方的自然山水特色也是构成地域特色风貌的重要来源，依托自然山水要素，营造高品质的城市公共空间，围绕人的需求，构造有归属感的共同邻里空间和联合体社会公共活动空间，注重提升空间的包容性。

四是地方政府财政可持续性将受到广泛关注。在中国城市快速发展过程中，城市建设盲目举债、不规范融资的情况比较突出，截至 2017 年末，全国地方政府债务余额 16.47 万亿元。近年来，国务院、财政部对地方政府债务连续出台了多个文件，包括《国务院关于加强地方政府性债务管理的意见》（国发〔2014〕43 号），《财政部关于进一步规范地方政府举债融资行为的通知》《财政部关于印发地方政府土地储备专项债券管理办法（试行）的通知》《财政部关于坚决制止地方以政府购买服务名义违法违规融资的通知》等。在防范和化解金融风险的背景下，地方政府的财政可持续性受到前所未有的重视，为地方政府融资设置了信用上限。未来，财政可持续性将是评价城市发展前景的一个重要指标，只有那些财政可持续性好的城市，才有希望获得新一轮的发展机会。

五是城市治理的重要性将进一步凸显。面向深度的城市社会，城市发展重心将逐步从建设转向治理。而城市中各群体的多元性、城市系统运行的复杂性，城市灾害风险的残酷性，不仅要求更为精细化的管理方式，还要求采用信息化等治理手段。这将成为未来城市发展的重要方面，也是城市管理者们亟须面对的问题。未来要以社区等微观单元为试点，探索共同治理模式，搭建政府、社会、本地和外来居民共同参与的治理平台，综合运用经济、法律、技术、文化等工具，在大城市病防治、城中村和城乡接合部综合治理、征地农民回迁社区治理等方面实现精细化，移民管理和服务未来也需要进一步完善。

六是城乡的平衡性将成为新城乡关系构建的重点。中国始终把城乡关系作为城镇化的一个重点内容，尽管中国的城乡政策具有一定的“城市偏向”，但也在不断地制定改善城乡关系的政策（如从城乡统筹到城乡融合）以及促进农村发展的政策（如建设社会主义新农村、实施乡村振兴战略）。如果政策取向上仅仅从“城市偏向”转向“农村偏向”，显然会矫枉过正，必然不是最合理的选择，未来城乡的平衡性将成为认识和重构新城乡关系的重点。它的主要目标是，既不能在发展城市的同时忽略了农村，也不能对农村过度支持而损失了效率，而是需要在制度层面搭建城乡平衡的平台，把完善城乡土地、劳动力等要素的交换机制和流动机制作为重点，改变厚此薄彼、顾此失彼的状况，在城乡之间构建一个新平衡态，实现城乡在空间意义、经济意义、社会意义上的关系重塑。

第二章　城镇化过程中土地制度变迁

土地是财富之母。土地问题既是经济问题，又是政治问题。历史经验反复证明，土地制度不仅事关社会长治久安，而且也关系执政基础。改革开放以来，党和政府始终高度重视土地制度改革，采取了一系列重大举措，取得了显著成效。在城镇化发展过程中，土地制度改革主要围绕两条主线展开：城市土地制度改革重点围绕市场化方向推进，逐步完善土地价格发现机制，凸显土地价值，实现以地生财，为城市基础设施提供建设资金，提高城市承载能力；农村土地制度改革主要围绕严格耕地保护和增加农民财产性收益方向演进，积极开展“还权赋能”改革，提高农民在土地产权交易中收益分配比例，提升农民承担市民化成本的能力。两条路径，同样的结果，共同推动城镇化发展。

第一节　城市土地制度变迁

改革开放以来，伴随着计划经济体制向市场经济体制转型，我国城镇土地市场也经历了从无到有，规模由小到大，并逐步向规范化、有序化发展的过程，城市国有土地使用权出让收入也快速增长，为城市发展提供重要的资金支持。2016 年，城市国有土地使用权出让合同价款 35639.69 万元[①]，占全国一般公共预算收入的 22.32%。

一、城市土地有偿使用制度变迁

改革开放后，外资企业开始进入我国，企业所有制性质开始发生变化，国家也于 1979 年对外资企业征收土地使用费。1979 年 7 月 1 日，第五届全国人民代表大会第二次会议通过的《中华人民共和国中外合资经营企业法》，规定对外资企业征收土地使用费。这一法律的实施，拉开了我国城镇土地使用制度改革的序幕。改变了计划经济体制下土地无偿使用的制度。1982 年深圳特区开始征收土地使用费，1984 年抚顺市在经营企业中开征土地使用费试验。

在总结试点经验的基础上，1986 年 6 月颁布的土地管理法明确了行政划拨和有偿出让两种形式并行的土地使用模式。1987 年 11 月，国务院批准在深圳、上海、天津、广州、厦门、福州进行土地使用改革试点。1987 年 9 月、11 月和 12 月，深圳分别以协议、招标和公开拍卖三种形式有偿出让国有土地使用权。这一创举，不仅是我国土地使用制度改革取得关键性突破的标志，而且也使土地作为一种生产要素开始进入市场。1988 年 4 月 12 日，七届全国人大一次会议通过《宪法修正案》，增加了“土地的使用权可以依照法律的规定转让”的规定。1990 年 5 月颁布的《城镇国有土地使用权出让和转让暂行条例》进一步明确土地使用权出让可以采用协议、招标和拍卖三种方式。至此，土地使用权作为商品进入市场流通，正式被法律确认下来，土地使用权出让、转让制度在全国逐步推行。但

① 数据来源于《2016 年中国国土资源统计公报》。

由于当时全国还处于工业化发展的初期阶段，各地以地招商的方式还没有改变，再加上城市土地存在多头供地、灰色交易等问题，直到20世纪90年代中后期，以协议方式低价供地的比重还比较高。1998年后，为遏制耕地大规模流失，防止土地出让领域的寻租行为，强化国有土地资产管理，中央政府出台一系列文件，大力推行土地招拍挂制度[①]。2004年12月，国务院下发的《关于深化改革严格土地管理的决定》首次提出“经营性基础设施用地要逐步实行有偿使用”“工业用地也要创造条件逐步实行招标、拍卖、挂牌出让”[②]。2006年9月，《国务院关于加强土地调控有关问题的通知》出台，这个被业内外称为“国务院31号文件”的政策，规定工业用地必须以“招拍挂”方式进行出让。从此以后，我国城市土地市场形成了以招拍挂出让为基本形式、以市场形成价格为核心的典型的土地资源市场配置阶段。该阶段城市土地使用制度改革的核心，是配合社会主义市场经济体制改革要求，提高土地市场化配置比例。2009年以来，随着房价快速攀升，国务院印发《关于坚决遏制部分城市房价过快上涨的通知》（国发〔2010〕10号）提出“探索综合评标、

---

① 2001年4月，国务院下发《关于加强国有土地资产管理的通知》（国发〔2001〕15号），针对国有土地资产市场配置比例不高和国有土地资产流失现象，要求各地严格实行土地使用权有偿使用制度，大力推进国有土地使用权招标拍卖。2002年5月，国土资源部发布《招标拍卖挂牌出让国有土地使用权规定》，大力推行“招拍挂”制度，规定商业、旅游、娱乐和商品住宅等各类经营性用地，必须以招标、拍卖或者挂牌方式出让，严禁这类土地协议出让。这项变革，被业内外称为一项重大的“土地革命”。2004年1月，国土资源和监察部联合下发的《关于继续开展经营性土地使用权招标拍卖挂牌出让情况执法监察工作的通知》，明确要求各地在2004年8月31日后对全部经营性土地必须通过招拍挂出让，为经营性土地出让市场化明确了时间表，从政策上堵住经营性土地协议出让之路。

② 雨之：《国有土地使用权招拍挂出让实证分析》，《中国房地产金融》2005年第5期。

一次竞价、双向竞价等出让方式”。2010 年，北京最先开展“限房价、竞地价”出让模式试点。2011 年，国务院办公厅《关于进一步做好房地产市场调控工作有关问题的通知》（国办发〔2011〕1 号）明确“大力推广限房价、竞地价”方式供应中低价位普通商品住房用地。虽然商品房市场土地出让方式有所调整，但招标、拍卖、挂牌的方式没有根本性改变。2015 年，出让国有建设用地 22.14 万公顷，出让合同价款 2.98 万亿元。其中，招标、拍卖、挂牌出让土地面积 20.44 万公顷，占出让总面积的 92.3%；招标、拍卖、挂牌出让合同价款2.86万亿元，占出让合同总价款的96.0%[①]。土地配置市场化程度显著提高。

在开展增量土地使用制度改革的同时，20 世纪 90 年代中期伴随国企制度改革和住房使用制度改革，大量的存量用地开始进入市场。1997 年 9 月，中共十五届一中全会明确提出从 1998 年开始，国企三年脱困。如何解决国企困难和破产企业的脱困问题是当时城市政府的难题。土地是这些企业的最大剩余资产，通过市场机制盘活土地资产，为企业脱困、人员安置、获取再生地提供支持。国企原划拨用地进入市场的势头已不可阻挡。1998 年，原国家土地管理局发布《国有企业改革中划拨土地使用权管理暂行规定》第三条明确指出：“国有企业使用的划拨土地使用权，应当依法逐步实行有偿使用制度。”1998 年 7 月 3 日国务院发布的《关于进一步深化住房制度改革加快住房建设的通知》（国发〔1998〕23 号）宣布全国城镇从 1998 下半年开始停止住房实物分配，全面实行住房分配货币

① 2015 年之后，各种出让土地方式不再单独公布，表明招拍挂制度基本成熟。数据来源于《2015 年中国国土资源统计公报》。

化，这为存量住房土地使用权进入市场交易提供了重要条件。1999年，财政部、原国土资源部、原建设部发布《已购公房和经济适用房上市出售土地出让金和收益分配管理的若干规定》，标志着存量住房土地使用权上市交易的条件已经成熟。2007年以来，为进一步盘活城市存量土地，广东积极争取国土资源管理部门的支持，积极开展以旧厂房、旧村庄、旧城镇为代表的“三旧”改造，开启了业界号称的“第二次土地革命”。至此，城市土地使用制度改革的大框架基本建立，主攻方向也已明确，重点是进一步规范。

除土地有偿使用制度改革外，城市土地还在其他制度方面开展了探索。如，2003年以来，伴随着房价的快速上涨，国家强化了土地年度计划管理，不断完善土地供应计划管理方式。2010年以来，随着改革开放初期出让的商业、旅游、娱乐等用地使用权年限即将到期，对到期后如何处理国有用地使用权成为社会关注的热点问题。2016年，原国土资源部到温州等地调研，研究土地使用权证到期问题。2014年开始，上海结合产业增长生命周期理论，开始探索工业用地弹性出让制度，明确一般工业用地或者产业用地期限是20年。随后，广州、苏州、临沂、北京等地先后跟进，出台了工业用地实行弹性年期出让的政策。

梳理城市土地使用制度变迁沿革，发现从增量开始的改革，是以土地使用权作为商品进入市场流通作为起点的，其后的制度安排都是围绕提高土地市场化程度、彰显土地使用权商品价格为核心展开，而将土地收益的绝大多数留给城市政府的制度安排，为城市政府筹措基础设施建设资金提供了重要支撑，对提高城镇承载力具有重要意义。

二、城市土地储备制度变迁

20世纪90年代中期土地商品意识深入人心后，农用地大量转为城市用地，耕地流失数量急剧上升。为从源头上垄断土地一级市场，切实加强耕地保护，以1996年8月上海成立土地发展中心为开端，杭州、厦门、南通、青岛等一些东部和中部地区较大的城市开始尝试土地收购储备制度。1999年6月，原国土资源部以内部通报形式转发《杭州市土地收购储备实施办法》和《青岛市人民政府关于建立土地储备制度的通知》，并向全国推广杭州、青岛两市开展土地储备的经验。1999年新土地管理法颁布后，中央政府强化了农用地转用和土地征用的审批制度和计划管理[①]，获取新增国有建设用地越来越难、成本也越来越高，如何用好稀缺的土地资源成为当务之急。同时，各地方政府为响应中央政府提高招拍挂比重的要求，实现国有土地资产的保值增值，纷纷成立土地交易储备中心，垄断土地一级市场供应。2001年4月30日，国务院印发的《关于加强国有土地资产管理的通知》指出“为增强政府对土地市场的调控能力，有条件的地方政府要对建设用地试行收购储备制度”。截至2001年

---

① 1998年8月，重新修订的《土地管理法》上收了农用地转用审批权限，由原来的四级政府审批变为仅中央和省（自治区、直辖市）两级政府审批，并明确提出“加强土地利用计划管理，实行建设用地总量控制”。1999年之后，城市国有土地取得和供应的口子实际上已经越扎越紧。如，1986年的《土地管理法》规定“国家建设征用耕地一千亩以上，其他土地二千亩以上的，由国务院批准。征用省、自治区行政区域内的土地，由省、自治区人民政府批准；征用耕地三亩以下，其他土地十亩以下的，由县级人民政府批准；省辖市、自治州人民政府的批准权限，由省、自治区人民代表大会决定”。1998年新修订的《土地管理法》规定“征用下列土地的，由国务院批准：基本农田；基本农田以外的耕地超过三十五公顷的；其他土地超过七十公顷的。征用前款规定以外的土地的，由省、自治区、直辖市人民政府批准，并报国务院备案”。

底，全国已建土地储备机构 2000 余家。

但各地在具体实践中，储备机构的设置也不尽相同。如，杭州市土地储备机构隶属于市土地管理局的土地储备中心；武汉市的储备机构是隶属于市城市规划国土资源管理局的市土地整理储备供应中心和市土地交易中心；南京市土地储备机构是隶属于南京市国土资源局的土地储备中心等[①]。土地储备机构的性质也有差异。如，上海市土地发展中心属于企业性质，杭州、武汉等地的储备机构属于事业单位。为规范土地储备制度发展，2007 年，原国土资源部、财政部、人民银行出台的《土地储备管理办法》（国土资发〔2007〕277 号）明文规定了土地储备机构的性质：土地储备机构应为市、县人民政府批准成立、具有独立的法人资格、隶属于国土资源管理部门、统一承担本行政辖区内土地储备工作的事业单位。但在实践中，土地储备机构不仅承担了土地收储职能，还承担土地开发经营职能，政企不分引发了社会广泛争议。有些地方的储备机构甚至承担地方政府融资功能。这一时期，土地储备机构的储备土地和开发职能总体比较混乱。2010 年 9 月，原国土资源部党组印发《关于国土资源系统开展“两整治一改革”专项行动的通知》进一步厘清了土地储备机构的职责，明确土地储备机构只能从事土地储备职能，其他职能，如融资、基建等，一律剥离。但地方政府各种改头换面的城投公司仍然鱼目混珠，整治的效果有限。2012 年 12 月，原国土资源部、财政部、人民银行、银监会联合发布的《关于加强土地储备与融资管理的通知》（国土资发〔2012〕162 号）提出了建立土

① 米健、王小映：《 进一步探索完善土地储备制度。》，见 http://www.mlr.gov.cn/xwdt/mtsy/people/201607/t20160729_1413119.htm。

地储备机构名录制度，加强土地储备机构管理，规范了土地储备机构的管理和融资。但以土地储备机构名目出现的城投公司，依然承担着为政府融资的功能。2016 年 2 月，原国土资源部、财政部、人民银行、银监会四部委联合发布《规范土地储备和资金管理等相关问题的通知》（财综〔2016〕4 号），不仅明确县级以上行政单位原则上只能有一个进入名录管理的土地储备机构，而且要求不得再向银行业金融机构举借土地储备贷款。至此，土地储备机构开始真正回归社会公益职能。不可否认，在土地储备制度发展过程中，曾经承担了为城市政府基础设施建设融资的功能。

除此之外，城市政府还通过土地储备制度不断强化土地市场的一级垄断，获得垄断收入。以广东省佛山市为例，佛山于 2002 年 11 月成立土地储备中心，并制定了《佛山市土地储备办法》（以下简称《办法》），加强对储备土地的方法、程序、补偿标准储备土地的开发整理和土地储备资金规范管理。2004 年，随着土地成为重要的宏观调控手段，佛山也进一步提高了对全市国有土地一级市场的垄断，印发了《佛山市土地储备实施办法》（以下简称《实施办法》）。与 2002 年的《办法》相比，2004 年的《实施办法》有如下特点：首先，强化了市土地储备中心对全市土地储备的统一管理，要求“各区土地储备机构经批准的土地储备年度计划，需要报市土地储备中心备案”；其次，扩大了土地储备的范围，将原来规定的 5 种情况需要纳入储备的土地扩大到 10 种情况；最后，将土地储备机构由原来归口国土资源局管理变为归市政府管理。至此，政府基本完成对城市增量土地和存量土地的垄断性控制。从 2005 年开始，佛山市土地出让金收入开始大幅度上升。土地出让收入作为政府基金性收入，成为政府财政收入重要来源。

土地储备制度的发展史，就是“土地、财政、金融”三者紧密结合的历史，但以获取垄断收入和融资为目的的土地储备制度，不仅推高了房价，而且增加地方政府债务，成为房地产风险和地方债务风险重要的交汇点，不改革，已很难持续。2016 年，四部委的通知试图斩断土地与地方政府债务的联系，集体经营性建设用地入市试点和集体建设用地建设租赁住房试点方案等举措，也在尝试打破城市土地一级市场垄断。

三、城乡建设用地增减挂钩制度变迁

在国家强化耕地保护后，如何协调好保护耕地和保障发展的关系，成为土地管理关注的焦点。20 世纪 90 年代中后期开始，江苏、浙江等沿海发达地区相继采取建设用地置换、周转、土地整理折抵等办法，统筹城乡建设用地利用，缓解城镇建设和园区建设土地缺乏的问题。2000 年 6 月，《中共中央国务院关于促进小城镇健康发展的若干意见》（中发〔2000〕11 号）首次提出“要严格限制分散建房的宅基地审批，鼓励农民进镇购房或按规划集中建房，节约的宅基地可用于小城镇建设用地”。2004 年，国务院《关于深化改革严格土地管理的决定》（国发〔2004〕28 号）明确“鼓励农村建设用地整理，城镇建设用地增加要与农村建设用地减少相挂钩”。此时，城乡建设用地增减挂钩的指标仅限制在乡镇范围内使用。2006 年 4 月，山东、天津、江苏、湖北、四川等五省市被列为城乡建设用地增减挂钩首批试点，规定增减挂钩节余指标只能在县域范围内使用。2006 年 4 月，原国土资源部批准下发了第一批五省市设立挂钩试点项目区 183 个，使用周转指标 4923 公顷（7.38 万亩）。应该说早期的城乡建设用地增减挂钩试点，主要目的是协调保护耕地和保障发展的关系。

2007 年，重庆开始以地票形式在全市范围内开展城乡建设用地增减挂钩试点，作为首批尝试“地票”交易的农户，户均获得 9 万多元的财产性收入。城乡建设用地增减挂钩的财富效应开始凸显。2008 年，为支持汶川地震灾后重建，原国土资源部出台政策，允许部分重灾县将灾后重建增减挂钩节余指标在市域范围内流转使用，这也是首次增减挂钩指标空间范围扩大到市域范围。在总结第一批试点经验及问题的基础上，为规范城乡建设用地增减挂钩试点，2008 年 6 月原国土资源部印发了《城乡建设用地增减挂钩试点管理办法》（国土资发〔2008〕138 号），明确了城乡建设用地增减挂钩的原则、组织、实施、验收等内容。2008 年和 2009 年，又批准了河北、内蒙古、辽宁、吉林、黑龙江、上海、浙江、福建、安徽、江西、河南、广东、广西、湖南、贵州、重庆、云南、陕西、宁夏等 19 个省区开展增减挂钩试点。随着试点范围扩大到 24 个省区市，原国土资源部改变了批准和管理方式，将挂钩节余指标纳入年度土地利用计划管理，原国土资源部负责确定指标总规模和分解下达指标，试点省区市负责试点项目区的批准和管理。但在试点过程中，部分地方为获取建设用地指标，强迫农民上楼，引发舆论关注。2010 年，国务院《关于严格规范城乡建设用地增减挂钩试点切实做好农村土地整治工作的通知》（国发〔2010〕47 号）对规范增减挂钩提出了具体要求，但并没有否定增减挂钩扩大交易范围的做法。2013 年“4·20”芦山强烈地震之后，原国土资源部同意所有受灾区县，都可以“在市域范围内安排使用”节余增减挂钩指标。这个时期的城乡建设用地增减挂钩政策主要限定在市域范围内使用，统筹解决城镇建设用地指标不足和农民增收乏力的问题。

2010 年以后，特别是国家开展 14 个集中连片特困地区扶贫攻坚以来，城乡建设用地增减挂钩的政策开始与扶贫结合在一起。2012 年，原国土资源部《关于印发支持集中连片特困地区区域发展与扶贫攻坚若干意见的通知》（国土资发〔2012〕122 号）首次提出“支持有条件的连片特困地区开展城镇建设用地增加与农村建设用地减少挂钩试点工作”。同年，原国土资源部在联系的乌蒙山集中连片特困地区开展试点，分别安排四川、贵州、云南三省城乡建设用地增减挂钩指标 9.6 万亩，并允许增减挂钩指标在市域范围内统筹使用。2014 年 9 月，原国土资源部为支持巴中脱贫，首次提出“可在省内跨县、市开展增减挂钩”。这是增减挂钩的空间范围第一次由市县跨越到省。同年 10 月，该政策向四川省秦巴山片区和乌蒙山片区 28 个县区延伸。增减挂钩指标的分配也逐渐向贫困地区倾斜。2015 年 11 月，中共中央国务院《关于打赢脱贫攻坚战的决定》提出“在连片特困地区和国家扶贫开发工作重点县开展易地扶贫搬迁，允许将城乡建设用地增减挂钩指标在省域范围内使用”。肯定了原国土资源部在秦巴山片区和乌蒙山片区的做法。增减挂钩指标交易范围由市域范围扩大到省域范围。2016 年，巴中市 300 公顷建设用地增减挂钩节余指标按每公顷 442.5 万元的价格出售给成都高新区，总金额超过 13 亿元，成为全国首例省域范围内城乡建设用地增减挂钩节余指标调剂[①]。2017 年中央办公厅国务院办公厅印发《关于支持深度贫困地区脱贫攻坚的实施意见》

① 张文：《城乡建设用地增减挂钩节余指标可跨省域调剂 乡村振兴资金渠道更多了》，见 http://hbjswm.gov.cn/xj_pd/gddt/201805/t20180510_4681172.shtml。

(厅字〔2017〕41 号)的通知首次提出“探索‘三区三州’及深度贫困县增减挂钩节余指标在东西部扶贫协作和对口支援框架内开展交易”。增减挂钩指标首次突破省域范围。根据四川省国土资源厅的测算，2017 年四川省内增减挂钩指标省域内流转的均价为每亩 29.5 万元，而跨省流转预计将达到每亩 60 万元。每次增减挂钩指标交易范围扩大，都是价格上涨的过程，也是农户获得更多财产性收入的过程。

城乡建设用地增减挂钩制度的出现，最初是为平衡“保生存”和“保发展”关系，既保护耕地守住“底线”，又缓解城镇建设用地的缺口，但在制度变迁过程中，增加农民财产性收入的功能逐渐凸显出来，增减挂钩政策逐步向扶贫倾斜。这为城镇化带来两个方面的影响：一是为城镇发展提供更多的空间，二是让农民带上“嫁妆”进城成为可能。

第二节　农村土地制度变迁

如果说城市土地制度改革为城市建设提供大量资金及发展空间的话，农村土地制度改革则主要围绕保护耕地和“还权赋能”以提高农民财产性收入展开，不断提升农民分担市民化成本的能力。2016 年农村居民可支配收入构成中，财产净收入比 2013 年增加 77.4 元，财产净收入占可支配收入的比重也由 2013 年的 2.06% 提高到 2016 年的 2.20%[①]。

---

① 根据《中国统计年鉴》(2017)数据计算。

一、土地征收制度变迁

改革开放以来，特别是1982年的宪法规定“国家为了公共利益的需要，可以依照法律规定对土地实行征用[①]”以来，农村集体土地基本上都是通过征用转变为国有建设用地的。在此过程中，土地征用制度围绕提高补助标准、规范征地程序、合理分配收益等方面，开展了改革。如，1992年，广东佛山就规定按征地总量的10%—15%预留被征地农村的非农建设用地，让农民兴办集体企业或出租，增加收入（黄征学，2013）。浙江嘉兴在1993年率先推出了“以土地换保障”的补偿方式，为解决失地农民问题做出了有益尝试。2001年，国土部启动了上海市青浦区、江苏省南京市和苏州市等5省（市）9市的征地制度改革试点。2010年，在天津、唐山等11个城市开展“征转分离”改革试点。这些都为深化土地征收制度改革奠定了坚实的基础。

党的十八大以来，党和政府出台了一系列文件推进土地征收制度改革。特别是，2013年党的十八届三中全会《中共中央关于全面深化改革若干重大问题的决定》明确提出“缩小征地范围，规范征地程序，完善对被征地农民合理、规范、多元保障机制”后，土地征收制度改革进入提速快进阶段。本次改革和以前最大的不同点在于要缩小征地范围，主要目的是要解决被征地农民权益得不到有效保护等问题。2014年12月，中办和国办联合印发的《关于农村土地征收、集体经营性建设用地入市、宅基地制度改革试点工作的意见》，标志着土地征收正式进入试点阶段。由

① 土地征用和土地征收最大的共同点是两者都是国家强制行为，最大的不同点是所有权是否发生转移。但很长时间内，两者都没有严格区分。

于征地制度改革难度大，地方政府的积极性不足，初期仅有河北省定州市、内蒙古和林格尔县（和林县）和山东省禹城市申请试点。这3个都是经济欠发达的地区，政府让利空间有限，试点推进不如预期。并且，3个样本太少，不具有典型意义。截至2017年9月，河北定州等3个试点地区按新办法实施征地共63宗、3.9万亩[①]。2016年9月，土地征收制度改革拓展到33个试点县（市区）。这次扩容，既涵盖了东中西部不同板块的地区，也包含不同发展水平的地区，能为全国土地征收制度改革提供更多参考。

土地征收制度改革是农村土地改革中难啃的“硬骨头”。尽管如此，近年来土地征收制度改革试点还是取得了实质性进展。各试点地区围绕缩小征地范围、规范征地程序、完善合理规范多元保障机制、建立土地增值收益分配机制等任务，积极开展政策研究和实践探索。

缩小征地范围。试点地区积极探索，形成了确定征地范围的几种模式。河北省定州市参照《国有土地房屋征收与补偿条例》列举的公共利益6种情形，结合土地管理实际，编制了公益性和非公益性用地界定表，制定了公共利益用地暨土地征收建议目录。山东禹城以用地类型、用地主体、非营利及规划管制等作为依据，结合社会调查、专家论证、群众听证等多种方式，出台了《禹城市土地征收目录》。内蒙古和林格尔参照《划拨用地目录》和《国有土地上房屋征收与补偿条例》等法规文件，采取列举法和专家征询意见法编制了《土地征收目录（试行）》。同时，各地还建立了公共利益认定

---

① 张恒：《中央深改组会议之后，“三块地”改革试点透露未来信号》，见 http://finance.sina.com.cn/roll/2017-11-25/doc-ifypapmz4950786.shtml。

争议解决机制和土地征收审查机制，确保只有真正符合公共利益需要才能动用征地权。

规范征地程序。程序公平是最大的公平。试点地区在征前、征中和征后各环节都明确了具体要求，初步建立了征收决策、风险评估、民主协商、纠纷调处、收益分配、后续监管等全流程的制度体系。定州市根据全国人大授权，突破现行法律有关规定，对征地工作流程进行优化再造，探索推行了“一个评估、两轮协商、三次公告、四方协议[①]”的征地新模式。山东禹城研究制定《关于进一步规范土地征收程序的意见》，切实保障被征地农民的知情权、参与权、监督权，促进阳光和谐征地。

完善合理规范的多元保障机制。试点地区坚持“生活水平有提高，长远生计有保障”的原则，在合理确定征地补偿标准、保障农民房屋财产权、被征地农民社会保障、就业扶持等方面做了有益探索。如，定州市积极推进补偿标准由“静态”变“动态”、安置方式由“单选”变“多选”。在征地中，形成了由货币补偿、粮食补贴、养老保险构成的“三重”保障。在征收农民宅基地时，改变农民住房按地上附着物补偿的办法，提出安排宅基地、按一定比例置换安置房、货币补偿 3 个途径。同时，对被征地农民参加养老保险，实行城乡居民养老保险和城镇职工养老保险“两扇门”全部打开，让被征地农民自愿选择参加的险种[②]。山东禹城成立征地补偿资金代管

---

① “一个评估”指建立社会稳定风险评估机制；“两轮协商”指与被征地集体协商征收意见，与被征地农民协商补偿安置方案；“三次公告”指发布土地征收预公告、发布征地补偿安置公告、发布征地批准公告；“四方协议”指由国土资源部门代表市政府与乡镇政府、被征地村集体、农户签订土地征收协议和补偿安置协议。

② 许光辉、梁小珍：《河北定州：蹚出征地制度改革新路》，见 http://www.mlr.gov.cn/xwdt/jrxw/201706/t20170616_1510473.htm。

中心，探索征地补偿费的保值增值模式，有效提升了被征地农民获得感（中国政务舆情监测中心，2017）。

建立土地增值收益分配机制。试点地区在收益分配机制方面深入开展探索，调动各参与方的积极性。定州市参照留用地的办法和标准，探索将留用地价值折算成货币来分配土地增值收益。禹城市通过征地补偿资金代管存放的方式完善被征地农民多元保障。代管资金封闭运行、农户固定收益、政府兜底兑现，实现保值增值。政府和村集体及农民一次签订五年协议，每年分两次将固定收益兑现到被征地村。收益标准按照700斤小麦/亩，800斤玉米/亩的市场价格确定固定收益，相当于约1500元/亩的年利息收益。[①]内蒙古和林格尔从“贡献—风险”角度构建了土地增值收益分配模型，中央政府、地方政府、集体、农民分配比例为21%、32%、16%、31%[②]。

从土地征收制度改革的历程看，缩小土地征收范围实际上为打破城市土地一级市场垄断创造条件，规范征地程序、完善多元保障机制和合理分配土地增值收益，则为提高失地农民的保障水平、增加农民收入奠定了基础，让失地农民能更好融入城镇。

二、集体经营性建设用地制度变迁

改革开放以来，农村集体经营性建设用地入市经历了从鼓励到严格限制的阶段。特别是1998年的土地管理法规定“农民集体所有的土地的使用权不得出让、转让或者出租用于非农业建设，但是，

---

① 资料来源：《禹城市举行征地补偿代管资金竞争性存放签约仪式》，禹城市国土资源局，2016年12月13日。

② 资料来源：《和林格尔土地征收改革试点方案》，和林格尔国土资源局，2016年12月。

符合土地利用总体规划并依法取得建设用地的企业，因破产、兼并等情形致使土地使用权依法发生转移的除外”后，集体经营性建设用地入市基本停滞。2004 年，国务院 28 号文件规定“在符合规划的前提下，村庄、集镇、建制镇中的农民集体所有建设用地使用权可以依法流转”后，广东、重庆、天津、苏州等地都开展了农村集体经营性建设用地入市试点工作。但由于缺乏最高层面法律支持，试点推进的进度并不尽如人意。

党的十八大后，国家相继出台多项重要文件推进农村集体经营性建设用地改革。特别是，2013 年党的十八届三中全会《中共中央关于全面深化改革若干重大问题的决定》提出“在符合规划和用途管制的前提下，允许农村集体经营性建设用地出让、租赁、入股，实行与国有土地同等入市、同权同价”，再次吹响农村集体经营性建设用地改革的号角。本次改革明确规定了农村集体经营性建设用地与国有土地“同等入市、同权同价”，放宽了农村集体经营性建设用地入市的条件限制，在政策上明确了农村集体经营性建设用地使用权同国有土地使用权同等的用益物权性质，这是农村集体经营性建设用地入市交易的先决条件（孔祥智和马庆超，2014）。2014 年 12 月，中办和国办联合印发的《关于农村土地征收、集体经营性建设用地入市、宅基地制度改革试点工作的意见》，标志着农村集体经营性建设用地改革正式进入试点阶段。这次改革也从完善农村集体经营性建设用地产权制度、赋予农村集体经营性建设用地权能和建立健全市场交易监管制度三方面提出了试点要求。2015 年 2 月，国务院在全国选定了 15 个县（市区）开展试点，这表明农村集体经营性建设用地改革进入了实践阶段。2016 年 9 月，农村集体经营性建设用地试点的范围扩大到 33 个县（市区）。

在国家层面推动集体经营性建设用地试点以来，试点地区按照“同权同价、流转顺畅、收益共享”的目标，紧紧围绕“五探索”（探索入市主体、探索入市范围和途径、探索完善市场交易规则和服务监督制度、探索完善集体经营性建设用地使用权权能、探索建立集体建设用地入市土地增值收益分配机制）的要求，积极稳妥推进，取得了一定成效。根据原国土资源部的统计，截至2017年9月，全国已有577宗集体经营性建设用地入市，总面积1.03万亩，总价款约83亿元。如浙江德清完成入市交易136宗，农民和农民集体获得收益1.55亿元，惠及农民9.1万余人，为探索建立城乡统一的建设用地市场、增加农民收益奠定了基础（赵祯祺，2017）。2017年6月2日，江苏雷利电机股份有限公司在深交所上市，成为全国首家在农村集体经营性建设用地上发展募投项目的上市企业。

探索入市主体。试点地区根据自身情况，明确了乡镇、村和村民小组三级入市主体。北京大兴率先在全国探索了镇集体联营公司作为入市主体；上海松江探索了镇、村两级联合社作为入市主体；辽宁海城探索村民委员会或村民小组委托村委会作为入市主体；广东南海探索了集体经济组织作为入市主体。

探索入市途径和范围。根据区位和规划，各地主要探索了就地入市、异地调整入市和整治入市三种不同类型。试点地区对各类入市方式均有尝试，最多的是就地入市，其次是异地调整入市[①]，最少的是集中整治入市。如，广东南海探索了集中整治入市途径；重庆大足结合“地票”探索异地调整入市途径；贵州湄潭探索了“综合

① 所谓异地调整入市，指的是“农村零星、分散的集体经营性建设用地，可在确保耕地数量不减少、质量有提高的前提下，由集体经济组织根据土地利用总体规划和土地整治规划，先复垦后异地调整入市”。

类集体建设用地分割登记入市模式”新路径。

探索完善市场交易规则和服务监管制度。试点地区参照国有建设用地交易制度，制订了集体经营性建设用地市场交易规则和服务监管制度，明确了入市的条件、程序、风险防范等内容。如海南文昌专门出台《农村集体经营性建设用地入市交易规则》对交易平台、主管部门、交易方式、违约责任等做了详细规定。泸县对交易平台、交易流程做了具体规定。浙江德清则引入“第三方机构服务”机制。

探索完善集体经营性建设用地使用权权能。试点地区按照“同等入市、同权同价”原则，参照国有建设用地产权制度，基本都赋予集体经营性建设用地出让、租赁、作价出资（入股）和转让、出租、抵押等权能。特别是2016年10月，银监会将《农村集体经营性建设用地使用权抵押贷款管理暂行办法》确定的试点范围扩大到33个试点县（市区）。目前，各试点地区均开展了抵押贷款业务。按试点地区成交均价100万元/亩推算，全国将激活40余万亿元的农村存量土地资产。

探索入市土地增值收益分配机制。试点地区都按照国家统一部署，在土地增值收益调节金征收和农村集体土地增值收益内部分配方面开展了积极的探索。有的地方，如上海松江，依据不同土地用途征收土地增值收益调节金；有的地方，如浙江德清，根据不同的规划区和不同的规划用途征收土地增值收益调节金。但土地增值收益调节金征收比例差异很大。如上海松江规定，商服用途的土地使用权出让、租赁要提取成交地价总额的50%作为调节金，而暂时不对工业用途的土地使用权交易交纳调剂金做规定。在集体和个人之间的收益分配比例差异较大，但多数都借鉴国有土地出让金收益分配比例，确定在3：7。

总体上看，“五探索”的要求在试点中得到贯彻落实，试点工作取得了良好的效果，主要表现在：初步形成了覆盖城乡的统一建设用地市场；形成了收益由国家、集体、个人共享，兼顾国家、集体和个人的收益分配机制；促进了农村经济发展与产业结构优化升级；获得了广大人民群众的支持，形成了良好的改革示范效应。更重要的是，农村集体经营性建设用地入市试点积累了宝贵的经验，为我国农村集体经营性建设用地入市奠定了坚实基础。

三、农村宅基地制度变迁

改革开放以来，我国宅基地制度改革一直在积极推进。1986 年的土地管理法对宅基地用地规模、审批机关做了原则性规定。为减少土地浪费，推进土地集约节约利用，1990 年国务院批转原国家土地管理局《关于加强农村宅基地管理工作请示的通知》认为“1988 年以来，山东省德州地区和全国二百多个县的部分乡、村试行了宅基地有偿使用，取得了明显效果”，据此提出进一步搞好农村宅基地有偿使用试点。但后来在清理农村税费、减轻农民负担过程中，农村宅基地有偿使用被叫停。1998 年修订的土地管理法首次以法律形式规定“农村村民一户只能拥有一处宅基地，其宅基地的面积不得超过省、自治区、直辖市规定的标准”。2008 年 1 月，国务院出台《关于促进节约集约用地的通知》将新增农村宅基地纳入年度计划管理。2008 年 10 月党的十七届三中全会通过《中共中央关于推进农村改革发展若干重大问题的决定》强调“完善农村宅基地制度，严格宅基地管理，依法保障农户宅基地用益物权”。

党的十八大以来，中央稳步推进农村宅基地制度改革，出台了许多政策措施。党的十八届三中全会提出“保障农户宅基地用益物权，改革完善农村宅基地制度”，吹响了农村宅基地改革的冲锋号。2014 年 12 月，中办和国办联合印发的《关于农村土地征收、集体经营性建设用地入市、宅基地制度改革试点工作的意见》，标志着农村宅基地改革试点进入加快推进阶段。该意见也对宅基地权益保障和取得方式的完善、农民住有所居的多元化实现方式、进城落户农民自愿有偿退出或转让宅基地提出了具体要求。2015 年 2 月，天津蓟县、四川泸县、云南大理等 15 个县（市区）被依法授权开展宅基地制度改革试点，标志着试点由制度设计走向实践。根据中央统一部署，宅基地制度改革的基本思路是探索有偿使用制度和自愿有偿退出机制，探索农民住房财产权抵押、担保、转让的有效途径。2017 年中央 1 号文件进一步明确提出处理好宅基地“所有权、占有权和使用权”的关系。同年 11 月，为探索不同区域宅基地改革的路径，为接下来的法律修改提供更多样本支撑，中央全面深化改革领导小组同意将宅基地改革试点扩展到 33 个试点县（市区）。同时强调，除严守“三条底线”（土地公有制性质不改变、耕地红线不突破、农民利益不受损）外，还为宅基地制度改革划出两条“红线”，即不得以买卖宅基地为出发点，不得以退出宅基地使用权作为农民进城落户的条件。2018 年中央 1 号文件首次提出“探索宅基地所有权、资格权、使用权‘三权分置’”，稳妥推进相关改革，这无疑为宅基地制度改革试点划定好前进方向。

相比于其他两种改革，宅基地在全国范围内体量大、影响广泛，目前已在宅基地有偿使用、有偿退出、强化管理和抵押贷款等方面取得了较大成效。截至 2017 年 9 月，云南大理等 15 个宅基地管理制度改革试点县（市区）已退出宅基地约 7.6 万户，退出面积约

4000 公顷[①]。

探索有偿使用。根据相关试点县（市区）的经验，农村宅基地有偿使用主要包括超占宅基地有偿使用、新增宅基地有偿使用、新增宅基地市场配置 3 种情形，但以第一种情形居多。计费标准多数按超占面积和按宅基地基准地价两种方式。收取方式主要有按年度收取、按时间段收取和一次性收取等三种。收取的费用主要用于宅基地退出补偿、旧村改造、村庄基础设施和公共设施建设、村内公益事业发展等。试点县（市区）中，浙江义乌的有偿使用具有典型意义。它探索的宅基地有偿调剂和有偿选位，效果显著。截止到 2017 年 6 月，义乌市农村集体经济组织累计收取有偿选位费已达 110 亿元，选位费大部分用于更新改造区的基础设施配套和经济困难户建房补助。

探索有偿退出。各试点县（市区）结合易地移民扶贫搬迁、城乡建设用地增减挂钩项目、农村危旧房改造等平台，整合涉农资金、民间投资和宅基地有偿使用费，将其作为宅基地退出的回购资本，积极开展宅基地自愿有偿退出试点。从各地实践看，大部分试点县（市区）允许集体内有偿调剂和流转，江苏武进和湖南浏阳还建立了内部流转相应的平台与机制。大多数试点县（市区）都把农民自主自愿、补偿合理到位作为有偿退出的基本原则。而对于宅基地有偿退出的补偿标准，各地差异较大。如，淮南市，每亩补偿 5 万元；宜城市，每平方米补偿 25—50 元；西安市，每亩补偿 22 万—25 万元。

探索优化审批流程。结合原国土部下发的《关于进一步加快宅

---

①《国土部已决定宅基地改革试点范围拓展到 33 个地区》，见 http://finance.ifeng.com/a/20171126/15819564_0.shtml。

基地和集体建设用地确权登记发证有关问题的通知》，各试点县（市区）都详细规定了宅基地依法取得的审批程序，并将存量农村宅基地审批权限下放到乡镇人民政府。如浙江义乌按照“户申请、村审查、镇（乡）审批”的流程，完善了宅基地审批制度，明确了村（居）、镇街和职能部门职责分工。同时，各地都积极发挥村民事务理事会的作用，强化宅基地审批、有偿使用费管理、收益分配等方面的监管。如，云南大理、安徽金寨和湖南浏阳在试点村成立了宅基地管理村民理事会。

探索抵押贷款。结合国家六部委印发的《农民住房财产权抵押贷款试点暂行办法》，各试点县（市区）都积极开展农民住房财产权抵押试点，探索宅基地财产权益的实现方式和路径。为预防不良贷款的发生，多数试点县（市区）都建立了风险分担机制。如，四川郫都区区政府注入 1 亿元资本金，搭建起政策性农村产权抵押担保融资平台，为农村产权抵质押融资提供信用担保。同时，设立郫都区农村产权抵押融资风险基金 500 万元，实行“专户存储、专账管理，封闭运行”。对发生的不良贷款，按照贷款本金 8∶2 比例，分别由风险基金与发贷金融机构进行分担。风险基金按年根据上年各类农村产权抵押融资余额的 4% 进行补充[①]。应该说，农村住房财产权抵押贷款取得积极成果。以浙江义乌为例，截至 2017 年底，义乌本地 24 家金融机构累计发放农民住房抵押贷款 6763 笔，贷款金额 32.23 亿元，贷款余额 30.30 亿元，占全国试点地区总量的三分之一以上[②]。

① 张海明：《成都郫都区试点农村住房抵押贷款 农村房子也值钱了》，见 http://scnews.newssc.org/system/20170206/000746750.html。

② 楼明月：《义乌宅基地“见三权分置”写进中央 1 号文件》，见 http://www.jhnews.com.cn/2018/0207/799858.shtml。

农村宅基地改革尽管面临诸多问题，但对盘活农村存量建设用地具有重大意义。特别是有偿退出创造了进城农民放弃宅基地的条件，抵押贷款则有利于宅基地由资产变为资本。

第三节　土地制度改革展望

从前面城市和农村土地制度变迁的过程可以看出，随着城市土地资产属性日益显现，政府通过“土地、财政、金融”三位一体的发展模式，为城市建设筹集了大量建设资金，加快了城市的发展，但高地价、高房价也增加了城市发展的成本，这种模式已难以持续。同时，在新型城镇化背景下，将农村土地的财富效应发挥出来，增加农民的财产性收入，增强农村转移人口分担市民化成本的能力，将是土地制度改革的方向。因此，需要从以下几方面加快土地制度改革：

一、加快摆脱“三位一体”发展模式

深入调整土地利益分配格局，提高被征地农民、被拆迁房屋的所有者在土地增值收益中的分配比例，逐步斩断地方政府“以地生财”的利益链条。严格执行国有土地收益基金管理，发挥其引导性作用，促进农田水利、农村基础设施、廉租房等方面的建设。在理顺土地租、税、费体系的基础上，适时扩大房产税的试点范围和试点规模，让地方政府能从土地交易和级差收益的上涨中获得长期而有保障的收入来源。在事权和财权适应性调整中，拓展地方政府融资渠道，逐步摆脱对土地财政的依赖。

二、不断完善征地制度

根据其他国家和地区的经验，结合各地试点的情况，现阶段可参照《国土资源部划拨用地目录》和《国有土地上房屋征收与补偿条例》为基准确定公共事业用地的范围。待条件成熟后，可对公共利益用地的范围做出具体的规定。在具体操作过程中，要酌情考虑虽以营利为投资目的、但土地利用产生的效益为社会大多数公众所有的国家示范带动性项目以及政府重点扶持的水利、能源、交通、通信等基础设施项目等用地的取得方式。借鉴国外的经验，结合试点地区的实践，兼顾维护农民利益和降低社会经济发展成本，防止土地投机，征收补偿应以土地区片地价为基础，不过，可以将计算的时间界定为土地被征收若干年的某一时点。要完善司法救助的程序，明确司法救助的内容。为限制公权力，要尽快出台相关法规监督政府行政行为。完善国家法制建设，制定行政程序法，限制政府自由裁量权，提高政府决策过程的透明度。保障司法的独立性和公正性，强化司法救助体系。同时，结合试点经验，加快制定土地征收法。

三、积极推进农村集体建设用地入市

打破土地一级市场垄断，重点是要积极推进农村集体建设用地入市，扩大土地供应规模，低地价、平抑房价、增加农民收入。要在积极推进农村集体经营性建设用地确权登记颁证的基础上，明确入市方案的决策机构和批准部门、上市交易方式、权属登记等流程，规范工作程序、耕地保护、收益分配、权益保障、风险评估等内容，加强对存量集体经营性建设用地入市的管理。加强市场秩序监管，公开土地入市的相关具体要求及流程等，保证入市各方参与者的知情权，逐步建立城乡统一的建设用地市场。同时，坚持“让利于地方”和“让利于民”的原则，加快研究出台全国统一的土地收益分配指导意见，明确国家、农村集体经济组织和农民在土地增值收益分配上的比例，将土地收益调节金作为地方政府的财政收入，适当增大农民的分配比例，增强幸福感、获得感和安全感。初始阶段可以先开通农村建设用地转用市场，然后再开通农村不包括耕地在内的其他农用地转用市场，在不断总结经验和完善法律的过程中，放开农用地转用市场。

四、深化农村宅基地改革

针对改革开放以来，农村宅基地政策历经多次变化，建议以重要法律法规实施的时间点为重要节点，划分不同阶段，分情况提出解决历史遗留问题的举措。同时，细分违法类型、违法程度、处理措施、基准地价、有偿使用标准等诸多措施，扎实推进历史遗留问题处理。坚持“一户一宅、建新拆旧、法定面积”的前提下，探索级差排基、选位等有偿使用分配方式，有偿使用所得实现专款专用。遵循“控增量、活存量”的思路，结合城镇化加快发展的大背景，严格控制新增宅基地审批，鼓励和支持宅基地流转，显化宅基地市场价值。以“一户多宅”的宅基地有偿使用为突破口，捆绑有偿使用和住房财产权抵押贷款两项试点，调动农民参与有偿使用的积极性。把处理宅基地历史遗留问题与确权登记颁证结合起来，让农民享受各类权能带来的收益，激发农民推进宅基地有偿使用的自觉性。以城乡建设用地增减挂钩、耕地占补平衡、土地综合整治、宅基地收储、地票交易等模式为重点，在尊重农民意愿、保障农民权益的前提下，搭建宅基地退出平台，疏通宅基地退出渠道。借鉴国有土地收购储备制度，在有条件的地方建立农村集体建设用地储备中心，对农民自愿退出的宅基地和其他集体建设用地统一收购，编号储备，化零为整，统一打捆整治，盘活零散宅基地。鼓励市、县探索建立农村宅基地收储再利用专项资金，专项用于宅基地收储再利用的启动资金、奖励、补助及复垦工程。结合各地开展的“多规合一”试点，加快组织编制覆盖全国的乡村规划，明确农业空间的布局和开发时序，严格控制农村居民点无序发展。借鉴农村集体资产股权固化的经验，结合开展农村宅基地确权颁证，探索将宅基地固化到户，实行生不增、死不减，入不增、出不减，从根本上解决宅基地只增难减的矛盾。强化农村基层组织建设，发挥村级集体经济组织和村民的主体作用，区分不同情形，妥善处理好历史遗留问题，加快将宅基地和农房纳入不动产统一登记体系。

第三章 行政区划和管理权限调整深刻影响城镇化进程

中国行政力量对资源配置具有较强的影响力，城市行政层级的高低往往直接影响其资源配置能力的高低，对城市集聚人口和产业产生重要影响，并由此对城市规模和城市职能产生重要影响。根据《中华人民共和国宪法》规定，中国行政区划分为省、县、乡三个层级，随着20世纪70年代中国“市管县”体制的推行和1982年新版宪法的颁布，地级行政区从准行政区演变为行政区，逐步形成“三级四等”的行政区划体系。三级依然为宪法规定的省、县、乡三级，省级行政区包括省、自治区、直辖市和特别行政区；县级行政区包括县、自治县、旗、自治旗、特区、林区等；县级以下行政区包括镇、乡、苏木和街道办等。四等则是指行政管理层级上加入地级行政单位，它是介于省级和县级之间的行政区划级别，包括地区、地级市、自治州、盟。经过改革开放后一系列行政区划调整，地区明显减少，地级市快速增加。2017年，中国省级行政区共计34个，地级行政区334个、县级行政区2851个、乡级行政区40497个。

改革开放以来，为推动中国城市更好发展，发挥中心城市的引领带动作用，构建多极支撑的发展格局，适应不同阶段城乡经济发展的实际需要，中国多次进行了行政区划调整。在省级层面，中国增设了海南省、重庆市两个省级行政区；在省级和县级之间，主要是“撤地设市”和“地市合并”；在县级层面主要是“撤县设市”、“撤县（市）设区”和“市辖区调整”。20世纪80年代以来的“地市合并”和“撤地设市”逐步形成了目前的“市管县”发展格局，1983年以后开始“撤县设市”，2000年以后较频繁的“撤县（市）设区”和“市辖区调整”，以及近年来“撤县设市”政策的重启，这一系列的行政区划改革，推动了中国城市数量的快速增长，并使中国城市规模和城市职能都得到较大程度的提升，加速推进了中国城镇化的步伐，为中国实现新型城镇化，推动城乡有机融合、区域协调联动发展奠定了坚实基础。

第一节　行政区划调整对县市关系和城市发展的影响

行政区划调整对市县关系和城市发展会产生深远影响，尤其是在中国计划经济向市场经济转换的进程中，行政力量对资源配置产生较强影响，从而在很大程度上影响城市在资源配置中的作用。

一、涉及县市关系行政区划调整的政策演变

中国的县管理模式是一种区域管理的模式，和地区管理模式相似。为了推进城镇化进程，发挥县城对乡村的辐射带动作用，中国实施了“县改市”工程。县改市后，对城镇完善城市基础设施和城市职能起到很大推动作用，在很大程度上增加了中国城市数量，提升了城市发展质量，发挥了城市对乡村的辐射带动作用。

（一）撤县设市政策演变

撤县设市最早出现于20世纪50年代，当时主要是采取切块设市的模式，即把经济较发达的镇从县里划出来单独设市。

到20世纪80年代初，中国县级市的设市模式开始由切块设市转为整县改市即“撤县设市”。从此，撤县设市逐渐受到党中央、国务院及民政部的认可，并在有关行政法规中得到承认。1981年《政府工作报告》中提出：“以大中城市为依托，形成各类经济中心，组织合理的经济网络”的论述，表明中央已经开始谋划进行行政区划调整，构建更加合理的城市发展网络。1983年，中央提出了设市标准和市领导县的行政管理模式，掀开了撤县设市的帷幕。仅1983年一年，就有39个县域撤县设市，1984年8个、1985年17个、1986年28个，四年间撤县设市达到92个。四年间，县和县级市的数量也发生了明显变化，县数量减少86个，县级市数量增加43个，如图3-1所示。1983—1986年形成了中国撤县设市的第一波高潮。

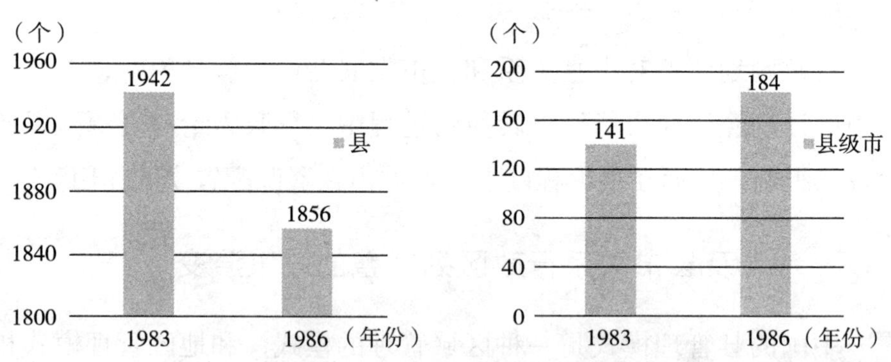

图3-1　1983年与1986年县和县级市数量对比图

数据来源：根据相应年份《中国统计年鉴》中数据整理。

1986年，国务院批复民政部《关于调整设市标准和市领导县条件的报告》，规定：非农业人口6万以上，年国民生产总值2亿元以上，已成为该地经济中心的镇，可以设置市的建制。1986 年之后，撤县设市仍然保持相当高的频率进行，1987 年达到 32 个，1988 年 43 个、1989 年 16 个、1990 年 18 个、1991 年 11 个、1992 年 40 个，这一时期 160 个县实现了由县到市的转变。1993 年，国务院同意民政部《关于调整设市标准的报告》，在 1986 年国务院批准试行的撤县设市标准基础上另作修改，明确了适用范围、人口总数、经济指标等。至此，撤县设市正式进入井喷期，1983—1997 年中国县级市数量急剧增加。1997 年国务院暂停了撤县设市政策。从此，中国县级市的数目基本上是处于逐步减少的状态，如图 3-2 所示。

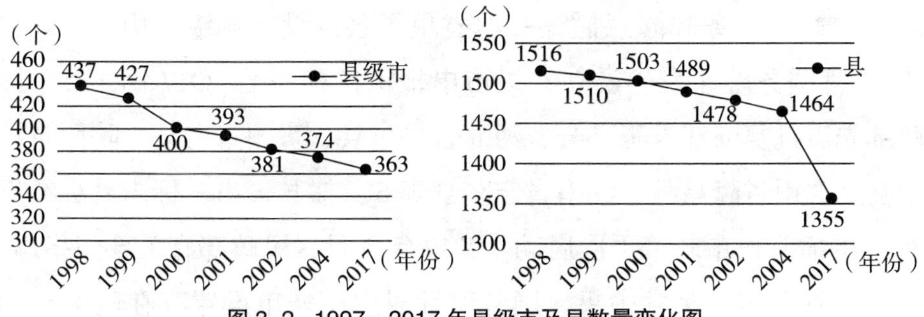

图 3-2　1997—2017 年县级市及县数量变化图

数据来源：根据相应年份《中国统计年鉴》中数据整理。

从 1997 年停止撤县设市到 21 世纪前 10 年，是撤县设市的停滞期。至 2010 年初，全国人大常委会上发展改革委领导表示，将积极研究完善设立县级市的标准，把达到一定规模和标准的县（镇）适度改设为市。至此，撤县设市再次成为公众关注的焦点。2013 年，发展改革委徐绍史主任在向全国人大常委会报告城镇化工作情况时表示，要把有条件的东部地区中心镇、中西部地区县城和重要边境口岸逐步发展成为中小城市。2013 年 11 月，党的十八届三中全会《决定》提出，“优化行政区划设置，完善设市标准，严格审批程序，对具备行政区划调整条件的县可有序改市”。这是党中央权威文件中对撤县设市的一次明确表述。2014 年，发展改革委向国务院上报城镇化改革方案，明确提出“推进行政区划创新，完善城市行政区划设置和布局”。2016 年 2 月，国务院发布的《国务院关于深入推进新型城镇化建设的若干意见》指出，加快培育中小城市和特色小城镇，完善设市标准和市辖区设置标准，规范审核审批程序，加快启动相关工作，将具备条件的县和特大镇有序设置为市。适当放宽中西部地区中小城市设置标准，加强产业和公共资源布局引导，适度增加中西部地区中小城市数量。2016 年 5 月国务院出台了《设立县级市标准》。2016 年 5 月 12 日，国务院同意撤销江西省星子县，设立县级庐山市。2016 年 11 月国务院印发《设立县级市申报审核程序》。2017 年 4 月，民政部先后批复浙江省玉环县、河北省平泉县、贵州省盘县、陕西省神木县、四川省隆昌县、湖南省宁乡县等 6 县撤县设市，标志着冻结近 20 年的撤县设市政策再次启动。2017 年 5 月，民政部有关部门指出，有序撤县设市，是党中央、国务院针对中国城市设置存在的突出问题，立足全局、着眼长远作出的重大决策部署。撤县设市的总体要求是积极稳妥、规范有序，防止一哄而上、盲目设市，并将适度向中西部地区倾斜。2018 年 3 月，《国家发展改革委关于实施 2018 年推进新型城镇化建设重点任务的通知》中，在提高城市群建设质量任务内容部分指出，2018 年要加快培育新生中小城市，稳妥有序增设一批中小城市，继续开展撤县设市、撤地设市，推动城市群及国家新型城镇化综合试点地区范围内符合条件的县和非县级政府驻地特大镇率先设市。

（二）撤县（市）设区政策演变

“撤县（市）设区”主要是将地级市（省辖市）紧邻的下辖县（含

县级市）改为其下辖的区，以此拓展地级市的发展空间，提升地级市的规模，完善地级市的职能，进一步强化地级市的中心城市地位，发挥其在城市化进程中的集聚与辐射带动作用。国务院批转民政部《关于调整设市标准的报告》中就撤县设区标准进行了规范，近年来经济的快速发展使得各地撤县设区的申请越来越多。为了适应形势发展，民政部又于 2014 年出台了《市辖区设置标准》（征求意见稿），允许直辖市和地级市设立市辖区，其中市区总人口在 300 万人以上的城市，平均每 60 万人可设立 1 个市辖区。最小的市辖区人口不得少于 25 万人，其中非农业人口不得少于 10 万人。对于中心城市郊县（县级市）改设市辖区，须该县（市）就业人口中从事非农业人口不得低于 70%。第二、三产业产值在国内生产总值中的比重达到 75% 以上。改设市辖区的县（市），全县（市）国内生产总值、财政收入不得低于上一年本市市辖区对应指标的平均水平。

撤县（市）设区在全国较普遍发生是在 1983 年之后。1983—2000 年，撤县（市）设区的行政区划变更数量较少，平均每年不超过 5 个。1997 年撤县设市的审批被冻结以后，撤县（市）设区的行政区划调整相对更加频繁。2000 年开始呈爆发式增长，连续 3 年每年被撤并的县（市）达到 10 多个，引起了人们的广泛关注。从 2000 年至 2008 年的 10 年间，中国的城市市辖区数量共增加了 105 个，县的数量减少了 60 个，县级市数量减少了 47 个，这是撤县（市）设区的第一轮高潮。2011—2017 年，是撤县（市）设区的第二轮高潮。这一时期，中国城市市辖区数量共增加了 117 个，县的数量减少了 287 个，县级市的数量减少 11 个。总体来看，改革开放以来，特别是从 1983 年至 2017 年 35 年间中国共增加市辖区 235 个，有 128 个地级及地级以上城市撤并掉了 188 个县或县级市或合并原有市辖区成立新的市辖区，新设立 174 个市辖区。具体撤县（市）设区情况如表 3-1 所示。

表 3-1　1983—2016 年撤县（市）设区简表

年份	撤县（市）设区
1983	潍坊市寒亭区（潍县）；烟台市福山区（福山县）
1985	宁波市镇海区（镇海县）；天水市麦积区（天水县）
1987	大连市金州区（金县）；济南市历城区（历城县）；黄山市黄山区（县级黄山市）
1988	上海市宝山区（宝山县 + 原吴淞区）；青岛市崂山区（崂山县）；朔州市平鲁区（平鲁县）
1989	内江市东兴区（内江县）
1992	上海市闵行区、浦东新区、嘉定区（上海县 + 原闵行区、川沙县、嘉定县）；温州市瓯海区（瓯海县）；武汉市蔡甸区（汉阳县）
1994	台州市黄岩区、路桥区（黄岩市）；烟台市牟平区、莱山区（牟平县）；郴州市苏仙区（郴县）；重庆市巴南区、渝北区（巴县、江北县）
1995	长春市双阳区（双阳县）；武汉市江夏区（武昌县）；永州市冷水滩区（冷水滩县）、泸州市纳溪区（纳溪县）
1996	厦门市同安区（同安县）
1997	北京市通州区（通县）；上海市金山区（金山县）；重庆市涪陵区、万州区（涪陵市、万县市）；西安市临潼区（临潼县）
1998	北京市顺义区（顺义县）；上海市松江区（松江县）；武汉市新洲区、黄陵区（新洲县，黄陵县）；昆明市东川区（东川市）
1999	北京市昌平区（昌平县）；上海市青浦区（青浦县）
2000	天津市武清区（武清县）；广州市番禺区、花都区（番禺市、花都市）；南京市江宁区（江宁县）；扬州市邗江区（邗江县）；淮安市楚州区（县级淮安市）；无锡市锡山区、惠山区（锡山市）；苏州市吴中区、相城区（吴县市）；金华市金东区（金华县）；重庆市黔江区（黔江县）
2001	北京市大兴区、怀柔区、平谷区（大兴县、怀柔县、平谷县）；天津市宝坻区（宝坻县）；上海市奉贤区、南汇区（奉贤县、南汇县）；杭州市萧山区、余杭区（萧山市、余杭市）；衢州市衢江区（衢县）；济南市长清区（长清县）；珠海市斗门区、金湾区（斗门县）；宜昌市夷陵区（宜昌县）；襄樊市襄阳区（襄阳县）；重庆市长寿区（长寿县）；成都市新都区（新都县）

续表

年份	撤县（市）设区
2002	唐山市丰南区、丰润区（丰南市、丰润县）；常州市武进区（武进市）；南京市浦口区、六合区（江浦县+原浦口区、六合县+原大厂区）；镇江市丹徒区（丹徒县）；宁波市鄞州区（鄞县）；莆田市秀屿区（莆田县）；佛山市南海区、顺德区、三水区、高明区（南海市、顺德市、三水市、高明市）；江门市新会区（新会市）；海口市琼山区（琼山市）；成都市温江区（温江县）；西安市长安区（长安县）；铜川市耀州区（耀县）
2003	盐城市盐都区（盐都县）；汕头市潮阳区、潮南区、澄海区（潮阳市、澄海市）；惠州市惠阳区（惠阳市）；宝鸡市陈仓区（宝鸡县）；石嘴山市惠农区（惠农县+原石嘴山区）
2004	宿迁市宿豫区（宿豫县）；韶关市曲江区（曲江县）；哈尔滨市呼兰区（呼兰县）；漯河市邱城区、召陵区（邱城县）；南宁市邕宁区（邕宁县）
2006	白山市江源区（江源县）；哈尔滨市阿城区（阿城县）；重庆市江津区、合川区、永川区、南川区（江津市、合川市、永川市、南川市）
2007	乌鲁木齐市米东区（米泉市+原东山区）
2009	南通市通州区（通州市）
2010	徐州市铜山区（铜山县）
2011	扬州市江都区（江都市）；长沙市望城区（望城县）；宜宾市南溪区（南溪县）；昆明市呈贡区（呈贡县）；重庆市綦江区、大足区（綦江县+原万盛区，大足县+原双桥区）
2012	苏州市吴江区（吴江市）；唐山市曹妃甸区（唐海县）；青岛市黄岛区（胶南市+原黄岛区）；清远市清新区（清新县）；雅安市名山区（名山县）
2013	桂林市临桂区（临桂县）；海东市乐都区（乐都县）；南京市秦淮区（原秦淮区+原白下区）；南京市鼓楼区（原鼓楼区+原下关区）；南京市溧水区（溧水县）；南京市高淳区（高淳县）；梧州市万秀区（原蝶山区+原万秀区）；达州市达川区（达县）；潮州市潮安区（潮安县）；绍兴市柯桥区（绍兴县）；绍兴市上虞区（县级上虞市）；梅州市梅县区（梅县）；赣州市南康区（县级南康市）；济宁市任城区（原市中区+原任城区）；济宁市兖州区（兖州市）
2014	广州市黄埔区（原黄埔区+原萝岗区）；茂名市电白区（原茂港区+电白县）；威海市文登区（县级文登市）；哈尔滨市双城区（县级双城市）；连云港市海州区（原新浦区+原海州区）；连云港赣榆区（赣榆县）；南平市建阳区（县级建阳市）；重庆市璧山区、铜梁区（璧山县、铜梁县）；日喀则市桑珠孜区（县级日喀则市）；十堰市郧阳区（郧县）；滨州市沾化区（沾化县）；云浮市云安区（云安县）；开封市龙亭区（原龙亭区+原金明区）；开封市祥符区（开封县）；石家庄藁城区（藁城市）；石家庄市鹿泉区（鹿泉市）；石家庄市栾城区（栾城县）；德州市陵城区（陵县）；眉州市彭山区（彭山县）；阳江市阳东区（阳东县）；长春市九台区（县级九台市）；昌都市卡若区（县级昌都市）；杭州市富阳区（县级富阳市）；西安市高陵区（高陵县）；龙岩市永定区（永定县）；安顺市平坝区（平坝县）

续表

年份	撤县（市）设区
2015	南宁市武鸣区（武鸣县）；上饶市广丰区（广丰县）；海东市平安区（平安县）；三门峡市陕州区（陕县）
2016	张家口市宣化区（原宣化区 + 宣化县）；张家口市万全区（万全县）；张家口市崇礼区（崇礼县）；沈阳市辽中区（辽中县）；菏泽市定陶区（陶县）；山南市乃东区（乃东县）；哈密市伊州区（县级哈密市）；绵阳市安州区（安县）；曲靖市沾益区（沾益县）；柳州市柳江区（柳江县）；遵义市播州区（遵义县）；盘锦市大洼区（大洼县）；上海市崇明区（崇明县）；天津市蓟州区（蓟县）；重庆市开州区（开县）；淮安市清江浦区（原清河区 + 原清浦区）；淮安市洪泽区（洪泽县）；延安市安塞区（安塞县）；东营市垦利区（垦利县）；衡水市冀州区（县级冀州市）

数据来源：根据相应年份和省份的统计年鉴内容整理。

二、市县关系调整对城市发展和城镇化的影响

中国适时调整的市县关系及行政区划，对于增加中国城市数量、提升城市质量、壮大城市规模起到了积极的促进作用，并在以城带乡方面发挥了重要作用，县级市在吸纳农业转移人口，促进农业转移人口就地城镇化方面发挥了积极的支撑作用。

（一）撤县设市的影响

撤县设市改变了改革开放前切块设市的模式，打破了市县同城、冲突和竞争的局面，改善了城乡分离，区域割裂，县域经济发展困难的情况，为中国改革开放后快速推进的城镇化提供空间载体。撤县设市政策使得中国县级市数量急剧增加，推动了农村地区的城市化进程，为中国打造大中小城市协调发展的城镇化发展格局提供了重要支撑。中国县城的分布一般都位于一定的区域中心和适合经济发展的有利地带，每个省都有众多的县城星罗棋布并依据一定的规

律组合起来形成城镇体系。通过实行撤县设市，为促进中小城市发展提供了空间，在一定程度上优化了中国的城市规模结构，城市分布不合理、发展不平衡的状况有了一定程度的改善。

撤县设市推进了中国县域经济的转型升级。县的重点是农业发展，而市以非农产业为主。县改市后，政府就可以集中精力大力发展工业和服务业。另一方面，县改市后城市吸引力增强，尤其是对人才、资金等的吸引力大大增强，大量建设人才和资金的投入可以有力地推动经济发展。

撤县改市有利于促进现代化建设。撤县设市后，地方政府在推进城市发展方面的权限更大，能够争取更多的发展资源，并且有更优惠的待遇。改市后市财政比县财政可以获得更多的周转资金，并且有一笔可观的城市建设费用，这使得城市建设能够大力推进，公共基础设施得以完善。

撤县设市有利于吸引农村剩余劳动力。中国是农业大国，农村人口众多，现代化的发展必然带来农村剩余劳动力的转移问题，县改市相比大中城市，能够更加有力地吸引农村剩余劳动力，实现农民工的就地就业和就地市民化。

撤县设市也存在诸多问题。一是虽然城市数量得到了快速增长，但质量较低，人口的城市化没有得到较大推进。撤县设市导致城市数量特别是小城市的数量急剧增加，市镇总人口提高，但从事非农产业劳动的人口没有得到快速增长，导致市区农村人口比重过大，城郊比例失调，城乡概念模糊等“假性城市化”问题。二是基础设施依然较为薄弱，多数新设城市的经济实力不强，难以承担地区经济中心职能，不少城市名不副实，成为“空壳城市”。三是撤县设市后，对城市的职能分工和协调不足。城市间产业结构趋同，缺乏合理的职能分工，城市间基础设施建设布局不协调，造成低效建设和浪费等。

（二）撤县（市）设区的影响

撤县(市)设区使中国城市化发展由数量扩张和规模扩张并举转为规模扩张为主，培育和发展了一批区域性中心城市，为构建多极带动的发展格局提供了有力支撑。1983—1999年，以“地改市”“县改县级市”等为主要手段，中国城市化发展实现了城市绝对数量的扩张，而撤县(市)设区则主要集中在少数高行政级别城市和较重要城市中。这一时期，行政级别较高、经济社会发展水平也较高的城市分布较为均匀，撤县（市）设区无明显的区域差别。2000年以后，撤县设（市）区和“区县合并”发展成为行政区划调整的主要方式，这一阶段经济基础好的地级城市呈现不断扩张的态势，可以划分为如下三个阶段：2000—2004年为第一个阶段，这一时期平均每年撤县（市）设区12个；2005—2010年属于停滞期，6年间撤县（市）设区仅10个；2011—2016年是第三阶段，也是撤县（市）设区的高潮期，经过撤县（市）设区，中国城市的绝对数量有所减少，但现有大中城市的人口规模和土地规模却迅速扩大。在这一阶段，全国各个区域之间的城市化发展水平差距开始拉大，经济越发达、整体城市化水平越高的地区，城市规模扩张越普遍。

第二节　小城镇管理体制的改革

小城镇是衔接中国城乡的最前沿，也是中国城市中配置资源要素能力最弱的层级。推进小城镇管理体制的改革，一方面可以完善小城镇职能，提升其集聚人口和产业的能力；另一方面也可以发挥小城镇对农村的辐射带动作用，形成城乡融合发展的良好格局。

一、小城镇综合改革试点

20 世纪 90 年代以来，根据党中央、国务院关于切实加强农业，继续深化农村改革，全面发展和繁荣农村经济的一系列指示精神，中国小城镇改革与发展被列入重要议事日程。国务院有关部门陆续制定和颁发了一些法规和政策，引导小城镇深化改革和有序发展。1993 年，国务院颁发了《村庄和集镇规划建设管理条例》，使小城镇规划建设管理工作纳入法制轨道。1994 年，经国务院原则同意，原建设部等 6 部委联合颁发了《关于加强小城镇建设的若干意见》，对加强小城镇建设提出了重要的政策性指导意见。1995 年，原国家体改委、原建设部、公安部、原国家计委、原国家科委、中央编委办公室、财政部、原农业部、民政部、原国家土地管理局、国家统计局等 11 个部门制定颁发了《小城镇综合改革试点指导意见》，由此，全国小城镇综合改革试点工作铺开。1998 年 10 月，中共十五届三中全会通过的《关于农业和农村发展若干问题的决定》中提出发展小城镇是带动农村经济和社会发展的大战略。2000 年 6 月，《中共中央国务院关于促进小城镇健康发展的若干意见》（中发〔2000〕11 号）发布。2004 年、2007 年、2012 年发展改革委办公厅先后下发了开展全国小城镇发展改革试点工作的通知，在全国选出了三批 647 个小城镇作为发展改革试点。

2016 年 7 月 1 日，《住房城乡建设部国家发展改革委财政部关于开展特色小镇培育工作的通知》（建村〔2016〕147 号），2016 年 10 月 8 日，《国家发改委关于加快美丽特色小（城）镇建设的指导意见》（发改规划〔2016〕2125 号），这两个文件揭开了中国小城镇发展的重要篇章，对全国各地小城镇的发展提出了新时期的新要求。在小城镇管理体制改革方面，发展改革委文件提出："创新机制，激发城镇发展新活力。""要全面放开小城镇落户限制，全面落实居住证制度，不断拓展公共服务范围。积极盘活存量土地，建立低效用地再开发激励机制。建立健全进城落户农民农村土地承包权、宅基地使用权、集体收益分配权自愿有偿流转和退出机制。创新特色小（城）镇建设投融资机制，大力推进政府和社会资本合作，鼓励利用财政资金撬动社会资金，共同发起设立美丽特色小（城）镇建设基金。研究设立国家新型城镇化建设基金，倾斜支持美丽特色小（城）镇开发建设。鼓励开发银行、农业发展银行、农业银行和其他金融机构加大金融支持力度。鼓励有条件的小城镇通过发行债券等多种方式拓宽融资渠道。按照'小政府、大服务'模式，推行大部门制，降低行政成本，提高行政效率。深入推进强镇扩权，赋予镇区人口 10 万以上的特大镇县级管理职能和权限，强化事权、财权、人事权和用地指标等保障。推动具备条件的特大镇有序设市。"

围绕国家提出的小城镇建设的指导意见，许多省份、城市相应出台加快特色小（城）镇规划建设的指导意见，对各地区小城镇的综合改革指明了方向。浙江省是中国小城镇发展最快的省份，很早就对小城镇发展提出了重点支持政策，2007 年 5 月浙江省人民政府出台《关于加快推进中心镇培育工程的若干意见》（浙政发〔2007〕13 号），提出对 141 个省级中心镇，加强在财政体制、规费优惠、资金投入、用地支持、中心镇经济社会管理权限、投资体制改革、户籍制度改革、集体非农建设用地使用制度改革、农村集体资产管理体制改革和统筹城乡就业和社会保障制度等 10 个方面的支持政策。2010 年底启动 27 个中心镇小城市培育试点，下放扩权事项 455 项，每年省里拿出 10 亿元专项资金，支持这些小城市建设。2014 年 4 月起，陆续公布了新一轮小城市培育试点名单，试点中心镇和有关生态功能区县城的支持范围不断扩大，浙江省小城镇综合改革试点已经成为支撑浙江省城镇化发展的重要力量。

从实践来看，中国小城镇在行政区划调整、规划管理、基础设施建设、资金筹集等方面通过综合改革试点都取得了较丰硕的成果，对小城镇的发展壮大，发挥了重要的作用。

二、新型城镇化背景下的镇级强镇扩权

随着中国城镇化进程的加快推进，一些小城镇的规模不断扩大，但按照原有经济管理权限已经越来越不适应小城镇经济社会发展的需要，表现在机构设置、人员匹配、执法权力、财税、社会管理、投融资等方面都难以满足特大镇发展的需要，由此对加快推进小城镇特别是特大经济强镇和中心镇的行政管理体制改革提出了迫切要求。2016 年 12 月 19 日，中共中央办公厅、国务院办公厅印发了《关于深入推进经济发达镇行政管理体制改革的指导意见》，对经济发达镇行政管理体制改革提出了要求，明确了扩大经济社会管理权限、构建简约精干的组织架构、推进集中审批服务和综合行政执法、建立务实高效的用编用人制度、探索适应经济发达镇实际的财政管理模式和坚持统筹协调 6 个方面的任务，具体如表 3–2 所示。

2018 年 4 月 28 日国家发展改革委办公厅《关于印发第一批国家新型城镇化综合试点经验的通知》（发改办规划〔2018〕496 号），总结了第一批发达镇在优化经济行政管理体制方面的经验，如吉林省延边州延吉市以授权或委托的方式，将 50 多项行政审批许可

表 3-2　《关于深入推进经济发达镇行政管理体制改革的指导意见》主要内容

扩大经济社会管理权限	1. 根据经济发达镇工作实际，重点强化发展产业经济、提供公共服务、加强社会管理和城镇规划建设等职能，完善基层政府功能。 2. 理顺县（市、区、旗）和经济发达镇的关系，做到权责相称。 3. 省（自治区、直辖市）政府可以将基层管理迫切需要且能够有效承接的一些县级管理权限包括行政审批、行政处罚及相关行政强制和监督检查权等赋予经济发达镇，制定目录向社会公布，明确镇政府为权力实施主体。 4. 法律规定的县级政府及其部门上述管理权限需要赋予经济发达镇的，按法定程序和要求办理。暂时不具备条件下放的管理权限，要积极创造条件，成熟一批，赋予一批。 5. 加强相关立法，为经济发达镇扩大经济社会管理权限提供法律依据。 6. 建立并公布行政权力清单和行政权力事项责任清单，明确权力下放后的运行程序、规则和权责关系，健全权力监督机制，确保下放权力接得住、用得好
构建简约精干的组织架构	1. 遵循精简、统一、效能原则，统筹镇党委和政府机构设置，建立健全工作机制，强化镇党委领导核心作用。立足基层工作实际，优化业务流程，减少管理层级，建立扁平高效的基层组织架构。 2. 加强行政执法和综合服务等前台机构建设，统一履行直接面对公民、法人的行政审批、公共服务和行政执法职责，提高服务管理效能。 3. 整合内部决策、管理、监督、服务职责和工作力量，为前台工作提供支持和保障。 4. 设有开发区的经济发达镇可探索镇区管理机构合一体制，实行一套班子、两块牌子，促进开发区与经济发达镇融合发展。 5. 市县政府部门派驻在经济发达镇的机构，原则上应下放实行属地管理。 6. 继续实行派驻体制的，工作考核要以经济发达镇为主，干部任免应当听取所在镇党委和政府意见
推进集中审批服务和综合行政执法	1. 整合基层公共服务和行政审批职责，打造综合、便民、高效的政务服务平台，实行“一门式办理”“一站式服务”。 2. 公开办事依据和标准，精简程序和环节，规范自由裁量权。 3. 推广首问负责、办事代理、限时办结、服务承诺等经验做法，积极推行行政审批和公共服务网上办理，方便群众办事。发挥社会组织在经济发达镇社会治理创新中的重要作用。 4. 整合现有的站、所、分局力量和资源，由经济发达镇统一管理并实行综合行政执法。 5. 全面落实行政执法责任制，严格执行行政事业性收费和罚没收入收支两条线制度，规范执法程序和行为。 6. 建立健全镇政府与县直部门行政执法协调配合机制，强化监督问责

续表

建立务实高效的用编用人制度	1. 在地方机构编制限额内，赋予经济发达镇灵活用人自主权。 2. 大力推行政府购买服务，凡是适宜通过政府购买服务提供的公共服务和事务性、辅助性工作等，都要引入竞争机制，通过合同、委托等方式实行购买，由花钱养人向花钱办事转变。 3. 选配素质好、能力强的干部到经济发达镇党政领导岗位，对工作业绩突出、表现优秀的党政正职，可在职数规定范围内提拔为上一级领导班子成员并继续兼任现有职务。 4. 推进机关公务员职务与职级并行、事业单位管理岗位职员等级晋升制度，拓宽选拔任用渠道，完善人才引进机制，落实基层干部待遇政策，确保基层需要的人才进得来、留得住、干得好
探索适应经济发达镇实际的财政管理模式	1. 按照事权和支出责任相适应的原则，逐步明确经济发达镇政府事权和支出责任。 2. 上级政府对下放给经济发达镇的事权，要给予相应财力支持。应由上级政府承担的支出责任，不得转移给经济发达镇政府承担。 3. 结合财税体制改革，完善与经济发达镇相关的财政分成办法。落实支持农业转移人口市民化的若干财政政策，促进基本公共服务均等化。 4. 建立财政激励机制，各地可明确一定时期在基建投资以及新增财政收入返还、土地出让金等方面对经济发达镇给予支持，统筹地方政府债券资金用于经济发达镇公益性项目。 5. 有条件的地方可安排专项资金对经济发达镇给予支持。 6. 鼓励金融机构和各类社会资本在经济发达镇设立分支机构、村镇银行等新型农村金融机构，为城镇建设发展提供金融服务
坚持统筹协调	1. 统筹推进经济发达镇行政管理体制改革和新型城镇化综合改革，赋予相同的土地、建设、金融扶持政策，形成改革合力。 2. 加强城镇化宏观管理，完善城镇发展规划和各类专项规划，提升城镇规划标准，探索“多规合一”，优化城镇化布局和形态，推动经济发达镇与周边城镇、乡村协同发展。 3. 符合法定标准、具备行政区划调整条件，且行政管理体制改革成果显著的经济发达镇可稳妥有序推进设立市辖区或县级市工作。 4. 统筹生产生活生态三大布局，控制城镇开发强度，提高城镇建设水平，实现生产空间集约高效、生活空间宜居适度、生态空间山清水秀

资料来源：国家发展改革委办公厅《关于印发第一批国家新型城镇化综合试点经验的通知》（发改办规划〔2018〕496号）。

和处罚权下放朝阳川镇，并设立24个工作窗口承办。浙江省温州市苍南县将1575项县级管理权限下放龙港镇，刻制23个县级部门2号公章、9个县级部门审批专用章授权龙港镇使用，将18个县派驻部门的300多名行政事业人员成建制划转给龙港管理。浙江省宁波市设立镇级独立金库，明确辖区财政收入超基数部分市和辖区所得全额留存，土地出让金净收益除上交国家和省以外部分全额留存。湖北省仙桃市在彭场镇建立镇级独立财政体制，以2014年为基数的新增税收地方留成部分全额返还，比上年新增部分按50%进行奖补。

第三节　地市关系、市辖区关系调整政策演变及其影响

中国地区行署作为省级政府的派出机构，行使区域管理的职能，在推进辖区内城市发展方面往往显得力不从心。适时调整的地市关系及市辖区关系，很大程度上壮大了一批地级城市，提高地级市在集聚人口和产业方面的能力，使其成为拉动区域发展的区域性中心城市。

一、市管县政策及市辖区调整的政策演变

中国“市管县”及市辖区政策的调整，很快壮大了一批地级城市，使得中国城市在省会城市和县级市之间增添了新层级，完善了中国城市的规模等级结构。

（一）市管县的政策演变

市管县体制之前，中国实施的是省管县体制，地区行政公署作为省政府的派出机构履行对县的管理职能。而市管县是将原地区行署所在地城市改设为省辖市，原来由地区行署管理的县改为省辖市的下辖县，同时对省辖市的下辖县也作了很大调整。1982年，中共中央1982年51号文件中向全国发出了改革地区体制、实行市管县体制的指示。市管县体制在江苏省首创，1983年开始在全国试行。市管县过程中地级行政区的撤并主要以“地市合并”或“撤地设市”的方式进行。“地市合并”是将原来的地区与原有的地级市合并，由新组建的地级市政府领导市区和原来地区行政公署的辖县，是地区行政公署和地级市政府同驻一个中心城市的情况。“撤地设市”指撤销地区行政公署，将地区和县级市合并成立新市。地市合并在20世纪80年代中期至90年代初期较多，地市合并前，地管县而不管城区，市管城区而不管县，地市合并的实行有利于解决地市矛盾和城乡矛盾，减少地级行政机构，提高行政管理效率。但是，地市合并后，市辖县和区快速增多，市对县的领导常常力不从心。

撤地设市一直是市管县体制改革的主要形式。早期的撤地设市标准参照1986年民政部《关于调整设市标准和市领导县条件的报告》执行，1983—1990年，地级市从145个增长至185个，而地区数量从138个减少至113个。其中，1983—1988年撤地设市65个。1993年国务院同意民政部《关于调整设市标准的报告》，其中对设地级市的标准有了明确的规定。这一标准的设定引发了地级市增加的高潮。通过20世纪80—90年代的地市合并和撤地设市等市管县改革，至1994年底，除海南省外，大陆各省、自治区、直辖市都试行了市管县体制，共有 196 个市领导 741 个县、31 个自治县和 9 个旗、2 个特区，代管 240 个县级市。

但是，由于 1993 年设地级市标准存在一些问题，比如人口指标数值过高，比重过大，经济指标比重偏低，数值较高，经过几年的发展，该标准已经不能适应快速城镇化的需要，并于 1998 年停止实行。1999 年，国家统计局出台了新的城市划分标准，调低了撤地设市的标准，表 3–3 对比了 1993 年和 1999 年的设立地级

表 3–3　1993 年与 1999 年设立地级市标准对比

1993 年标准		1999 年标准	
市区从事非农产业人口	25 万以上	地区所在县级市从事非农产业人口	不低于 15 万人（人口密度 50 人 / 平方公里以下的不低于 12 万人）
市政府驻地非农业户口从事非农产业人口	20 万以上	市政府驻地非农业户口人口	不低于 12 万人（人口密度 50 人 / 平方公里以下的不低于 10 万人）
工农业总产值	30 亿元以上	—	—
工业产值占工农业总产值比重	80% 以上	—	—
国内生产总值	25 亿元以上	国内生产总值	不低于 25 亿元
第三产业产值及占国内生产总值比重	第三产业发达，产值超过第一产业，占比达 35% 以上	第三产业产值及占国内生产总值比重	不低于 30%
地方本级预算内财政收入	2 亿元以上	财政总收入	不低于 1.5 亿元
原有等级	若干市县范围内中心城市的县级市	—	—

数据来源：根据相应年份和省份的统计年鉴内容整理。

市标准。1999年标准调低后，又引发了一次撤地设市小高潮。总的来看，1992—2004年撤地设市数量呈井喷式增长，总数达到110个，成为这一时期地市关系调整的主流，至2004年地级市数逐渐稳定。

（二）市辖区调整的政策演变

改革开放以来，中国市辖区变化呈现出三阶段特点。2003年前是市辖区的快速增长期，2003—2010年为缓慢增长期，2011年以来为恢复增长期。2003年之前市辖区的增长是伴随市管县体制的推行和地级市数量的剧增发生的，这一时期市辖区增加437个。在2003—2010年间，撤县（市）设区审批明显收紧，且部分城市的市辖区合并和地改市基本结束，使得这一时期市辖区增长极为有限。2011—2012年，撤县（市）设区开始增加。2013年以后，撤县设区急剧增加，市辖区进入新的增长期。市辖区增加的同时，市辖区调整也在增多。本文中市辖区调整是指在市辖区之间进行辖区的合并，或对市辖区的范围进行局部微调。

市辖区合并指整建制的辖区合并，近几年较多。如2009年撤销上海市南汇区，并入上海市浦东新区；2010年北京市合并东城区、崇文区，设立新的北京市东城区，合并西城区、宣武区，设立新的西城区；2011年上海市合并黄浦区、卢湾区，设立新的黄浦区；2012年马鞍山市合并金家庄区和花山区，设立新的花山区；2012年撤销苏州市沧浪区、平江区、金阊区，合并设立苏州市姑苏区。2013年以后，市辖区合并的现象较之前更多。如2013年南京市撤销鼓楼区、下关区，设立新的南京市鼓楼区；2013年梧州市撤销蝶山区、万秀区，设立新的梧州市万秀区等，具体情况见表3–4。

表 3-4　2013—2016 年市辖区合并案例简表

年份	市辖区合并
2013	南京市秦淮区（原秦淮区 + 原白下区）；南京市鼓楼区（原鼓楼区 + 原下关区）；梧州市万秀区（原蝶山区 + 原万秀区）；济宁市任城区（原市中区 + 原任城区）
2014	广州市黄埔区（原黄埔区 + 原萝岗区）；连云港市海州区（原新浦区 + 原海州区）；开封市龙亭区（原龙亭区 + 原金明区）
2016	张家口市宣化区（原宣化区 + 宣化县）；淮安市清江浦区（原清河区 + 原清浦区）

数据来源：根据相应年份和省份的统计年鉴内容整理。

市辖区微调通常表现为中心城市将邻近自身发展方向的部分乡镇（街道）从县（市）的管辖下划入市辖区管辖，或市辖区之间为保证某个城市功能区的完整而彼此调整局部管辖区域。与整建制的行政区划变动相比，局部微调更符合中国渐进式改革一贯的风格——它具有便于获得上级批准、区县政府较易接受、体制整合快捷等优点，同时也能满足城市最急切的近期发展需求。近些年，尤其是 2007—2013 年，市辖区微调呈现多样化，高频率发生状态。如 2007 年宝鸡市扶风县揉谷乡划归咸阳市杨陵区管辖；2011 年锦州市将太和区钟屯乡划归古塔区；2011 年扬州市将邗江区的李典、头桥、沙头、杭集、泰安 5 个镇划归扬州市广陵区管辖；2011 年临沂市将费县、郯城县、沂南县的部分乡镇整建制划归市辖区兰山区、罗庄区与河东区管辖；2011 年，南京市将江宁区汤山街道办事处的桦墅村、孟北村划归栖霞区；2011 年鞍山市千山区的千山镇、大孤山镇、旧堡街道、大孤山街道被划归鞍山市铁东区；2012 年梅州市梅县西阳镇划归梅江区管辖；2013 年广安市广安区的奎阁街道，前锋、代市、观塘、护安、广兴、观阁、桂兴 7 个镇，光辉、龙滩、小井、新桥、虎城 5 个乡被划归前锋区管辖；2013 年潮州市潮安县的磷溪镇、官塘镇、铁铺镇被划归潮州市湘桥区管辖等。

二、市管县政策及市辖区调整对城市发展和城镇化的影响

中国市管县政策实施及市辖区政策的调整，使中国在较短的时期内培育形成了一大批区域性中心城市，优化了中国城镇规模体系，为中国快速推进的城镇化提供了集聚人口和产业的重要空间载体。

（一）市管县体制对城市发展和城镇化的积极作用

市管县体制的实行促进了中心城市作用的发挥。改革开放初期，城乡分割严重，商品供给严重不足，中央审时度势提出通过市领导县体制，把中心城市变成商品交换中心，发挥中心城市优势，带动整个区域经济发展。通过实行市管县，带动了中心城市周围农村经济的发展，逐步形成了以大中城市为依托的城市经济区。

市管县体制的实行一定程度上推动了城乡一体化。改革开放早期，地、市分割，互相掣肘，城乡无法发挥各自的优势，常常出现重复建设和盲目布点。实行市管县后，市可总揽城乡全局，统筹和规划“大市区”的经济建设。地方政府可以用经济、法规、行政等手段，对辖区的工业和农业、经济和社会的发展实行统筹兼顾，打破城乡分割的壁垒，逐步实现优化组合，促使城乡经济和社会事业协调发展，形成工业生产、商品流通、科技信息、交通邮电、金融信贷网络，推动区域经济发展，缩小城乡经济差距，促进农村产业结构的调整和科学技术水平的提高。既解决了城市发展的后顾之忧，也拓展了城市工业产品市场。

市管县体制的实行推动了城市化进程。在过去计划经济体制下，城乡隔离状态严重，城市化发展缓慢，尤其是 20 世纪 60 年代初至

70年代末，基本上处于停滞阶段。1978年底，全国城市化水平为17.9%，与新中国成立初期相比仅提高了7.3个百分点。1983年实行市管县体制后，国务院和民政部提出了新的设市标准和市领导县条件，这大大加快了中国城市化的发展速度。到2017年底，中国城市化率已达58.52%，全国共形成建制市667个，含4个直辖市、276个地级市、387个县级市。

（二）市管县体制存在的弊端

市管县体制也存在一些弊端。一是缺乏法律依据。中国宪法规定中国地方行政架构实行省、县、乡三级，然而实际上却形成了省、市、县、乡的四级行政架构模式，而市级行政组织的法律地位一直没有得到确定。法律缺位，导致了对地级市定位的困难，目前，市对县的管理还是指导建议多，具体支持少。二是行政成本提高，行政效率降低。市管县后，地级层次由虚变实，对县的管辖由地区名义管理（虚管）变为由市全权管理（实管），行政区划的层级由省县乡三级变为省市县乡四级。政策、信息和业务的传达，执行都需经中间层次的市级，降低了行政效率。三是财政负担加重。市管县是计划经济时代的产物，这种体制带有明显的倾向性，主要是为中心城市服务。市依靠行政权力将财政收支的压力分解到县，增加了县域供养负担。四是协调发展不足，市县争利严重。市管县的主要目的是以城市的优势地位拉动所辖县乡的经济发展，事实上除传统的省会城市和一些中等发达城市带动能力较强外，一些工业基础薄弱甚至是由县级升格为地级的市就很难有力量来帮助其他县和乡村发展。长期以来，经济基础薄弱，本级财力很小的一些地级市，存在着盘剥和过度依赖县（市）的现象。同时，在城乡资源配置上向城市倾斜度过大，出现了“市刮县”现象，反而阻碍了农村经济的进步和发展。

（三）市辖区调整对城市发展和城镇化的作用

市辖区调整对于解决历史上的城区划分不合理问题、提高行政管理职能、促进新城、新区和城市功能区发展具有重要作用。

改革开放以来的市管县体制造成中心城区经济发展水平较高，辖区小，而外围城市辖区范围广阔，土地资源丰富但经济发展水平低的情况。为满足人口、产业等要素集聚的需要，整合区域资源优势、激活发展潜能，市政府往往通过调整市辖区的手段来拓展核心城区的发展空间。如2010年北京市将东城区与崇文区合并，西城区与宣武区合并，设立了新的东城区和西城区，合并后的新东、西城区面积分别扩大了一倍多，有效解决了原东、西城区缺乏发展空间的问题，同时也提升了市辖区发展品质。

市辖区合并可以有效提升行政管理效能。如上海市黄浦区先后于2000年和2011年合并了周边的南汇区和卢湾区，经两次合并后，新黄浦区的面积为20.5平方公里，辖区内聚集了外滩、南京东路、淮海中路、新天地、豫园等上海著名商业中心和旅游景点，成为上海市商贸业、服务业职能集聚的中心城区。2012年8月苏州市将其古城内的沧浪区、平江区、金阊区三个市辖区合并为一个姑苏区，解决了部分市辖区规模较小、财政实力偏弱的问题。

市辖区合并有效促进了城市重要功能区（新城、开发区、特区等）的发展。如2002年南京市为了开发河西新城，对白下、建邺、鼓楼和雨花台四区的部分行政区划作出调整，以河西新城规划区域为行政区域设立了新的建邺区，为河西新城快速发展奠定了制度基础。又如沈阳市在2006年将原属于东陵区的沈阳辉山农业高新技术开发区划归新城子区合署办公，并将新城子区更名为沈北新区。天津市2009年撤销塘沽区、汉沽区、大港区，将上述三区行政区域合并设立天津市滨海新区。原来的天津滨海新区是一个功能区的概念，包括塘沽区、汉沽区、大港区3个行政区和天津经济技术开发区、天津港保税区、天津港区3个开发区以及东丽区、津南区的部分区域，行政架构烦冗。区划调整后的天津滨海新区成为一个完整的行政区，规划面积2270平方公里，常住人口约200万，将原先的各个行政单元整合为3个城区和9个功能区，城区管理机构主要行使社会管理职能，功能区管理机构主要行使经济发展职能。与调整前相比，滨海新区行政架构统一、分工明确、精简高效，为其下一步的经济社会发展提供了有力的体制支撑。2009年上海市将南汇区划入浦东新区，2010年深圳、厦门先后将特区范围扩大至全市，都是通过“特区扩容”的办法使城市竞争力迈上了一个新台阶。

第四节　探索适应新型城镇化发展的区划改革及管理方式

立足中国城镇型镇区现行行政区划特点和城镇化基础，积极顺应中国新型城镇化趋势，深化推进行政区划和城镇行政管理改革，加强城镇化指标的统计与监测预警，以人民为中心切实高质量推进大中小城市和小城镇协调发展。

一、构建城镇型政区扁平化的行政管理体系

目前中国的城镇行政管理在一个相对严格的直辖市、计划单列市、省会城市（其他地级市）、市辖区（县级市、县）及镇（街道）的行政层级上运作，较高级别的城市对较低级别的城市（镇）具有管辖权限，高一级的城市相对低一级的城市（镇）有较大的决策自主权和更大的资源配置空间，这种等级较为严格的城镇型政区设置，在中国快速城镇化过程中，有力地促进了中心城市的发展壮大。但随着城镇化的深化推进和市场经济体系的完善，越来越不利于资源的优化配置，特别是制约了县一级和镇一级政区的发展。特别是随着新经济的快速发展，近年来很多中小城市甚至是小城镇，由于经济功能快速提升，其影响力远远超过行政级别。为此，今后中国城镇型政区优化配置要遵循行政管理扁平化的导向，要积极扩大县、镇层级的行政权限。通过积极构建行政管理扁平化导向的镇区管理体制，可以大大促进中小城市、县城和镇的发展，优化城镇体系规模结构。

二、动态优化城镇型政区设置调整标准

随着中国城镇化的深化推进，为了更高质量地承载新增人口，有必要适时因地制宜推动城镇型行政区划调整。从目前公开查询的材料了解到，中国原有的区划调整标准已经不符合当前城镇化发展的实际，为此要在新一轮的行政区划调整工作启动之前，研究提出新的政区设置或调整标准，今后可以根据经济社会发展水平、人口规模、城镇体系规模结构态势以及城镇化进程，考虑 10 年一次进行城镇型政区标准的调整。其中，当前城镇型政区设置标准的重点是

在撤县改市的标准上，可以考虑设置区域性城镇体系优化导向、经济发展水平、人口规模、地域独立性和辐射带动潜力以及与周边市的距离等多个指标。此外，对于直辖市和设区市内的撤县（镇）改区，既要考察直辖市和设区市的相关指标，包括人口规模、经济发展水平、空间结构，也要考虑中心城市郊县（县级市）及重点镇的一些重要指标，如，县（市）或镇域与城区的基础设施建设水平、国土开发利用是否连为一体以及人口规模、产业结构及经济发展水平等。

三、统筹大城市与中小城市（镇）规模管理

在上一轮快速城镇化过程中，中国已经完成了大城市加快发展的初级阶段，下一阶段中国将经历中小城市较快发展时期以及向大中小城市和城镇均衡发展阶段迈进。从现阶段大城市发展上看，中国北京、上海、广州等一批大城市、特大城市高度集聚了来自全国的人口，开发密度大，水泥地连片，生态环境以及公共服务承载力逐渐减弱，由此导致大城市病的集中爆发。如，生态环境空间锐减，城市的热岛效应明显、交通拥堵常态化、城市内涝、地面下沉严重、光污染和强辐射普遍存在，大气污染日益严重，大城市和特大城市的人居环境质量显著下降，一定程度上是违反了以人为本的城镇化导向。为此，今后需要有效控制大城市、特大城市继续扩张，积极引导大城市、特大城市的一些城市功能、人口及产业向周边地区转移扩散。从中国中小城市（镇）发展看，显然不充分是主要特点，这种不充分，既体现在中小城市（镇）数量不多，也表现在中小城市（镇）综合承载能力优先。因此，今后要通过行政区划调整、行政管理改革等多种手段，适度扩大中等城市规模，并积极发展甚至

新增一批小城市（镇）。

四、区域差异化推进内部城镇体系规模结构优化

由于中国幅员辽阔，区域发展差异较大，城镇化水平不一，人口和经济发展密度上均表现出“东密西疏”的特征，且不同区域人口承载条件和布局也存在差异，总体上，不同区域的城镇化及城镇体系结构处于不同的发展阶段。为此，在未来推进城镇规模结构优化的进程中，要充分尊重区域城镇化差异特征，有侧重、有差别地推进大中小城市和城镇协调发展。对于东部发达地区，城镇化水平较高，城镇体系及规模结构相对完善，要积极引导小城市、县城和重点镇发展；对于处于城镇化中期阶段的中部大部分地区，要积极发展中小城市，发挥中小城市吸纳农业转移人口的载体功能以及其连通大城市、辐射县城和重点镇的上引下达作用；对于广大西部地区，城镇化水平相对滞后，要积极培育一批中心城市、大城市，特别是增强省会城市和重要节点城市的中心带动及辐射能力。

五、促进部分园区向产城融合的城区转型升级

改革开放以来，在中国快速工业化的过程中，随着各级政府加快推进企业进园区和产业集聚化发展，中国园区化发展模式基本形成，各类园区日益为产业发展的重要载体平台。园区经济因为能够集约使用水电暖等资源，集中推动环境综合治理，有利于确定产业发展方向和实现专业化生产，优化了产业布局，提高了产业的产出效率，是中国工业化的重要载体与支撑。近年来，随着新型工业化和新型城镇化的融合推进，园区经济不断升级，很多园区正开始向

产城融合的新型城区转型，推动园区从单一的经济功能区开始向综合性的城市功能升级。但是，目前中国绝大部分的园区管理受属地行政区管理约束较为严重，特别是部分有条件的园区不具备管理社会发展的权限，不利于园区管理自我决策和转型发展。今后，可以因地制宜，针对一些较高级别、发展独立性较强或发展潜力较大的经济技术开发区（高新区）、旅游休闲度假区、国家农业科技示范园区、边境经济合作区等，积极探索按照县或市级行政区划设置，完善相关行政机构设置，促进园区管委会权利由虚变实，作为中国县市层级城镇型政区的必要补充，积极为新型城镇化提供更多新的发展空间和增长点。

六、深化对城镇化指标的统计及监测预警

各类城镇化指标的统计及重点指标的监测预警，是制定城镇化政策举措的基础性依据。因此，要在原有的城镇化统计指标基础上，适时根据新型城镇化推进的新目标、新问题和新特点等，加强新城镇化类型区域和城镇化指标的统计。例如，由于城市群日益成为中国新型城镇化的主体形态，要设计并加强对城市群区域的各类指标的统计与监测预警。又如，随着新经济的不断发展壮大，要根据新经济支撑就业和经济增长的特点，及时调整过去对城的就业及经济增长情况的统计方法和手段。再如，随着城乡融合的深化推进，需要围绕城乡融合发展设计各类关键指标，并加强统计预警。总之，要顺应时代发展的新要求，加强城镇化关键指标的优化调整，创新指标获取手段和表现方式，增强指标的真实性，并加强各类指标的动态监测预警和综合研究，为优化调整城镇化政策提供依据。

第四章　各类功能区优化城市空间结构和职能结构

改革开放以来，中国经历了大规模的快速城镇化过程，城市的数量不断增多、规模不断扩大、功能不断完善、要素集聚能力不断增强，与此同时部分城市也出现了交通拥堵、环境污染等大城市病问题。为了优化城市空间结构和职能结构，促进工业化和城镇化的融合互动，中国先后建立了经济特区、经济开发区、自由贸易试验区等各类功能区，这些功能区对改善投资环境、引导产业集聚、发展开放型经济发挥了不可替代的作用，有效拓展了城市产业空间，优化了城市空间布局，增强了城市对外开放和科技创新功能，是改革开放 40 年的成功实践。

第一节　改革开放以来形成的多种城市功能区

基于增量改革的思路，中国的城市功能区多设立在城镇的边缘，依托城市基础设施的延伸，形成了城（城镇）、区（功能区）互动发展格局，按照功能划分可以分为产业导向、开放导向、改革试验导向和综合性的功能区。

一、产业导向的功能区

（一）经济特区

中国经济特区诞生于20世纪70年代末80年代初。1979年4月，邓小平首次提出要开办“出口特区”；1980年5月，中共中央、国务院决定将深圳、珠海、汕头和厦门这四个出口特区改称为经济特区；1988年4月，中央增设海南经济特区；2010年5月增设新喀什经济特区、霍尔果斯经济特区。中国经济特区吸收国际经验，是兼有自由贸易区和出口加工区功能的综合性特区。经济特区划定一定的范围，实行特殊经济政策，发展以工业为主，工贸结合的外向型经济，使之发挥对外开放的窗口和基地作用。经过40年的建设与发展，经济特区形成了良好的投资环境，是目前中国外商投资最为集中的地区。到2017年底，中国共有7个经济特区。

（二）国家级经济技术开发区

继中国14个沿海开放城市之后，国务院决定设立国家级经济技术开发区。1984年，国务院先后批准设立大连、天津、南通、连云港等14个经济技术开发区，掀起了中国开发区设立和建设的序幕。国家级经济技术开发区是中国对外开放地区的重要组成部分，它们大都位于各省、市、自治区的省会等中心城市，在沿海开放城市和其他开放城市郊区划定3—5平方公里的小块区域，集中力量建设完善的基础设施，创建符合国际水准的投资环境，形成吸引利用外商投资的良好环境，引进同老市区产业结构调整密切结合的先进技术，提高开发区所在城市的对外开放功能和实力，成为所在城市及周围地区发展对外经济贸易的重点区域。国家级经济技术开发区根据国家相关外资产业政策对外国直接投资企业的鼓励类项目实行税收减免、优惠，提供工业用土地和其他一些优惠政策，吸引各种资金和实体投资办厂、办公司。开发区一般都具有比较大的规模，配套设施齐全，招商引资后能带动当地经济起飞。经济技术开发区在人口构成上，以国内人员、原有城市市域范围内的人口为主体，境外人员很少；在地理特征上，它既是相对独立、有明显地理界限的功能空间，又是所在城市的有机组成部分，有别于城市一般的“建成区”。到 2017 年底，经国务院批准的经济技术开发区共有 219 家，如大连经济技术开发区、秦皇岛经济技术开发区、烟台经济技术开发区、青岛经济技术开发区等。

（三）国家级高新技术开发区

中国高新技术产业开发区是在一些知识与技术密集的大中城市和沿海地区建立的发展高新技术的产业开发区。1988 年国务院开始批准建立国家高新技术产业开发区。中国的高新技术产业开发区类似于国外的高技术区、科学园区和科学城，是一种以加速高新技术研制及其成果推广应用，服务于本国或本地区工业现代化以及开拓国际市场需要而设置的高新技术产业开发基地，其实质就是知识密集区和技术密集区。高新区以智力密集和开放环境条件为依托，主要依靠国内的科技和经济实力，充分吸收和借鉴国外先进科技资源、资金和管理手段，通过实施高新技术产业的优惠政策和各项改革措施，实现软硬环境的局部优化，最大限度地把科技成果转化为现实生产力而建立起来的集中区域。到 2018 年上半年，经国务院批准的高新技术开发区共有 168 家，如中关村国家自主创新示范区、武汉东湖新技术产业开发区、南京高新技术产业开发区、沈阳高新技术产业开发区、天津滨海高新技术产业开发区等。

二、开放导向的功能区

（一）国家级出口加工区

改革开放以来，中国加工贸易发展迅猛。但由于加工贸易分散经营，遍地开花，导致管理难度大为增加。为促进加工贸易发展，规范加工贸易管理，将加工贸易从分散型向相对集中型管理转变，鼓励扩大外贸出口，2000 年 4 月，国务院正式批准设立由海关监管的出口加工区。国家级出口加工区是国家划定或开辟的专门制造、加工、装配出口商品的特殊工业区。一般选址经济相对发达、交通运输和对外贸易方便、劳动力资源充足、城市发展基础较好的地区，多设于沿海港口或国家边境附近，大多处于已建成的经济特区和经济技术开发区内，面积不超过 3 平方公里，实行“境内关外”管理模式。首批批准进行试点的有 15 个出口加工区，到 2017 年底，共有国家级出口加工区 63 家。如乌鲁木齐出口加工区、常州出口加工区、天津出口加工区、广州出口加工区。

（二）国家级保税区

为了使投资环境不受国内经济政策和传统经济体制的影响，保税区成为另一种发展外向型经济的形式。国家级保税区又称保税仓库区，是有一定范围的封闭式综合性对外开放区域，具有明确的界限，建立完善的隔离措施，区内没有居民，产品 100% 出口，是经国务院批准的开展国际贸易和保税业务的区域。中国建立保税区的目的是借鉴国外自由贸易区和出口加工区的经验，充分利用保税区港口和陆地口岸的地缘优势，发展中国对外贸易、转口贸易、过境贸易、出口加工、仓储运输、分类包装和各类服务业务，促进中国对外贸易的发展，更有效地利用外资，引进先进技术和管理经验，扩大出口创汇，在更大范围内和更深层次上加快中国与国际市场的接轨。1990 年 6 月，国务院批准设立第一家国家级保税区——上海外高桥保税区，到 2017 年底，国家级保税区共有 12 家，全部分布在东部沿海城市，如汕头保税区、厦门象屿保税区、海口保税区、大连保税区等。

（三）国家级保税港区

国家级保税港区是指经国务院批准，设立在国家对外开放的口岸港区和与之相连的特定区域内，具有口岸、物流、加工等功能的海关特殊监管区域。保税港区享受保税区、出口加工区、保税物流园区相关的税收和外汇管理政策。保税港区的功能具体包括仓储物流，对外贸易，国际采购、分销和配送，国际中转，检测和售后服务维修，商品展示，研发、加工、制造，港口作业等 9 项功能。与保税区一字之差的保税港区功能更为齐全，它整合原来保税区、保税物流园区、出口加工区等多种外向型功能区后，成为更为开放的一种形态。2005 年 6 月，国务院设立第一家国家级保税港区——上海洋山保税港区。截至 2017 年底，中国共有国家级保税港区 14 家，其中 12 家分布在上海、天津、浙江、江苏、福建、山东、海南、辽宁等东部沿海省份。

（四）国家级综保区

国家级综保区是设立在内陆地区的具有保税港区功能的海关

特殊监管区域，由海关参照有关规定对综合保税区进行管理，执行保税港区的税收和外汇政策，是国家开放金融、贸易、投资、服务、运输等领域的试验区和先行区。集保税区、出口加工区、保税物流区、港口的功能于一身，可以发展国际中转、配送、采购、转口贸易和出口加工等业务。综合保税区和保税港区一样，是中国目前开放层次最高、优惠政策最多、功能最齐全、手续最简化的特殊开放区域。2006 年 12 月，国务院设立第一家国家级综保区——苏州工业园综合保税区，2015 年国务院决定将符合条件的出口加工区、保税港区等类型的海关特殊监管区域逐步整合为综合保税区，对新设海关特殊监管区域统一命名为综合保税区。截至 2017 年底，全国共有综合保税区 54 家。如赣州综合保税区、西安航空基地综合保税区、杭州综合保税区、苏州工业园综合保税区、昆山综合保税区。

（五）国家级边境经济合作区

国家级边境经济合作区是中国沿边开放城市发展边境贸易和加工出口的区域。沿边开放是中国中西部地区对外开放的重要一翼。自 1992 年以来，经国务院批准的边境经济合作区 17 个，分布在辽宁、吉林、黑龙江、内蒙古、云南、广西、新疆等 7 个沿边省份，如黑河边境经济合作区、珲春边境经济合作区、满洲里边境经济合作区、丹东边境经济合作区、伊宁边境经济合作区、塔城边境经济合作区等。国家级边境经济合作区对发展中国与周边国家（地区）的经济贸易和睦邻友好关系、繁荣少数民族地区经济发挥了积极作用。

（六）国家级自由贸易试验区

中国自由贸易区是指在国境内关外设立的，以优惠税收和海关特殊监管政策为主要手段，以贸易自由化、便利化为主要目的的多功能经济性特区。原则上是指在没有海关“干预”的情况下允许货物进口、制造、再出口。中国自由贸易区是政府全力打造中国经济升级版的最重要的举动，其力度和意义堪与20世纪80年代建立深圳特区和90年代开发浦东两大事件相媲美。其核心是营造一个符合国际惯例的，对内外资的投资都要具有国际竞争力的国际商业环境。2013年9月，国务院批复成立中国（上海）自由贸易试验区。

三、改革试验导向的功能区

（一）国家级自主创新示范区

国家自主创新示范区是指经国务院批准，在推进自主创新和高技术产业发展方面先行先试、探索经验、做出示范的区域。建设国家自主创新示范区对于进一步完善科技创新的体制机制，加快发展战略性新兴产业，推进创新驱动发展，加快转变经济发展方式等方面将发挥重要的引领、辐射、带动作用。2009年3月，北京中关村国家自主创新示范区成为第一个国家自主创新示范区，截至2018年2月，国家级自主创新示范区数量增加到17个，主要分布在创新基础较好、科技人才丰富的直辖市和省会城市，有效发挥了改革创新“试验田”作用，对区域发展产生重要的引领示范和辐射带动效应。

（二）国家综合配套改革试验区

国家综合配套改革试验区是中国在经济社会发展的新阶段，不同于改革开放初期设立的深圳、珠海、汕头、厦门等经济特区，它是中国最新的改革开放前沿阵地，是以综合配套改革代替单纯政策优惠，调动各种创造性因素，实现经济社会的科学发展、和谐发展。试点地区在全国范围或东、中、西部区域内有一定影响力和带动力，能够代表处于不同生产力发展的阶段性特点，所面临的体制机制问题能代表本地区的普遍性，所确定的改革任务能反映本地区改革发展的特点和现实需要，对推动全国或一定区域面上的改革具有示范意义。2005 年 6 月，国务院批准上海浦东新区进行综合配套改革试点，截至 2017 年底，全国共设立了天津滨海新区、山西省、辽宁沈阳经济区、黑龙江“两大平原”、上海浦东新区、浙江义乌市、福建厦门市、湖南长株潭、广东深圳市、重庆市、四川成都市等 12 个国家综合配套改革试验区。

四、综合性的功能区

国家级新区是由国务院批准设立，以相关行政区、特殊功能区为基础，承担国家重大发展和改革开放战略任务的综合功能区。国家级新区建设与中国区域经济战略布局的现实需求密切相关，其发展大致经历了三个阶段。1992—2009 年，中央先后设立了浦东新区、滨海新区两个国家级新区，二者在引领中国对外开放、参与全球竞争方面发挥了国家级增长极的示范作用。此后的 2010—2013 年，随着中国的区域发展战略从“东部率先”转向“四大板块”均衡发展，早期国家级新区的成功经验得以复制，先后产生了两江新区、兰州新区、舟山群岛新区和南沙新区等四个国家级新区，分别成为所在中心城市转型升级、引领城市群发展的重要引擎。2014 年中国经济进入新常态以来，国家级新区开始进入密集批复期，西咸新区、赣江新区等一批国家级新区获批，2017 年 4 月，党中央、国务院公布设立雄安新区，截至2017年12月，国家级新区的总量达到19个，其中东部地区8个，中西部地区8个，东北地区3个，均衡分布于中国“四大板块”“三大战略”涉及的主要中心城市。

第二节 城市功能区拓展城市产业空间

城市功能区的建设初衷是发展经济，培育经济增长点，促进产业集聚。中国的城市功能区对拓展城市产业空间起到了重要作用，已经成为所在城市及周围地区经济发展最快、投资环境最优的现代化产业集聚区。

城市功能区拓展产业空间的历程可以分为三个阶段。第一阶段是改革开放以后到20世纪末，功能区从产业开发起步，完成资本和就业的初步集聚。面对产业基础薄弱、基础设施滞后、资金极度短缺、经济体制僵化的现实国情，中国决定建立开发区等城市功能区，期望以此为突破口，以产业化推动城市化，以点带线，以线连面，来推动国家的现代化。这一阶段，城市功能区的产业集聚主要以引进普通外资项目为主，通过紧紧抓住第四次国际产业转移浪潮带来的重大机遇，主动承接欧美、“亚洲四小龙”等发达国家和地区的劳动密集型产业，面向国际市场，大力发展加工贸易和开放型经济，使得纺织、服装、造纸、家具、家电等一批传统中低端制造业在功能区内迅速崛起，为城市创造出大量非农就业机会。

第二阶段是进入21世纪以后到党的十八大前，城市功能区的产业集聚形成规模效应。随着中国成功加入世界贸易组织，经济发展进一步融入世界贸易体系和全球产业分工体系，进入中国的大型跨国公司和世界500强企业越来越多，城市功能区所引进的外资项目规模也迅速扩大，外资项目的技术含量和技术水平显著提升。这不但带来了先进的生产技术、管理经验、经营理念和企业运行规则等，还培养了大批高素质技术人才，管理人才和产业工人。经过40年的开发建设，城市功能区成为中国经济发展最快，吸引外资最多、投资环境最优、技术水平最高的现代化产业集聚园区，成为中国经济重要的增长极，一批装备制造、化工产业、汽车产业、食品产业的支柱产业地位逐步形成并进一步强化，为城市创造出中等收入水平的就业机会。

第三阶段是党的十八大以来，在世界经济面临深度调整、中国经济正在结构升级的背景下，国家实施创新驱动发展战略，自主创新和转型升级被摆到了更加突出的位置。随着一批本土创新型企业崛起，城市功能区的产业集聚不再局限于吸引外资项目，众多规模不等的国内企业也随着城市产业结构调整纷纷进入城市功能区。依托城市功能区的资源禀赋、产业基础，充分发挥技术、资金和人力资本等方面的优势，积极发展战略性新兴产业、生产性服务业，以及“中国制造2025”等先进制造业，推动功能区产业向中高端升级。例如青岛西海岸新区深入实施“海洋+”行动计划，以海洋经济为引领的产业体系逐步完善。

总体来看，经过40年的发展，目前中国的城市功能区已经吸引了一大批跨国公司和国内高新技术企业，初步形成了新能源、新材料、生物医药、节能环保等领域的产业集群，参与国际分工的产业环节正在由价值链低端向高端提升。与此同时，功能区积极发展研究开发、工业设计、创业孵化、科技咨询、科技成果转化、技术转移、知识产权运营交易等生产性服务业，培育新的增长点。城市功能区已经成为城市产业和经济发展的重要引擎，以国家级经开区为例，2017 年，219 家国家级经开区实现地区生产总值 9.1 万亿元，同比增长 9.9%，增幅高于同期全国平均水平 3 个百分点，占同期国内生产总值比重为 11%。其中，第二产业增加值 6.1 万亿元，同比增长 6.1%，增幅与同期全国平均水平持平，占同期全国第二产业增加值比重为 18%；第三产业增加值 2.8 万亿元，同比增长 17.3%，增幅高于全国同期平均水平 9.3 个百分点，占同期全国第三产业增加值的比重为 6.7%。实现财政收入 1.8 万亿元，同比增长 15.9%，增幅高于全国同期平均水平 8.5 个百分点，占全国财政收入的比重为 10.3%。

第三节　增强城市对外开放、科技创新功能

经过 40 年发展，城市功能区已经成为城市对外开放的重要窗口和中国促进创新转型、引领创新发展的旗帜，在中国对外开放中处于前沿地位，集聚了丰富的创新资源。

一、对外开放的重要窗口

中国的对外开放，是由经济特区、经济技术开发区、边境经济合作区、保税区、出口加工区、国家高新区、国家自由贸易试验区等城市功能区构成的多层次对外开放体系。城市功能区被视为中国对外开放的重要窗口和吸引外资的主要区域。实践证明，凭借良好的区位、土地、政策等多方面的优势，城市功能区在积极承接国际产业转移，吸收国外先进的技术和管理经验等方面取得显著的成绩，在引资方向上、管理和投资环境上体现出越来越高水平的开放性。

从开放程度看，城市功能区在中国对外开放中处于前沿地位。近年来，城市功能区吸收外商直接投资的比重逐年提高，已经成为跨国公司的投资热土。以国家级经济技术开发区为例，2016 年实际使用外资金额 3301 亿元，占全国的 40.69%，一大批质量高、效益好的跨国公司大型投资项目相继落户。2016 年国家级经济技术开发区进出口总额达 47605 亿元，占全国进出口总额的 19.60%。如果再加上保税区、出口加工区、国家高新区进出口总额，约占到全国 50%。2016 年广州南沙新区全年实现进出口总额 1694 亿元，同比增长 10.7%，对广州市外贸增长贡献率达 63%。边境合作区作为延边开放的重要平台，通过进一步完善口岸基础设施和通关能力建设，丰富对外经贸和人员往来的形式与内容，有效提升了与周边国家的开放合作水平。2013 年，中国 28 个边境城市户籍人口达到 957.3 万人，国内生产总值达到 3739 亿元，规模以上工业总产值达到 3333 亿元，货物出口总额达到 251 亿美元，占整个沿边地区（136 个县）的比重分别为 40.6%、46.1%、49.6%、54.9%。2014 年，16 个边境经济合作区实现地区工业总产值 873.94 亿元，进出口贸易额 944 亿元，实际利用外资 27.73 亿元，试验区先行先试作用得到进一步发挥。与此同时，城市功能区的外贸结构不断优化，进出口产品中高新技术产品所占比重不断提升。2017 年，219 家国家级经开区进出口总额占全国的比重已经达到了 20%，其中高新技术产品出口额达到 1.1 万亿元，同比增长 11.5%，占国家级经开区出口总额的 35%，占全国高新技术产品出口总额的 24.6%。

从开放方式看，城市功能区充分利用国内外两个市场、两种资源，坚持开放协同发展，集聚辐射全球创新资源的能力显著增强，已成为全球创新网络的重要枢纽和节点。越来越多的城市功能区开始建设海外孵化器、海外产业园，探索产能合作、技术溢出和成熟模式的国际辐射。截至 2015 年底，24 家国家高新区成为国家海外高层次人才创新基地，146 家国家高新区共入选国家“千人计划”3438 人，留学归国人员 10.9 万人，外籍专家 1.3 万人，外籍常住人员 5.5 万人。与此同时，城市功能区按照国际惯例不断完善投资环境，坚持与国际资本、市场、服务、观念全面接轨，国际合作呈现新亮点，形成了“天津中新生态城”“广州知识城”“中德（徐州）东方鲁尔工业园”“成都中法生态园”“合肥中德产业园”等一批中外合资合作项目。

从城市功能区的自由贸易试验探索实践看，通过投资、贸易、金融、事中事后监管等方面大胆探索，不断积累可复制可推广的经验，提升了贸易便利化水平。上海自贸区推动“先进区、后报关报检”“十检十放”等创新举措，货物状态分类监管改革有序推进，自由贸易账户进一步拓展。重庆自贸区积极推动内陆检验检疫改革创新示范区建设，采取“边查边放”、提前开具“通关单”等方式，提高跨境货物通关效率。广东自贸区在全国率先推出“互联网 + 易通关”等一批标准性改革，稳步推进工程塑料、粮食、钢铁等大宗商品交易中心建设，成为亚太地区最大的进口工程塑料集散地。

二、科技创新的重要平台

经过 40 年发展，城市功能区已经成为中国促进创新转型、引领创新发展的旗帜，集聚了丰富的创新资源，成为培育和发展前沿技术的重要策源地，在关键前沿技术开发、重大产品与装备制造、国际技术标准创制等方面涌现出一大批高端技术和产品。移动互联网、物联网、3D 打印、可穿戴设备等新业态在以高新区、自创区为代表的城市功能区不断涌现。人工智能、集成电路、高端软件、机器人、空天海洋、生命科学、量子技术、虚拟现实、5G 技术及标准等方面相继获得重要进步，开辟了产业发展新方向，中关村的新一代信息技术、上海张江的集成电路、武汉东湖的光通信、深圳的通信设备等创新型产业集群已经具备国际竞争力。2015 年，国家高新区内拥有高新技术企业 3.1 万家，占全国的 40.9%。2016 年，国家级经开区拥有 1.1 万家高新技术企业，占全国的 14.4%；规模以上高技术制造业产值 4.3 万亿元，占所在地级市的 40.4%；省级及以上研发机构近 5800 家，孵化器和众创空间超过 150 个；发明专利 6.4 万件，占全国的 20%；世界 500 强企业在国家级经开区内投资设立的研发中心或总部中心超过 360 家。

从实践来看，城市功能区加强创新产学研合作，与科研院所打造协同创新平台，积极建设工程（技术）研究中心、工程实验室、国家（部门）重点实验室、国家地方联合创新平台、制造业创新中心，引进应用型科研机构、企业研发中心、工程技术研究中心、博士后工作站等创新载体。例如，福州新区引入全国首个窄带物联网实验局、清华大学智能技术与系统国家重点实验室。南京江北新区联合新区 10 余所高校成立江北新区高校联盟，推动东南大学共建的集成电路产业服务中心已成立运营公司。南京江宁经济技术开发区，诺奖得主费里德·穆拉德、乔治·斯穆特，菲尔兹奖得主丘成桐依托各自核心技术，成立了人工智能医疗、量子密码通信研究院等产业化项目。“中国互联网之父”刘韵洁院士，正在中国无线谷主持建设 CENI 项目，这是中国互联网领域唯一一项、也是江苏首个国家重大科技基础设施，由此吸引 56 个孵化团队、1000 名科技人才，成立了 50 余家创业公司。

城市功能区加快培育创新主体，发展众创空间、大学科技园、科技企业孵化器等创业服务平台，培育创新创业生态，营造大众创业、万众创新良好氛围。一大批以创业咖啡、创业苗圃、新型孵化器为代表的众创空间涌现，“天使投资 + 合伙人制 + 股权众筹”等一批新的创业模式正在兴起，创业“新四军”日益成为创业主群体，创新创业已经成为国家自创区的价值导向和生活方式。截至 2015 年底，国家级高新区聚集了 1354 家科技企业孵化器、1021 家众创空间，全国经备案的众创空间 44% 在国家高新区内。高新区还汇聚各类大学 753 所，研究院所 2415 家，企业技术中心 9557 家，技术转移示范机构 788 家，实现了全国 30% 以上的企业研发投入和 50% 以上的企业发明专利，每万名从业人员拥有发明专利数是全国平均水平的 8.5 倍。上海浦东新区大力推进科创中心核心功能建设，引进“阿里云 + 创客基地”“微软云”等一批孵化器。上海漕河泾新兴技术开发区新建浦江创新创业园、科技绿洲国际孵化联合体，改建桂平路国际孵化中心、宝石园众创空间等双创载体，拥有孵化空间约 60 万平方米，约占区内全部产业空间的 12%，截至 2016 年底，已累计孵化企业 3029 家，孵化企业毕业率 89.2%，其中在科技部火炬中心报备的优秀毕业企业 341 家。在探索新型创业空间方面，开发区创业中心联合区 COCOSPACE、优客工厂、创嘉站、启创（中国）腾讯创业基地等 10 余家品牌众创空间组成“众创空间联盟”。

第四节　发挥城市功能区引领示范作用

中国在城市设立的各类功能区是鼓励地方开展各类先行先试的

重要空间载体，这些空间载体是城市空间的有机组成部分，在推进城市高质量发展和完善城市职能等方面都发挥重要作用。

一、带动区域高质量发展的新引擎

党的十九大和中央经济工作会都先后明确了中国经济已经从高速发展阶段转向高质量发展阶段。各类城市功能区设立的背景不同，但最终目的都是通过特殊区域定位，发挥各自比较优势，吸引要素和产业聚集，培育新增长点，带动城市和区域高质量发展。从城市功能区经济发展实际运行来看，各区自成立以后，依靠国务院赋予的“先行先试”的特殊政策，迅速成为所在省、市乃至全国经济增速最快的地区。在中国经济进入新常态的背景下，新的国家级新区、自由贸易试验区等各类城市功能区的批复呼应了中国积极拓展区域发展新空间的战略诉求，标志着中国将城市功能区作为一项区域整体推动战略思路的日益成熟，未来城市功能区将在新的历史时期发挥更大的改革引领示范作用。通过积极引导东部沿海地区城市功能区努力顺应“中国制造 2025”的产业升级要求，推动传统产业向中西部地区转移，实现腾笼换鸟；中西部地区大力改善投资环境，筑巢引凤，主动承接产业梯度转移。探索以功能区为载体，建立产业转移示范园区和飞地经济，促进东中西部开展协同合作，推动区域协调发展。

二、产业转型升级的新样板

党的十九大报告提出要建立实体经济、科技创新、现代金融和人力资源协同发展的产业体系。城市功能区是建设现代化产业体系的最好载体和平台。城市功能区要主动适应中国对外开放新形势和国际产业转移新趋势，更好地融入全球产业链、价值链、供应链，打造一批行业领军企业，强力推进产业集聚、集群、集约发展，提高科技含量和附加值，提高中国在全球产业分工中的地位。发展较好的功能区要加快构建现代产业体系，推动传统优势产业转型升级、积极培育战略性新兴产业、促进生产性服务业向专业化和高端化延伸、生活性服务业向精细化和高品质转变，推动产业融合发展。产业集聚程度还不高的功能区要大力引资引技引智，优化产业布局，推广应用新技术、新工艺、新装备、新材料，促进现代化产业集群健康发展。

三、扩大对外开放的新高地

2013 年 9 月成立的上海自由贸易试验区，标志着中国的对外开放从外向型经济向开放型经济的转变。中共十九大提出中国特色社会主义进入了新时代，并再一次明确对外开放要从外向型经济进入开放型经济。城市功能区外向型经济比重大于一般的经济总量，在外向型经济方面拥有更大的实力，具备更高的水平，也有更多的管理经验，在推动外向型经济向开放型经济转变上，更有内在的需求和内生动力。面对国际环境新变化和国内发展新要求，城市功能区要深刻把握世界经济格局变化的新趋势，以开放促改革、以开放促发展，拓展对外开放新的空间和领域，深入推动国际投资贸易的便利化和自由化，促进国内国际要素有序流动、资源高效配置、市场深度融合。功能区要以“一带一路”建设为依托，深化与“一带一路”国家和地区之间的基础设施和国际产能合作，联合投资共同建设海外开发区，带动国内装备、技术、标准、服务走出去，促进地区或国家之间的经济交流和交往。

四、提升科技创新能力的新平台

党的十九大提出创新驱动发展战略,《国家创新驱动发展战略纲要》提出建设创新型国家的三步走目标，创新驱动是世界大势所趋。城市功能区要把创新作为高质量发展的第一动力，按照国家科技创新基地总体部署，积极布局建设国家实验室、国家重点实验室、工程研究中心等一批国家级创新平台，努力打造全球创新资源聚集地。围绕集聚高端创新要素，加强与国内外知名教育科研机构及企业合作，建立以企业为主体、市场为导向、产学研深度融合的技术创新体系。持续优化创新创业环境，大力推动大众创业、万众创新，发展新经济、培育新动能，真正肩负起创新示范和战略引领的使命。

五、绿色发展的新范本

党的十九大强调，加快生态文明体制改革，建设美丽中国，并提出，推进绿色发展，建立健全绿色低碳循环发展的经济体系。城市功能区的竞争力不体现在劳动力的成本低，环境好才能吸引更高端的产业进入，绿色低碳循环发展是功能区创新转型的一个重要方向。摒弃落后的、污染的产能，大力推进环保产业、新能源产业。整个园区从基础设施建设、产业发展到管理模式都要融入绿色发展理念，坚持把绿色作为高质量发展的普遍形态，充分体现生态文明建设要求，坚持生态优先、绿色发展，贯彻绿水青山就是金山银山的理念，实现人与自然和谐共生，建设天蓝、地绿、水秀的美丽家园，打造一个绿色生态宜居的园区生活和工作环境。

第五章　城市空间用途管制引领和协调开发活动

土地用途管制制度作为空间管控的重要制度化安排，19 世纪末起源于德国，逐步成为大多数国家广泛采用的土地管理制度，主要包括城市土地用途管制、农用地用途管制和生态空间用途管制。中国的土地用途管制起步相对较晚，1998 年修订的土地管理法首次提出“实行土地用途管制制度”，确立了以土地用途管制为核心的新型土地管理制度。

改革开放 40 年是中国城市化快速推进的黄金期，我国城市化水平大幅提高，城市扩展速度呈现指数增长态势。作为引领和协调城市开发活动的城市空间用途管制经历了从无到有，从建设项目用地许可制到城市土地利用分区、功能分区、用地布局、项目许可和用途转变管制相结合的发展历程，形成了以城市功能分区控制、建设用地布局管制、建设项目用地效率管控和土地用途转用管制为核心的管控体系。

第一节　城市工业区用途管制制度演变

城市工业区作为产业聚集发展的空间载体，对促进城市经济发展和产业转型升级发挥了重要的作用。改革开放40年，随着相关法律法规和政策的不断完善，中国城市工业区土地用途管制经历了20世纪90年代初的建设项目用地许可制，90年代中期的规划管控、计划调控与建设项目用地许可相结合，90年代末以来的规划管控、计划调控、建设项目用地许可与转用许可相结合的制度演变。形成了宏观层面由土地利用规划确定土地空间用途，城市规划明确功能布局，中观层面由园区规划管控内部空间布局，土地利用年度计划调控工业区用地时序。微观层面由工业建设项目用地许可、用地审批、用地准入构成的制度体系。

一、工业园区空间用途管制

工业园区是促进产业聚集的有效载体和政府推进工业化的一种有效组织方式。工业园区经历了无序发展、稳步发展到优化发展阶段，其空间用途管制经历了缺乏宏观管控、无序发展到规划管控与计划调控相结合的发展变化。

（一）工业园区发展历程

1979年1月国务院批准设立蛇口工业区，特别是1984年设立首批国家级经济技术开发区后，拉开了工业园区建设的序幕。各级政府纷纷圈地建设工业园区，招商引资、聚集生产要素，为城市经济发展增添活力，工业园区如雨后春笋般涌现。到21世纪初，工业园区遍布全国各个层级，数量剧增，呈现“遍地开花”的窘境。

工业园区的无序发展引起了党中央、国务院的高度重视，2003年7月18日，国务院办公厅印发了《关于暂停审批各类开发区的紧急通知》（国办发明电〔2003〕30号），提出“一律暂停审批新设立和扩建各类开发区，国家级开发区确需扩建的，须报国务院审批”。7月30日国务院办公厅又印发了《关于清理整顿各类开发区加强建设用地管理的通知》（国办发〔2003〕70号），要求重点对省及省级以下人民政府和国务院有关部门批准设立的各类开发区，以及未经批准而扩建的国家级开发区进行全面清查和整顿，加强对开发区建设用地的集中统一管理。2003年12月发展改革委会同原国土资源部、原建设部、商务部联合印发了《清理整顿现有各类开发区的具体标准和政策界限》（发改外资〔2003〕2343号），明确了省级及省级以下开发区清理整顿的审核原则和审核标准。2004年10月国务院发布了《关于深化改革严格土地管理的决定》（国发〔2004〕28号），进一步强调加强土地利用总体规划、城市总体规划、村庄和集镇规划实施管理，严格规划修改的管理；加强土地利用计划管理和建设项目用地预审管理。历经开发区治理整顿后，工业园进入稳步发展阶段，逐步呈现“工业进区入园”“集群发展”的态势。

2017年1月，国务院办公厅印发了《关于促进开发区改革和创新发展的若干意见》（国办发〔2017〕7号），提出“加强对各类开发区的统筹规划，加快开发区转型升级，促进开发区体制机制创新，完善开发区管理制度和政策体系，进一步增强开发区功能优势，把各类开发区建设成为新型工业化发展的引领区、高水平营商环境的示范区、大众创业万众创新的集聚区、开放型经济和体制创新的先行区，推进供给侧结构性改革，形成经济增长的新动力”。标志着以开发区为代表的工业园区进入优化发展阶段。

（二）工业园区规划管控制度

随着土地管理法、城市规划法、城乡规划法等法律法规的颁布实施，逐步形成了以土地利用规划、城市规划、工业园区规划为核心的工业园区空间用途管控制度，通过各类规划管控工业园区用地总量、用地布局和用地方向。

1987 年 1 月 1 日实施的土地管理法规定“各级人民政府编制土地利用总体规划，地方人民政府的土地利用总体规划经上级人民政府批准执行”。明确了土地利用总体规划的法律地位，标志着土地利用规划制度的建立，为城市工业园区用途管制提供了制度保障。1988 年 12 月、1998 年 8 月和 2004 年 8 月先后三次对土地管理法进行了修订，均强调土地利用总体规划的地位和作用。1998 年 8 月修订的土地管理法，明确“国家编制土地利用总体规划，规定土地用途，将土地分为农用地、建设用地和未利用地。严格限制农用地转为建设用地，控制建设用地总量，对耕地实行特殊保护”。此次修订的土地管理法上收了部分土地利用总体规划编制、修改和实施的批准权和农用地转用的审批权，将土地管控方式由分级限额审批，改为土地用途管制。

1999 年 4 月国务院印发了《全国土地利用总体规划纲要（1997—2010 年）》、2008 年 10 月下发了《全国土地利用总体规划纲要（2006—2020 年）》，明确了全国不同类别土地利用规模、结构、总体布局和时序安排，提出土地利用宏观调控和用途管制政策。根据 2013 年 12 月发布的第二次全国土地调查成果，2016 年 2 月发布了《全国土地利用总体规划纲要（2006—2020 年）调整方案》（国土资发〔2016〕67 号），调整并增加了 2020 年建设用地总规模，强化对工业用地总量和布局的宏观控制。2017 年 5 月，原国土资源部发布了《土地利用总体规划管理办法》，对土地利用总体规划的编制、审查、实施、修改和监督检查进行规范，明确土地利用总体规划分为国家、省、市、县和乡（镇）五级规划体系，是实施土地用途管制，保护土地资源，统筹各项土地利用活动的重要依据。

城市规划是政府调控城市空间资源，指导城市发展与建设、保障公共安全和公众利益的重要手段。1990 年 4 月 1 日施行的城市规划法为城市规划的编制、审批和实施提供了法律依据。城市规划分为城市总体规划和详细规划，城市总体规划是引导和调控城市建设，保护和管理城市空间资源的重要依据和手段，明确城市发展布局，功能分区和用地布局，提出禁止、限制和适宜建设的地域范围，确定空间发展时序。城市详细规划分为控制性详细规划和修建性详细规划，控制性详细规划以城市总体规划或者分区规划为依据，对城市近期建设区域内各项建设作出具体规划，规划各项建设的具体用地范围，建筑密度和高度等控制指标，控制性详细规划确定各地块的主要用途，是城市总体规划的具体化。

1996 年 5 月国务院发布的《关于加强城市规划工作的通知》(国发〔1996〕18 号)，明确“城市规划是统筹安排城市各类用地及空间资源，综合部署各项建设”。2000 年 3 月国务院办公厅印发的《关于加强和改进城乡规划工作的通知》(国办发〔2000〕25 号)，提出切实加强和改进规划编制工作，严格规范审批和修改程序，充分发挥城市详细规划对于优化城市土地资源配置和利用的调控作用。2008 年 1 月 1 日施行的城乡规划法第 30 条规定，“在城市总体规划、镇总体规划确定的建设用地范围以外，不得设立各类开发区和城市新区”。进一步强化了工业园区空间布局管控。2016 年 2 月，中共中央、国务院印发的《关于进一步加强城市规划建设管理工作的若干意见》，在“强化城市规划工作”中明确“加强空间开发管制，划定城市开发边界，根据资源禀赋和环境承载能力，引导调控城市规模，优化城市空间布局和形态功能，确定城市建设约束性指标”。

工业园区规划是统筹工业建设用地管理、促进园区经济发展的总开关，包括总体规划和详细控制性规划。工业园区总体规划应符合土地利用总体规划、城市总体规划，以产业发展规划为指导，明确园区总体布局，功能分区，各地块用地性质、建设强度、建筑密度、建设高度、绿地率、公共绿地面积等指标和要求。国家对工业园区规划没有明确的技术规定，一般采用城市规划编制技术规范。

（三）工业园用地计划调控制度

土地利用计划是根据土地利用总体规划和经济社会发展需要，对各类用地数量和时序作出的具体安排，可调控工业用地时序。1997 年 5 月，中共中央国务院印发的《关于进一步加强土地管理切实保护耕地的通知》（中发〔1997〕11 号），在"加强土地利用计划的管理"中提出"各项建设用地必须符合土地利用总体规划和城市总体规划，并纳入年度土地利用计划。年度土地利用计划实行指令性计划管理，一经下达，必须严格执行，不得突破"。根据 1988 年 12 月修订的土地管理法，1999 年 2 月原国土资源部发布了《土地利用年度计划管理办法》，旨在通过土地利用年度计划落实土地利用总体规划，控制农用地转用量，引导集约用地。2004 年 10 月，国务院印发的《关于深化改革严格土地管理的决定》（国发〔2004〕28 号），进一步强化土地利用计划的地位和作用，规定"未取得土地利用年度计划指标，不得通过建设项目用地预审，不得批准建设项目用地"。适应土地管理新形势的需要，原国土资源部于 2004 年 11 月发布修订的《土地利用年度计划管理办法》，进一步明确严格实行土地用途管制，合理控制建设用地总量，增强土地利用计划的整体调控功能。2006 年 8 月国务院出台了《关于加强土地调控有关问题的通知》（国发〔2006〕31号，简称31号文），进一步强化土地利用计划的重要性。作为31号文的配套文件，2006年11月原国土资源部发布了新修订的《土地利用年度计划管理办法》，将新增建设用地纳入年度计划控制指标，强化对新增建设用地的调控作用。2016年5月原国土资源部又发布了修订的《土地利用年度计划管理办法》，改革了土地利用计划编制和测算方法，实行3年滚动编制，分年度下达，地方可按照年度间相对平衡原则，提出分年度新增建设用地建议，并报原国土资源部审查核定，强化计划指标的监督考核。

二、工业项目空间用途管制

2003年7月国务院办公厅发布的《关于清理整顿各类开发区加强建设用地管理的通知》（国办发〔2003〕70号），明确加强对开发区建设用地集中统一管理，鼓励工业项目向依法设立的国家级和省级开发区集中。中国工业化进入园区工业化时代，工业企业主要在各级各类工业区园区集中发展。工业项目空间用途管制在工业园区规划管制的基础上，采用建设项目用地许可、用地审批、用地准入相结合的用途管制制度。

（一）建设项目用地许可制度

改革开放以来，工业项目用地许可经历了城市规划法确立的“两证”许可制度，到城乡规划法规定的“一书两证”许可制度的演变。1990年4月1日实施的城市规划法第31条和第32条规定，建设项目申请用地和建设需要由城市规划行政主管部门核准发放《建设用地规划许可证》《建设工程规划许可证》。2008年1月1日实施的城乡规划法在“两证”的基础上增加了《选址意见书》，建设项目用地申请“两证”制度发展成为“一书两证”用地许可制度。2015年4月修订的城乡规划法继续沿用了“一书两证”制度（见表5–1）。

表5–1 有关法律中建设项目用地规划许可制度变化

法律	实施时间	规划许可制度
城市规划法	1990年4月1日	在城市规划区内进行建设需要申请用地的，……，向城市规划行政主管部门申请定点，由城市规划行政主管部门……核发建设用地规划许可证 在城市规划区内新建、扩建和改建建筑物、构筑物、道路、管线和其他工程设施，……由城市规划行政主管部门根据城市规划提出的规划设计要求，核发建设工程规划许可证件
城乡规划法	2008年1月1日	需要有关部门批准或者核准的建设项目，以划拨方式提供国有土地使用权的，建设单位……向城乡规划主管部门申请核发选址意见书 在城市、镇规划区内以划拨方式提供国有土地使用权的建设项目，……建设单位应当向城市、县人民政府城乡规划主管部门提出建设用地规划许可申请，由城市、县人民政府城乡规划主管部门……核发建设用地规划许可证。以出让方式取得国有土地使用权的建设项目，……向城市、县人民政府城乡规划主管部门领取建设用地规划许可证 在城市、镇规划区内进行……建设的，建设单位或者个人应当向城市、县人民政府城乡规划主管部门或者省、自治区、直辖市人民政府确定的镇人民政府申请办理建设工程规划许可证
城乡规划法	2015年4月	需要有关部门批准或者核准的建设项目，以划拨方式提供国有土地使用权的，建设单位……向城乡规划主管部门申请核发选址意见书 在城市、镇规划区内以划拨方式提供国有土地使用权的建设项目，……建设单位应当向城市、县人民政府城乡规划主管部门提出建设用地规划许可申请，由城市、县人民政府城乡规划主管部门……，核发建设用地规划许可证。以出让方式取得国有土地使用权的建设项目，……向城市、县人民政府城乡规划主管部门领取建设用地规划许可证

续表

法律	实施时间	规划许可制度
		在城市、镇规划区内进行……建设的，建设单位或者个人应当向城市、县人民政府城乡规划主管部门或者省、自治区、直辖市人民政府确定的镇人民政府申请办理建设工程规划许可证

资料来源：作者整理。

（二）建设项目用地审批制度

建设项目用地审批制度由用地预审和用地审查制度构成。建设项目用地预审是土地管理法确立的基本管理制度之一，既是落实土地利用总体规划、严格土地用途管制的重要手段，也是基本建设管理程序的重要环节，属于控制建设项目用地的首道“闸门”。

2001 年 7 月《建设项目用地预审管理办法》（国土资源部令第 7 号）发布实施，明确了建设项目用地预审的原则和内容，初步建立了建设用地预审制度框架。《建设项目用地预审管理办法》第二条规定，“建设项目用地预审是指在建设项目可行性研究阶段，有关人民政府土地行政主管部门依法对建设项目涉及土地利用的事项进行的审查”。随着投资体制改革和土地管理制度完善的需要，《建设项目用地预审管理办法》分别于 2004 年 10 月、2008 年 11 月和 2016 年 11 月进行了修订（见表 5–2）。

建设项目用地报批制度是用地单位向市县人民政府提出用地申请，市县国土资源管理部门拟定“一书四方案”①，经同级人民政府

① “一书四方案”是指建设项目用地呈报说明书、农用地转用方案、补充耕地方案、征用土地方案、供地方案。由市、县国土资源行政主管部门根据有关材料编写，并逐级上报至有批准权的人民政府审批。

表 5-2　建设项目用地预审制度变化

发布时间	调整背景	文件	修订的主要内容
2004 年 10 月	《国务院关于深化改革严格土地管理的决定》印发，强调实行最严格的土地管理制度，严格控制建设用地增量，强化节约利用土地，从根本上解决圈占土地、乱占滥用耕地问题	《建设项目管理办法》（国土资源部令第 27 号）	对用地预审权限进行了调整，不再区分圈内、圈外，实行分级预审、同级审查；审查内容由 4 项调整为 5 项，增加了建设项目用地标准和总规模是否符合有关规定、建设项目需修改土地利用总体规划的规划修改方案应符合相关规定 2 项审查内容，取消了选址是否符合地质灾害防治规划 1 项审查内容； 明确用地预审意见是建设项目批准、核准的必备文件
2008 年 11 月	2007 年《国务院办公厅关于加强和规范新开工项目管理的通知》（国办发〔2007〕64 号）印发，用地预审与国家投资审批制度改革有关政策衔接需要加强	《建设项目管理办法》（国土资源部令第 42 号）	将备案类建设项目的用地预审从办理备案手续前调整到办理备案手续后； 增加了建设项目征地补偿费用安排情况审查，对矿山项目增加了土地复垦资金拟安排情况的审查； 对已批准项目建议书的审批类建设项目和备案类建设项目，增加地质灾害危险性评估和是否压覆重要矿产资源的审查
2016 年 11 月	国务院作出“简政放权、放管结合、优化服务”改革部署，要求审批事项该取消的取消、该下放的下放、该简化的简化，做到审批更简、监管更强、服务更优	《建设项目管理办法》（国土资源部令第 68 号）《关于改进和优化建设项目用地预审和用地审查的通知》（国土资规〔2016〕16 号）和《关于应用建	简化审查内容，7 项审查内容中仅保留是否符合土地利用总体规划、是否符合土地使用标准、是否符合供地政策 3 项，取消补充耕地方案、征地补偿费用和矿山项目土地复垦资金安排情况、是否开展地质灾害危险性评估和是否压覆重要矿产资源 4 项审查内容；

续表

发布时间	调整背景	文件	修订的主要内容
		设用地远程报批系统改进用地审查报批工作有关问题的通知》(国土资厅发〔2016〕48号)	将实践中比较成熟的对占用基本农田或者其他耕地规模较大的建设项目进行踏勘论证，以及对尚未颁布或突破土地使用标准的建设项目进行节地评价通过部门规章的形式确定下来；缩小了用地预审范围，不涉及新增建设用地，在规划确定的城镇建设用地范围内使用已批准的建设用地进行建设的项目，可以不进行用地预审；实现了用地预审远程申报，提高了用地预审的便捷性和透明度

资料来源：刘新平等：《建设项目用地预审制度变迁的理论逻辑、演化特征与路径选择》,《中国土地科学》2018 年第 3 期。

审核同意后，报上级国土资源管理部门审查，逐级上报有批准权的人民政府，经有批准权的国土资源管理部门会审，报同级人民政府批准。

为规范建设项目用地审批制度，1999 年 3 月原国土资源部发布了《建设用地审查报批管理办法》,旨在规范建设用地的申请、审查、报批和实施。第四条规定，“建设项目可行性研究论证时，建设单位应当向建设项目批准机关的同级土地行政主管部门提出建设用地预申请。受理预申请的土地行政主管部门应当依据土地利用总体规划和国家土地供应政策，对建设项目的有关事项进行预审，出具建设项目用地预审报告”。2010 年 11 月原国土资源部对《建设用地审查报批管理办法》进行了修改，第四条修改为“在建设项目审批、核准、备案阶段，建设单位应当向建设项目批准机关的同级国土资源主管部门提出建设项目用地预审申请。受理预审申请的国土资源主管部门应当依据土地利用总体规划、土地使用标准和国家土地供应政策，对建设项目的有关事项进行预审，出具建设项目用地预审意见”。本着简化建设用地预审审查内容，减少审批要件和提高审批效率的原则，原国土资源部于 2016 年 11 月发布了《关于改进和优化建设项目用地预审和用地审查的通知》，要求简化改进审查内容、优化流程，提高建设用地审批效率；强化事中事后监管，提升服务保障水平。

（三）工业项目用地准入制度

工业项目用地准入制度旨在明确工业用地准入条件和用地方式。主要包括国家制订的《限制供地项目目录》《禁止供地项目目录》《工业项目建设用地控制指标》，以及地方政府出台的工业用地准入及供地管理办法。

为建立国家土地供应政策与国家产业政策联动机制，根据《产业结构调整指导目录》和国家土地管理政策，原国土资源部和原国家经贸委于 1999 年 10 月首次发布了《限制供地项目目录》《禁止供地项目目录》（第一批）。结合《产业结构调整指导目录（2005 年版）》和国家土地供应政策调整，2006 年原国土资源部会同发展改革委发布实施了《限制用地项目目录（2006 年本）》《禁止用地项目目录（2006 年本）》。为贯彻落实关于抑制部分行业产能过剩和重复建设，2009 年原国土资源部又发布了《限制用地项目目录（2006 年增补本）》《禁止用地项目目录（2006 年增补本）》。根据《国家产业结构调整指导目录（2011 年版）》（国家发展改革委令第 9 号）和国家土地供应政策，原国土资源部和发展改革委联合发布了《限制用地项目目录（2012 年本）》《禁止用地目录（2012 年本）》。《禁止用地项目目录（2012 年本）》涵盖了农林业、煤炭、电力、石化化工等 17 个大类，从产业类型、生产工艺、产能、建设规模、用地类型及建筑用途等提出了禁止条件和相关规定，提高了产业用地准入门槛。

为切实加强土地供应环节对工业建设项目的用地管理，原国土资源部于 2004 年 11 月发布了《工业项目建设用地控制指标（试行）》，明确工业项目（单项工程）及其配套工程土地利用控制标准。控制指标由投资强度和用地空间效率（包括容积率、建筑系数、行政办公及生活服务设施用地所占比例）两类四项指标构成，属于强制性指标，作为工业园区招商引资的“门槛”，以及建设单位进行项目初步设计、土地管理部门审核建设项目用地规模的重要依据。2008 年 1 月，原国土资源部发布了《工业项目建设用地控制指标》（国土资发〔2008〕24 号），控制指标在投资强度、容积率、建筑系数、行政办公及生活服务设施用地所占比重的基础上，增加了绿地率指标，形成了由五项指标构成控制指标体系。在工业项目审批、用地预审和供地审查时，依据规定的行业、产业用地控制指标及单位面积的投资强度等因素，综合确定工业项目供地数量。坚持工业项目供地量与项目投资额、产出效益等指标挂钩。

综上所述，改革开放 40 年来，城市工业区用途管制经历从无到有，从微观项目审批管理到宏观、中观规划管控和微观审批相结合的发展历程，实现了质的飞跃。但随着工业化和城镇化进程的加快，城市工业区用途管制已难以适应新形势的需要，特别是早期兴建的工业园区规划编制审批制度不严，园区工业项目土地供应后用途监管不足和管制执法“软与难”，工业用地占比过高、闲置土地难以收回和用地效率不高等问题较为突出。由于工业用地企业拥有长达 50

年的土地使用权，工业用地退出和用途转用机制尚未建立，工业园区存量土地闲置或低效利用与增量用地严重不足并存问题凸显。为此，迫切需要强化规划管控、计划调控的刚性约束，加强工业区用地事中事后监管，缩减工业用地出让年限，加快建立工业用地用途转用许可制度。

第二节　城市分区用途管制制度政策演变

改革开放以来，城市规划在引导和控制城市空间发展及城市建设活动方面发挥了重要作用。但是，随着中国城镇化的快速发展，各种城市空间问题逐渐显现，原有的计划式、引导式规划已经不能适应当前的发展局势，空间管制成为对有限的城市空间资源进行调控和管理的手段。空间管制主要是通过采取建立空间准入机制、划定不同功能区域等差异化空间管制手段，引导和配置城市空间资源，优化城市空间结构、促进城市经济高效增长、保护公共利益，其核心理念是空间分区与政策差异化。

一、城市政策分区管制

改革开放之后，为了适应不断加快的城市建设，城市规划法制化建设逐步完善，城市分区用途管制制度和政策越来越受到重视。

1980 年，原国家建委发布了《城市规划编制审批暂行办法》和《城市规划定额指标暂行规定》。1984 年，国务院颁布了中国第一部规划领域的行政法规——《城市规划条例》。1989 年，中国颁布第一部规划领域的国家法律——《中华人民共和国城市规划法》，通过法律规定了城市规划主体和程序，奠定了中国城市规划法规体系的基本架构。城市规划法以定额指标的形式规定了城市空间管制，包含了人口规模、人均用地、居住区定额、道路分级和宽度、城市公共绿地等内容，初步规范了城市空间管制的主要指标，并且以法定文件的形式赋予其法律效力，但具体指标还比较宽泛，有待进一步细化。

进入 20 世纪 90 年代后，围绕国家城市规划法，各级立法机构相继颁布并实施与之配套的大量部门规章、地方性法规、政府规章以及技术标准。1998 年，原建设部出台的《关于加强省域城镇体系规划工作的通知》第一次提出“空间管制”的概念。原国土资源部、环保部等其他部门也相继出台了土地管理法、环境保护法、文保法等相关法律，均涉及城市空间管制相关内容，这些法律法规逐步构建起了国家城市空间用途管制制度体系框架。

进入 21 世纪后，中国城镇化进程的速度明显加快，城乡建设形势的变化要求不断完善城市规划体系，为此，国家又相继出台了包括《村镇规划编制办法》《近期建设规划工作暂行办法》等法规。2000 年，原建设部出台的《县域城镇体系规划编制要点》将城镇空间资源的合理有效利用作为主要内容，出台了多项空间管制措施。2006 年，原建设部又颁布了《城市规划编制办法》，明确提出城市空间管制的原则和措施，进一步为城市空间管制具体实施提供了依据，标志着城市空间管制制度得到进一步完善。其中，《城市规划编制办法》第 29 条明确指出“城市市域城镇体系必须在城市规划区划定禁建区、限建区和适建区范围”，第 31 条明确指出“在中心城区规划中应划定禁建区、限建区、适建区和已建区范围”，并制定相应空间管制措施。2008 年，中华人民共和国第 74 号主席令，公布了由全国人大审议通过的城乡规划法，提出要划定“禁止、限制和适宜建设的地域范围”，这进一步明确了城市空间管制规划的法律依据，提高了规划成果的法律效力。与此同时，国家各部委也相继制定与发布专项技术标准，为城镇体系规划、城市控规、历史保护规划等各类型城市规划提供了更加详细明确的法律依据，促使城市空间管制制度不断完善。

总的来看，中国城乡规划法规体系总体上保持传承性关系，并适应不同时期的需要而不断细化和完善。

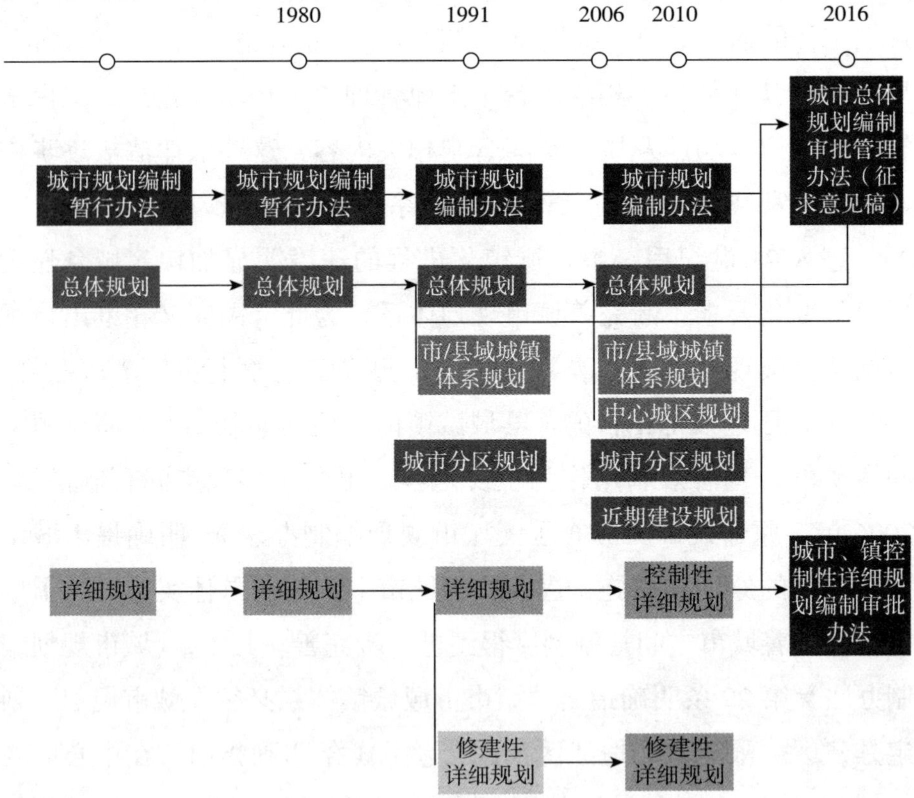

1980 1991 2006 2010 2016

城市规划编制暂行办法
城市规划编制暂行办法
城市规划编制办法
城市规划编制办法
城市总体规划编制审批管理办法（征求意见稿）

总体规划
总体规划
总体规划
总体规划

市/县域城镇体系规划
市/县域城镇体系规划
中心城区规划

城市分区规划
城市分区规划

近期建设规划

详细规划
详细规划
详细规划
控制性详细规划
城市、镇控制性详细规划编制审批办法

修建性详细规划
修建性详细规划

图 5–1　中国城市规划制度政策演变

资料来源：汪越、谭纵波、高浩歌等：《中国城乡规划法规与标准体系的演变研究》，中国城市规划年会，2017 年。

二、城市建设分区管制

城市建设分区管制是在对城市规划区各要素综合评价基础上，划定不同分区并制定配套的空间管制政策，实施城市建设的空间差异化管理。城市空间管制可以分为城市总体规划中的“区域”和“中心城区”两个层面，由于这两个层面具有不同的性质，所以城市建设上需要制定针对性的管制目标。从“区域”层面来看，由于其正处于大范围地快速城镇化阶段，空间管制目标是明确划分农村农业的控制边界，明确划分城镇建设用地的扩建边界，合理有效安排城镇拓展空间。从“中心城区”层面来看，作为城市建设的核心区域，其空间管制目标是控制土地建设容量和使用效益。

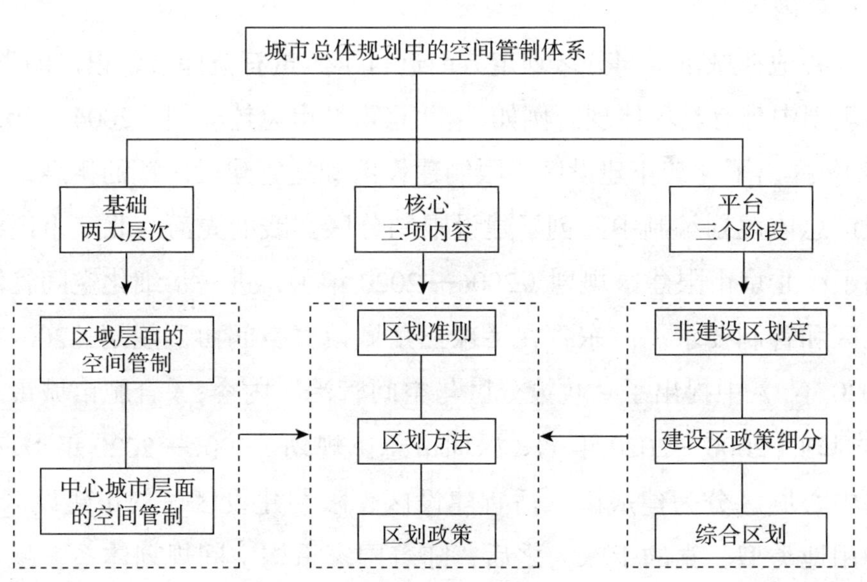

图 5-2 空间管制体系架构图

资料来源：张晓峰：《城市总体规划中的空间管制体系建构研究》，《中国标准化》2017年第8期。

从“区域”和“中心城区”这两个尺度层面，国家各部委颁布实施了诸多法规，以明确空间管控目标、内容和措施。2002 年，原建设部颁布实施了《城市规划强制性内容暂行规定》，明确将“省域内必须控制开发的区域”和“市域内必须控制开发的区域”作为省域城镇体系规划和城市总体规划的强制性内容。2006 年，《城市规划编制办法》明确提出中心城区也要进行空间管制规划，并首次提出了城市“四区”的概念，即按建设适宜性将城市划分为禁建区、限建区、适建区和已建区。但《城市规划编制办法》未对“四区”的具体内涵进行阐述。2008 年，在《中华人民共和国城乡规划法》中提出城市总体规划和镇总体规划中要明确“禁止、限制和适宜建设的地域范围”。至此，城市“四区”划定已成为城市总体规划编制的重要内容。

各地在城市空间分区划定方面进行了大量有益探索，很多的省、市规划中都有具体体现。例如，《北京市城市总体规划（2004—2020 年）》提出了“禁止建设区、限制建设区和适宜建设区”的概念，在城市总体规划编制中开创了建设限制分区实践的先河。北京市还编制了《北京市限建区规划（2006—2020 年）》，进一步细化空间管制地区和管制要求。广东省在《珠三角城镇群空间协调规划（2004—2020 年）》中提出了“政策分区与空间管治”内容；《合肥市城市总体规划（2006—2020 年）》《深圳市总体规划（2007—2020 年）》都将中心城区分为建成区、适宜建设区、限制建设区、禁止建设区 4 种用地类型。党的十八大之后，随着国家重构空间规划体系，越来越重视通过划定城市增长边界，科学引导城市在合理空间节约集约的高效发展，防止城市无序蔓延与扩张。

表 5-3　城市规划中“四区”范围和管制要求

四区	范围和管制要求
禁止建设区	禁止建设区是范围依法确定、区内严格禁止城镇建设及与限建要素无关的建设行为的地区。按照国家规定需要有关部门批准或者核准的、以划拨方式提供国有土地使用权的建设项目，确实无法避开禁止建设区的，必须经法定程序批准，必须服从国家相关法律法规的规定与要求
限制建设区	限制建设区是范围依法或由城乡规划确定、区内原则上禁止城镇建设的地区。按照国家规定需要有关部门批准或者核准的建设项目在控制规模、强度下经审查和论证后方可进行
适宜建设区	适宜建设区是范围应在城乡规划确定的空间增长边界或规划建设用地内、城镇建设应依照城乡规划进行的地区。建设用地总量必须严格执行土地利用规划要求，贯彻保护耕地的国策
已经建设区	已经建设区是已有的城镇建设用地地区

资料来源：彭小雷、苏洁琼、焦怡雪等：《城市总体规划中“四区”的划定方法研究整理》,《城市规划》2009 年第 2 期。

三、城市“四线”管制

改革开放后，中国创新性地提出了城市“四线”管理制度，在城市中心城通过划定“四线”引导城市在合理的空间有序开发。城市“四线”是指：紫线——划定历史文化街区、历史建筑保护范围，保护历史建筑、历史文化街区等历史文化资源；绿线——划定城市各类绿地范围的控制线，加强城市生态环境建设，创造良好的人居环境，促进城市可持续发展；蓝线——划定河流、湖泊等水面保护控制线；黄线——划定市政基础设施、公共服务设施控制线，同时制定相应的空间管制措施。

（一）城市“四线”管制制度发展历程

在 2002—2005 年间，原建设部分别出台了《城市绿线管理办法》

《城市紫线管理办法》《城市黄线管理办法》《城市蓝线管理办法》(简称城市“四线”管理办法),突出了对城市重要公共性用地的保护和管制要求。“四线”管理办法的实施对改善城市生态和人居环境、加强历史文化遗产保护、管理城市基础设施、水系等起到了积极作用。

2008年,城乡规划法进一步对“四线”的划定和管理提出明确要求,规定城市基础设施和公共服务设施用地、水源地和水系、基本农田和绿化用地、环境保护、历史文化遗产保护等作为城乡规划的强制性内容。此外,国家相关部委也陆续出台了一些法律法规,对“四线”划定和管理做出配套规定,如2004年修改的土地管理法、2006年起实施的《风景名胜区条例》、2008年起实施的《历史文化名城名镇名村保护条例》中都有关于“四线”划定方法、管制手段等规定和要求。

表5–4 现行城市“四线”管理的法律依据及管制范围

名称	法律依据	管制范围
城市绿线管理	城市规划法 城市绿化条例	按行政建制设立的直辖市、市、镇的各类绿地范围
城市紫线管理	城市规划法 文物保护法	国家历史文化名城内的历史文化街区和省、自治区、直辖市人民政府公布的历史文化街区的保护范围,历史文化街区外经县级以上人民政府公布保护的历史建筑的保护范围
城市黄线管理	城市规划法	对城市发展全局有影响的、城市规划中确定的、必须控制的城市基础设施用地的控制范围
城市蓝线管理	城市规划法 水法	城市规划确定的江、河、湖、库、渠和湿地等城市地表水保护和控制范围

资料来源:张舰:《对完善城市“四线”管理办法的思考与建议》,中国城市规划年会,2014年。

（二）关于“四线”的实施管理

实施城市“四线”管理是实现城市分区用途管制的重要手段之一，是为了改善城市人居生态环境，提升城市功能，促进城市健康、协调和可持续发展。城市“四线”管理办法分别提出了对“四线”的管理目标，并且分别规定了管理主体、约束对象及管理内容，自上

表 5-5　现行城市“四线”的管理体系

名称	管理主体	约束对象	管理内容
城市绿线管理	国务院和省、自治区人民政府建设行政主管部门，以及城市人民政府城市规划和园林绿化行政主管部门	城市绿线范围内的绿地建设、土地利用和其他相关活动	编制城市绿地系统规划，城市绿线的审批、调整和公示，城市绿线管理实施的监督检查，违法处罚
城市紫线管理	国务院和省、自治区人民政府建设行政主管部门，以及市、县人民政府及其城乡规划行政主管部门和规划监督员	对历史文化街区的整治和更新，城市紫线范围内新建、改建，对保护建筑物、构筑物和其他设施进行修缮、维修及改变使用性质行为	编制历史文化名城和历史文化街区保护规划，城市紫线的划定、审批、调整、撤销和公示，对紫线内新建、改建、修缮和维修行为以及改变建筑物、构筑物的使用性质等行为的监管，违法处罚
城市黄线管理	国务院建设主管部门，以及县级以上地方人民政府建设（城市规划）主管部门	城市黄线内的建设、迁移、拆除和土地占用行为	城市黄线的划定、修改和审批，对黄线内建设、临时占用土地行为的监管，违法处罚
城市蓝线管理	国务院建设主管部门，以及县级以上地方人民政府建设（城市规划）主管部门	城市蓝线线内的建设、迁移、拆除和土地占用行为	城市蓝线的划定、修改和审批，对蓝线内建设、临时占用土地行为的监管，对城市蓝线管理情况进行监督检查，违法处罚

资料来源：张舰：《对完善城市“四线”管理办法的思考与建议》，中国城市规划年会，2014 年。

而下建立了相对完整的城市“四线”管理体系。其中，城市绿线规划管理的主要目标是加强城市生态环境和人居环境建设；城市紫线规划管理的主要目标是加强对城市历史文化街区和历史建筑的保护；城市黄线规划管理的主要目标是加强城市基础设施用地管理；城市蓝线规划管理的主要目标是加强对城市水系的保护与管理，保障城市供水、防洪防涝和通航安全。

目前全国各地已有大量城市编制了“四线”规划，城市总体规划中已经普遍体现出“四线”管理的思想，控制性详细规划中“四线”划定已经成为必要内容。

第三节　管控城市无序扩展

长期以来，我国城市发展不平衡不充分问题突出。一方面，城市粗放式增长的现象仍比较普遍；另一方面，城乡发展不平衡，资源向城市的集中，形成了城市和农村二元结构。城市空间管制是随着城市扩张与发展逐渐出现的一种理念，城市空间管制对于保障城市生态安全，构建人居环境安全格局，优化国土空间开发格局等都具有重要意义。

一、构建城乡统一空间管制制度

改革开放以来，中国城乡经济出现了较为严重的两极分化现象，城乡差距不断扩大。要实现城乡协调发展，必须对城乡各地区现状、优势和问题有一个科学认识，通过客观分析和评价规划各区域的核心优势、比较优势和区位优势，从而提高了开发建设决策的科学性。

国家为此开展了一系列改革，城乡统一空间管制制度就是其中的重要内容，通过城乡统一空间管制制度有利于科学合理配置城乡空间资源，缩小城乡差距。

2002 年，党的十六大工作报告中首次提出“城乡统筹发展”的思想，并作为科学发展观的重要内容。为了加强城乡规划管理，协调城乡空间布局，改善人居环境，促进城乡经济社会全面协调可持续发展，中国将城市规划法修改完善为城乡规划法，2007 年 10 月 28 日，第十届全国人民代表大会常务委员会第三十次会议通过《中华人民共和国城乡规划法》。城乡规划法明确指出统筹城乡经济社会发展，实现城市和农村经济发展相互促进，朝着城乡经济一体化的方向发展。

2014 年 11 月发展改革委、原国土部、环保部和住建部四部委联合下发《关于开展市县“多规合一”试点工作的通知》，提出全国 28 个市县开展“多规合一”试点。从“多规合一”的视角将城乡空间融合成一本规划、一张蓝图，解决现有规划自成体系、内容冲突、缺乏衔接等突出问题。

2018 年，根据党的十九大和十九届三中全会部署，国务院进行机构改革，新组建自然资源部，并将分散于发改、国土、住建等部门的主体功能区规划、土地利用总体规划和城乡总体规划等职能整合到自然资源部，这体现了生态文明建设的客观要求和以国土空间规划体系整合为目标的改革思路。

二、强化城市生态空间用途管制

随着中国“摊大饼”式的城市开发建设，建设用地不断蚕食生态用地，城市生态系统服务功能不断降低，城市生态环境赤字严重。

按照世界卫生组织的标准，中国90%的城市空气质量超标，中国7大水系劣V类水质监测断面占20.8%。

为此，中国政府在提高城市生态环境质量方面做了积极努力，建立各级自然保护区、森林公园、风景名胜区等保护区，努力构建区域生态安全格局。2011年11月，《国务院关于加强环境保护重点工作的意见》(国发〔2011〕35号)中首次在国家层面提出“生态红线”概念；在2012年11月，党的十八大提出大力推进生态文明建设，形成节约资源和保护环境的空间格局；2014年4月，颁布了最新的《中华人民共和国环境保护法》，首次将生态保护红线写入法律。2014年3月，中共中央、国务院印发的《国家新型城镇化规划（2014—2020年）》中，明确合理划定生态保护红线，扩大城市生态空间，增加森林、湖泊、湿地面积，将农村废弃地、其他污染土地、工矿用地转化为生态用地，在城镇化地区合理建设绿色生态廊道。

随着生态文明建设的推进，中国也涌现出很多城市生态空间用途管制的先进模式，城市“绿心”是其中一种重要的城市生态空间用途管制模式。“绿心”作为城市系统主要的生态空间，有利于遏制城市蔓延、防止城市“摊大饼”式扩张模式，有助于缓解城市热岛效应、涵养水源、保持水土、保护生物多样性，改善人居环境和实现城市可持续发展，成为一种新的城市规划理念和城市结构模式。长株潭城市群“绿心”就是其中的典型案例。

案例5-1：长株潭城市群“绿心”地区实施分区管制

长株潭城市群“绿心”位于呈品字形布局的长株潭三市中心位置，涉及长株潭3市14个县（市区），绿心面积522平方公里，人口26万人。自2003年《长株潭城市群区域规划（2005—2020年）》

正式提出绿心概念以来，经过10多年的努力和探索，绿心建设成为长株潭城市群重要的生态屏障，也是长株潭两型社会建设的重要标志。

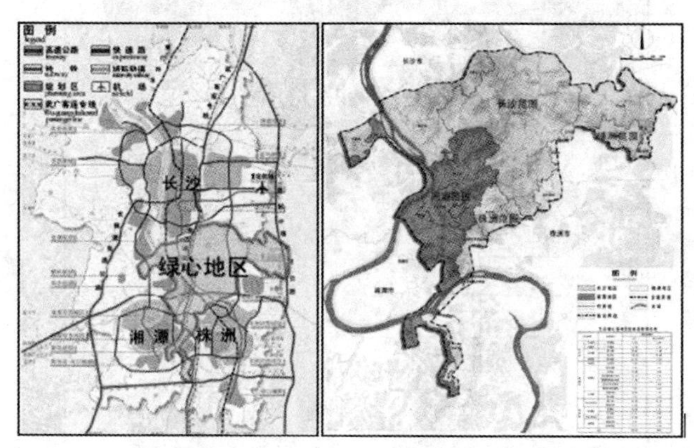

图5-3　长株潭城市群绿心地区的区位图

根据《绿心规划》和《绿心保护条例》，湖南省将绿心地区划分为禁止开发区、限制开发区、控制建设区三种区域类型（见图5-4），分类管控。其中禁止开发区面积263.69平方公里，限制开发区面积198.56平方公里，控制建设区面积60.62平方公里，分别占绿心地区总面积的50.43%、37.98%和11.59%。禁止开发区内以生态修复、生态服务为主，只能从事生态建设、景观保护、土地整理和必要的公益设施建设，严禁其他项目建设；限制开发区只能发展高端、低碳的一、三产业，禁止发展第二产业；控制建设区采取发展提升策略，以解决绿心地区禁止开发区内原住民的外迁、居住、生活和就业问题。通过实施分区空间管制，划定了绿心地区的管制红线，明确了各类空间的发展方向和管制要求，优化了空间开发格局。

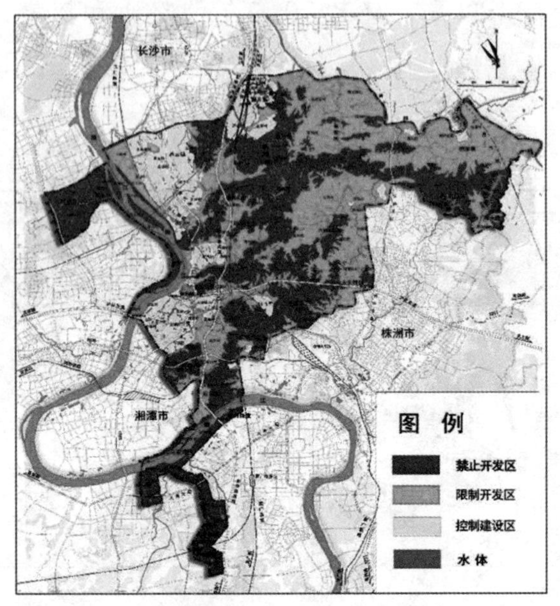

图 5-4 长株潭城市群绿心地区分区管制图

资料来源：滕飞、李忠、卢伟：《建设生态绿心打造绿色城市群》，《中国经贸导刊》2016 年第 12 期。

三、增强城市功能分区管制

紧扣中央生态文明体制改革要求，科学设置“生存线”“生态线”“保障线”，优化制度构架和各级政府权责，统筹城市“四区四线”管控需要，加快用途管制从单一的平面化管理向立体管理转变。

（一）推进城市功能区分区管制

对于适宜建设区与较适宜建设区，应在不违背国家法律、法规的基础上，适当放宽人口和产业的管制约束，适当扩大用地供给和环境容量的指标分配，拓展发展空间，促进其加快工业化和城市化发展。承接人口转移和产业转移。推动传统工业绿色转型，积极发展新型工业，以核心技术、关键技术研发为着力点，增强产业自主创新能力，提高行业集中度。优化资源要素配置，推进高效集约开发。同时，要有效防范环境风险，提高资源环境综合承载能力，改善人居环境。

对于限制建设区，要提高项目准入门槛，调整优化产业结构，着力推动绿色循环低碳发展。严格土地控制，促进集中布局、集约利用，形成集约、智能、绿色、低碳的城市空间发展路径。

禁止建设区对应极其重要的生态功能保护区，多是依法设立的各级各类自然文化资源保护区域，需要特殊保护。通过完善管控措施、考核目标加强管理。

（二）积极完善配套政策

国家综合运用法律、经济、行政、科技等多种手段，从制度建设、组织协调、规范管理、宣传教育等多方面，探索研究与城乡统一空间管制相关的保障政策，在资金、人才、用地、创新和成果转化等各方面制定具体的政策措施，通过政策引导，优化城乡人口、产业布局和生态保护。例如，建立了以促进农民工市民化为核心的人口迁移政策；完善城乡建设用地增减挂钩土地政策；健全引导集约发展的城乡规划和管理政策。

第六章　大中小城市和小城镇协调发展

改革开放 40 年来，中国政府根据本国国情和不同时期经济社会发展形势变化，对城镇化发展实施了从控制大城市规模到积极发展小城镇、再到大中小城市和小城镇协调发展的一系列改革探索，走出了一条具有中国特色的城镇化发展道路，有效促进了中国城镇化的健康有序发展。

第一节　大城市规模控制政策的演变

改革开放以来，在城镇化建设的不断实践中，中国政府对城市规模的认识不断加深并日趋理性客观，大城市规模控制的政策也经历了由 20 世纪 80—90 年代延续并坚持控制或严格控制大城市规模转变为 21 世纪以来重视发挥大城市辐射带动作用、强调依托特大城市构建城市群、推进城镇化建设和带动区域发展的过程。在这个过程中，大城市极大推动了中国城镇化建设，其在中国城镇规模体系中的地位也得到巩固和强化。

一、20 世纪 80—90 年代的城市规模控制方针

（一）城市规模控制方针的提出

新中国成立以来，出于对国际政治安全严峻形势的估计及城市基础设施限制，中国城市建设强调控制大城市、发展小城镇和分散布局。改革开放初期，受计划经济时期城市建设思想影响，同时为了缓解生育高峰、知青返城等因素叠加导致的就业压力和防控部分城市基础设施严重欠账、住房严重短缺、环境污染不断加重等“城市病”问题，中国政府采取了控制大城市规模的城市发展方针（见表 6–1）。

表 6–1　20 世纪 80—90 年代中国大城市规模控制相关文件及方针政策

年份	政策文件	方针政策
1978	《关于加强城市建设工作的意见》（中发〔1978〕13 号）	控制大城市规模，多搞小城镇
1980	《全国城市规划工作会议纪要》（国发〔1980〕299 号）	控制大城市规模，合理发展中等城市，积极发展小城市
1982	《中华人民共和国国民经济和社会发展第六个五年计划（1981—1985）》	认真执行控制大城市规模，合理发展中等城市，积极发展小城市的方针
1986	中华人民共和国国民经济和社会发展第七个五年计划（摘要）	继续贯彻执行“控制大城市规模，合理发展中等城市，积极发展小城市”的方针，切实防止大城市人口规模的过度膨胀，有重点地发展一批中等城市和小城市
1989	《中华人民共和国城市规划法》	严格控制大城市规模、合理发展中等城市和小城市的方针
1991	《中华人民共和国国民经济和社会发展第八个五年计划纲要（1991—1995）》	严格控制大城市规模、合理发展中等城市和小城市

续表

年份	政策文件	方针政策
1994	《中国21世纪议程》	适当控制大城市人口增长过快的势头，发展大城市的卫星城市；积极适当发展中小城市；大力发展小城镇

注：作者整理。

1978年3月，国务院在北京召开第三次全国城市工作会议，讨论城市建设的一系列方针、政策和关键问题，并形成了《关于加强城市建设工作的意见》（中发〔1978〕13号）文件。该文件明确提出了“控制大城市规模，多搞小城镇”的城市建设和发展工作基本思路，标志着中国城市建设进入新的历史发展阶段。值得一提的是，该文件还明确指出，“控制大城市规模，主要是控制市区的人口和用地，而绝不是控制生产和各项事业的发展”。

整个20世纪80年代，中国政府对大城市规模的控制力度不断加大。1980年10月，国家建委在北京召开了全国城市规划工作会议。同年12月，国务院批转了《全国城市规划工作会议纪要》（国发〔1980〕299号），明确指出“控制大城市规模，合理发展中等城市，积极发展小城市，是我国城市发展的基本方针”。1989年12月26日，中国在城市建设及规划领域首部法律——《中华人民共和国城市规划法》正式颁布，首次以法律形式明确了城市发展方针。该法律文件将城市发展方针从原先的“控制大城市规模”调整为“严格控制大城市规模”，明确指出“国家实行严格控制大城市规模、合理发展中等城市和小城市的方针，促进生产力和人口的合理布局”。

进入20世纪90年代，随着社会主义市场经济体制的建立，中国政府开始对城市发展政策进行调整，但仍局限在控制大城市规模的范畴。《中华人民共和国国民经济和社会发展第八个五年计划纲要（1991—1995）》指出，“城市发展要坚持实行严格控制大城市规模、合理发展中等城市和小城市的方针”。与此同时，该时期中国城市建设和发展进入迅速发展阶段，城市特别是大城市在国家及地区社会经济发展中的地位及作用日益突出，中国政府开始对城市发展以及其与区域经济发展的联系有了更加客观正确的认识。以邓小平同志发表南方谈话为标志，中国国内经济体制改革进入新的历史时期，中国特色社会主义市场经济体制逐步确立，这种情况下试图像计划经济时期依靠行政手段控制大城市规模已经变得不太现实。1994 年 3 月，中国政府发布《中国 21 世纪议程——中国 21 世纪人口、环境与发展白皮书》，其中对城市发展方针进行调整，提出要“适当控制大城市人口增长过快的势头，发展大城市的卫星城市；积极适当发展中小城市；大力发展小城镇”。

（二）主要政策及举措

这一时期，特别是 20 世纪 80 年代，由于市场经济体制尚不健全，政府主要通过对城市规划、城市户籍、产业项目布局行政调控，来限制大城市及特大城市规模的扩张。

1. 城市规划控制。1978 年，中共中央《关于加强城市建设工作的意见》指出，要认真抓好城市规划工作，大中城市和重点建设的小城镇都要做出城市规划，并强调城市规划要实行分级审批。20 世纪 90 年代初，《中华人民共和国城市规划法》的颁布实施进一步确立了城市规划的法定地位，并将城镇体系规划纳入法定规划框架内。该法律明确规定，直辖市、省会（首府）城市、城市人口 100 万以上城市及国务院规定的其他城市的总体规划须报国务院审批。因此，依托城市规划法制框架，中国各级政府可以通过审批各城市总体规划，对城市人口和建设用地规模进行规划目标控制。1996 年 5 月，国务院进一步发布《关于加强城市规划工作的通知》，要求各地切实节约和合理利用土地，严格控制大城市规模；同时，明确制定非农业人口 50 万以上大城市的总体规划须报国务院审批，其城市人口和建设用地规模须先报国家有关主管部门核定。

2. 城市户籍调控。改革开放以来，中国城市人口规模的增长主要源于流动人口迁入导致的机械增长。为控制大城市特别是特大城市规模扩张，政府对大城市一直都采取严格的人口迁入政策，通过户籍政策和行政办法对进入大城市的常住居民进行严格审批。以上海市为例，1980 年以来，除了允许部分特殊人群如支内支边返沪人员、部分优秀高校毕业生、引进的各类专业技术人才等户口迁入，上海的"农转非"指标一直控制在 1.5‰—2‰之间；20 世纪 90 年代，上海户口政策有所松动，先后实行《上海市蓝印户口管理暂行规定》《上海市单位使用和聘用外地劳动力管理暂行规定》等，其面向人群需要满足种种限制条件，一般外来人口仍属于"严格限制"的范畴。

3. 产业项目布局调控。产业项目是人口发展依托的重要载体，通过对产业项目布局的行政调控可以控制城市规模。早在 1980 年，为控制大城市及特大城市发展，《全国城市规划工作会议纪要》就指出，"今后，大城市和特大城市，原则上不要再安排新建大中型工业项目。在特大城市和大城市周围有计划地建设卫星城。把少数确需安排在大城市的新建项目和需从市区迁出的工厂放到卫星城区"。20 世纪 90 年代以来，大城市郊区化快速推进，各大城市纷纷掀起了中心城区"退二进三""退居进商"的热潮，并采取行政搬迁、土地置换、设置准入和退出标准等方式，引导中心城区产业向外疏散。

二、21 世纪以来城市规模政策的调整

（一）大城市及特大城市发展思路的调整

进入 21 世纪后，随着农业生产力水平的提高以及工业化、城镇化进程的加快，城市群在国家经济发展中的作用越来越突出。考虑到特大城市及大城市在促进城市群建设中的重要作用，中国政府对特大城市及大城市规模控制政策进行了从逐步放宽到再收紧的调整。

世纪之交，中国逐步确立了大中小城市和小城镇协调发展的基本方向，不再强调大城市规模控制的方针。2001 年 3 月，《中华人民共和国国民经济和社会发展第十个五年计划纲要》审议通过，明确指出“我国推进城镇化的条件已渐成熟，要不失时机地实施城镇化战略”，首次将城镇化战略提高到国家战略的高度，同时强调“推进城镇化要遵循客观规律，与经济发展水平和市场发育程度相适应，循序渐进，走符合我国国情、大中小城市和小城镇协调发展的多样化城镇化道路，逐步形成合理的城镇体系”，“发挥大城市的辐射带动作用，引导城镇密集区有序发展”，“防止盲目扩大城市规模”。2002 年 11 月，中国共产党第十六次全国代表大会召开，十六大报告明确指出，“要逐步提高城镇化水平，坚持大中小城市和小城镇协调发展，走中国特色的城镇化道路”。2007 年 10 月 28 日，《中华人民共和国城乡规划法》正式颁布，废除了原《中华人民共和国城市规划法》第四条中关于城市发展方针的规定，未涉及城市规模控制有关内容。

此后，随着城市群经济迅猛发展，中国政府在坚持大中小城市

和小城镇协调发展的基础上，进一步提出要把城市群作为推进城镇化的主体形态，并确立了特大城市及大城市在城市群建设中的龙头地位。2006 年 3 月，《中华人民共和国国民经济和社会发展第十一个五年规划纲要》审议通过，明确提出要把城市群作为推进城镇化的主体形态，同时强调“具备城市群发展条件的区域，要加强统筹规划，以特大城市和大城市为龙头，发挥中心城市作用，形成若干用地少、就业多、要素集聚能力强、人口分布合理的新城市群”。之后，中共十七大报告及“十二五”规划纲要都延续了这一政策导向，强调要以特大城市或大城市为依托，逐步形成辐射作用大的城市群。

但随着城镇化战略的实施，中国在快速城镇化过程中也积累了一些突出矛盾及问题，如特大城市和大城市出现过度膨胀发展，同时中小城市竞相向大城市跻身发展，“城市病”问题突出。在上述背景下，中央城镇化工作会议于2013年12月12日至13日在北京召开。该会议指出，要“合理确定大城市落户条件，严格控制特大城市人口规模”。之后，这一政策导向在《中共中央关于全面深化改革若干重大问题的决定》《国家新型城镇化规划（2014—2020 年）》等此后印发的一系列政策文件和规划中得到延续。

表 6–2　21 世纪以来关于大城市发展有关政策文件

年份	政策文件	主要内容
2001	《中华人民共和国国民经济和社会发展第十个五年计划纲要》	发挥大城市的辐射带动作用，引导城镇密集区有序发展。防止盲目扩大城市规模
2002	中国共产党第十六次全国代表大会报告	坚持大中小城市和小城镇协调发展，走中国特色的城镇化道路

续表

年份	政策文件	主要内容
2006	《中华人民共和国国民经济和社会发展第十一个五年规划纲要》	特大城市要从调整产业结构的源头入手，形成用经济办法等控制人口过快增长的机制。 要把城市群作为推进城镇化的主体形态……具备城市群发展条件的区域，要加强统筹规划，以特大城市和大城市为龙头，发挥中心城市作用，形成若干用地少、就业多、要素集聚能力强、人口分布合理的新城市群
2007	中国共产党第十七次全国代表大会报告	以增强综合承载能力为重点，以特大城市为依托，形成辐射作用大的城市群，培育新的经济增长极
2011	《中华人民共和国国民经济和社会发展第十二个五年规划纲要》	以大城市为依托，以中小城市为重点，逐步形成辐射作用大的城市群，促进大中小城市和小城镇协调发展。 优化服务业发展布局，推动特大城市形成以服务经济为主的产业结构。 特大城市要合理控制人口规模。 防止特大城市面积过度扩张。预防和治理“城市病”
2013	《2013 中央城镇化工作会议公报》	全面放开建制镇和小城市落户限制，有序放开中等城市落户限制，合理确定大城市落户条件，严格控制特大城市人口规模
2013	《中共中央关于全面深化改革若干重大问题的决定》	合理确定大城市落户条件，严格控制特大城市人口规模
2014	《国家新型城镇化规划（2014—2020 年）》	以合法稳定就业和合法稳定住所（含租赁）等为前置条件，……，合理放开城区人口 100 万—300 万的大城市落户限制，合理确定城区人口 300 万—500 万的大城市落户条件，严格控制城区人口 500 万以上的特大城市人口规模。……。特大城市可采取积分制等方式设置阶梯式落户通道调控落户规模和节奏。 特大城市要适当疏散经济功能和其他功能。 推动特大城市和大城市形成以服务经济为主的产业结构。 推动特大城市中心城区部分功能向卫星城疏散。 有效控制特大城市新增建设用地规模

续表

年份	政策文件	主要内容
2014	《国务院关于进一步推进户籍制度改革的意见》（国发〔2014〕25号）	合理确定大城市落户条件。严格控制特大城市人口规模
2016	《中华人民共和国国民经济和社会发展第十三个五年规划纲要》	深化户籍制度改革……推广专业技术职称、技能等级等同大城市落户挂钩做法。大中城市不得采取购买房屋、投资纳税、积分制等方式设置落户限制。超大城市和特大城市要以具有合法稳定就业和合法稳定住所（含租赁）、参加城镇社会保险年限、连续居住年限等为主要条件，实行差异化的落户政策。强化地方政府推动农业转移人口市民化主体责任。 超大城市和特大城市要加快提高国际化水平，适当疏解中心城区非核心功能，强化与周边城镇高效通勤和一体发展，促进形成都市圈。大中城市要加快产业转型升级，延伸面向腹地的产业和服务链，形成带动区域发展的增长节点

注：作者整理。

（二）主要政策及举措

为适应城镇化发展的新形势新要求，中国政府对大城市及特大城市规模划分标准进行了调整，同时有针对性地推进城市落户政策的改革。此外，随着市场经济日趋完善，中国政府还开始强化经济手段，通过产业政策引导及功能疏解等加强对大城市人口规模增长的管控。

1. 调整城市规模划分标准。为满足城市规划管理需要，政府一开始就对城市人口规模标准做了规定。1984 年颁布的《城市规划条例》明确提出，按照市区和郊区的非农业人口总数将城市划分为大城市、中等城市及小城市三级。1989 年，《中华人民共和国城市规划法》首次以法律形式明确了大、中、小城市的人口规模标准，其大致沿用了《城市规划条例》的内容。进入21世纪后，为适应城镇化发展的新形势新要求，2014年10月29日国务院印发了《关于调整城市规模划分标准的通知》(国发〔2014〕51号)，将城市人口规模统计口径由市区及（近）郊区非农业人口调整为城区常住人口，城市规模类型从之前的四类调整为五类七档，大城市人口划分标准显著提高（详见专栏6–1）。

专栏 6–1　关于中国城市规模划分标准的调整

《城市规划条例》，1984年1月5日

第二条　本条例所称城市，是指国家行政区域划分设立的直辖市、市、镇，以及未设镇的县城。

城市按照其市区和郊区的非农业人口总数，划分为三级：

大城市，是指人口五十万以上的城市。

中等城市，是指人口二十万以上不足五十万的城市。

小城市，是指人口不足二十万的城市。

《中华人民共和国城市规划法》，1989年12月26日

第四条　国家实行严格控制大城市规模、合理发展中等城市和小城市的方针，促进生产力和人口的合理布局。

大城市是指市区和近郊区非农业人口五十万以上的城市。

中等城市是指市区和近郊区非农业人口二十万以上，不满五十万的城市。

小城市是指市区和近郊区非农业人口不满二十万的城市。

《国务院关于调整城市规模划分标准的通知》(国发〔2014〕51号)，2014年11月20日

当前，我国城镇化正处于深入发展的关键时期，为更好地实施人口和城市分类管理，满足经济社会发展需要，现将城市规模划分标准调整为：

以城区常住人口为统计口径，将城市划分为五类七档。城区常住人口50万以下的城市为小城市，其中20万以上50万以下的城市为Ⅰ型小城市，20万以下的城市为Ⅱ型小城市；城区常住人口50万以上100万以下的城市为中等城市；城区常住人口100万以上500万以下的城市为大城市，其中300万以上500万以下的城市为Ⅰ型大城市，100万以上300万以下的城市为Ⅱ型大城市；城区常住人口500万以上1000万以下的城市为特大城市；城区常住人口1000万以上的城市为超大城市。（以上包括本数，以下不包括本数）

2. 改革城市落户政策。"十一五"规划纲要中，分类引导人口城镇化。特别是2013年后，随着"大城市病"问题凸显，中国政府对于大城市及特大城市的落户政策趋于收紧。2013年11月，中国共产党第十八届中央委员会第三次全体会议通过《中共中央关于全面深化改革若干重大问题的决定》，该决定指出，要"创新人口管理，加快户籍制度改革，全面放开建制镇和小城市落户限制，有序放开中等城市落户限制，合理确定大城市落户条件，严格控制特大城市人口规模"。2014年，《国家新型城镇化规划（2014—2020年）》明确指出，要"以合法稳定就业和合法稳定住所（含租赁）等为前置条件……合理放开城区人口100万—300万的大城市落户限制，合理确定城区人口300万—500万的大城市落户条件，严格控制城区人口500万以上的特大城市人口规模……特大城市可采取积分制等方式设置阶梯式落户通道调控落户规模和节奏"。同年，国务院又印发了《关于进一步推进户籍制度改革的意见》(国发〔2014〕25号)，进一步对合理确定大城市落户条件、严格控制特大城市人口规模作了规定。

3. 引导产业结构调整及部分功能疏散。为充分发挥大城市及特大城市对城市群发展及产业转型升级的辐射带动作用，政府越来越趋向通过引导产业结构调整、部分功能向周边中小城市疏散等手段，来调控大城市发展规模。国家“十一五”规划纲要明确提出，“特大城市要从调整产业结构的源头入手，形成用经济办法等控制人口过快增长的机制”。基于这一思路，“十一五”及“十二五”规划纲要都提出，大城市、特大城市要将发展服务业放在优先位置，推动形成以服务经济为主的产业结构。《国家新型城镇化规划(2014—2020年)》进一步强调，要有效控制特大城市新增建设用地规模，推动特大城市适当疏散经济功能和其他功能，加强与周边城镇基础设施连接和公共服务共享，培育形成通勤高效、一体发展的都市圈。以北京市为例，2015年，北京明确提出了要集中力量在通州建设北京市行政副中心，该举措的核心目标之一就是有序疏解北京非首都功能，着力优化提升首都核心功能，治理北京“大城市病”问题；此外，2017年12月，京津冀三省市联合发布共同制定的《关于加强京津冀产业转移承接重点平台建设的意见》，提到将沿京沪、京广、京九、京承、京张、京秦等铁路通道方向，结合既有线路站点，依托交通条件便捷、公共配套相对完善的中小城市或小城镇，充分挖掘存量建设用地资源，高标准规划建设若干特色小镇，来承接北京中心城区产业疏解转移，这不仅有助于治理北京“大城市病”，还将大大提升京津冀城市群竞争力，更好促进区域发展。

三、对城镇化进程的影响

尽管中国长期以来实施控制大城市发展规模的政策，但实施效果与预期存在一定差距，大城市在中国城镇规模体系中的比重仍在稳步提高。

一方面，大城市、特大城市数量及人口增加仍然较快。相关研究显示，20 世纪 80 年代及 90 年代，由于国家投资和大型项目集中，大城市经济增长较快，人口增加势头迅猛，1980—1992 年期间，100 万人以上特大城市由 15 个增加到 32 个，人口数增加了 85.6%。1990—2010 年期间，中国市区人口超过 50 万以上的大城市总数从 59 个增加到 242 个，占城市总数目的比重从 12.63% 增加到 36.82%；其中市区人口超过 1000 万的超大城市从无到有，增加了 6 个，分别是上海、北京、重庆、天津、广州和深圳；500 万—1000 万人的特大城市从 2 个增加到 10 个，包括武汉、东莞、成都、佛山、南京、西安、杭州、沈阳、哈尔滨和汕头；200 万—500 万人的大城市从 7 个增加到 37 个，主要为东部沿海城市及中西部省会城市；100 万—200 万人的大城市从 22 个增加到 83 个，50 万—100 万人的大城市从 28 个增加到 106 个（见表 6–3）。另一方面，大城市仍然是中国快速城镇化的重要力量。研究表明，1990—2010 年期间，大城市对中国城镇化贡献不断增加，50 万人以上大城市的贡献率从 1990 年的 27.01% 增加到 2010 年的 46.09%。

此外，当前的城市规模政策较为滞后，不利于“大城市病”问题的有效防治。目前，城市中各项市政公用设施及公共服务设施内设水平都是根据规划预测的城市人口规模来配置的。在城市规模控制政策背景下，城市规划预测的城市人口规模往往低于实际人口规模水平，导致城市基础设施及服务供不应求，促使部分大城市“城市病”问题凸显。

表 6–3　中国不同规模城市的数量变化统计表

城市规模分类	城市规模划分标准	1990年	1995年	2000年	2005年	2010年	
						统计数据	“六普”数据
大城市	≥ 1000 万人	0	0	0	1	3	6
	500 万—1000 万人	2	2	2	3	8	10
	200 万—500 万人	7	9	11	17	33	37
	100 万—200 万人	22	21	27	32	80	83
	50 万—100 万人	28	43	53	78	106	106
中等城市	20 万—50 万人	117	192	218	243	265	253
小城市	＜ 20 万人	291	373	352	287	162	162
城市数合计	≥ 20 万人	467	640	663	661	657	657
城镇数合计		12084	17532	20312	19522	19410	19683

数据来源：方创琳：《中国城市发展方针的演变调整与城市规模新格局》，《地理研究》2014 年第 4 期。

第二节　小城镇发展战略及政策演变

受中国特色社会主义道路及自身国情影响，鼓励小城镇发展一直是中国城镇化工作的重点之一。改革开放前，中国小城镇发展颇为缓慢。但是，在改革开放以后，随着国内社会经济形势和城镇发展状况的变化，中国小城镇发展的调控政策逐步完善，小城镇建设获得了较快发展，呈现出由 20 世纪 80 年代和 90 年代“数量扩张”逐渐向 21 世纪初“质量提升”转变的趋势特征。

一、20 世纪 80 年代和 90 年代的小城镇战略的实施

新中国成立以来，由于各种历史及社会因素影响，中国形成了特殊的城乡二元体制，极大限制了中国城市化发展进程，并带来各种社会问题。改革开放初期，中国产业经济结构失衡，城镇化发展滞后，城镇化率只有 18%，城市及农村建设均面临突出问题。一方面，大城市返城知青就业压力大，部分城市基础设施欠账严重，粮食供应紧张时有发生，“城市病”问题成为发展隐忧；另一方面，农村及农业发展严重不足，农村富余劳动力转移受严格限制，隐性失业问题严重。在该背景下，中国政府制定了重点发展小城镇的方针政策，期望实现优化生产力布局、吸收剩余劳动力、缩小工农差别、促进城乡交流的系列目标。在随后的 20 年中，经过探索起步、全面推进、优化探索等阶段的发展，中国的小城镇发展政策逐步完善，并在法律层面得以确认和上升到国家战略层次（见表 6–4）。在此期间，中国小城镇数量快速增加，至 1999 年底建制镇数量达到 19756 个，是 1978 年建制镇数量（2173 个）的 9 倍多。

表 6–4　20 世纪 80 年代和 90 年代中国小城镇发展的相关国家政策

年份	文件	相关内容 / 思想
1978	《中共中央关于加强城市建设工作的意见》	项目布局、职工落户、城区维护等向小城镇倾斜
1980	《国务院批转全国城市规划工作会议纪要》	国家应制定鼓励发展小城镇的政策
1984	中央 1 号文件《关于 1984 年农村工作的通知》	可选若干集镇进行试点，允许务工、经商、办服务业的农民自理口粮到集镇落户
1984	《国务院关于农民进入集镇落户问题的通知》	各级人民政府应积极支持有经营能力和有技术专长的农民进入集镇经营工商业

续表

年份	文件	相关内容 / 思想
1984	国务院批转民政部《关于调整建镇标准的报告》	放宽建制镇的设置标准
1989	《中华人民共和国城市规划法》	本法所称城市，是指国家按行政建制设立的直辖市、市、镇。国家实行严格控制大城市规模、合理发展中等城市和小城市的方针
1993	《中共中央关于建立社会主义市场经济体制若干问题的决定》	从产权、布局、规划、户籍等方面促进乡镇企业的发展
1994	6 部委《关于加强小城镇建设的若干意见》	从思想认识、规划管理、体制改革、科技支持、抓好试点等方面指导小城镇建设
1995	11 部委联合印发《小城镇综合改革试点指导意见》	全面确定了小城镇试点的目标、原则、内容、实施路径等
1998	《中共中央关于农业和农村工作若干重大问题的决定》	发展小城镇，是带动农村经济和社会发展的一个大战略

注：作者整理。

专栏 6–2　什么是“小城镇”？

在中国的不同时期、不同地区和不同部门中，关于“小城镇”的理解是有所差异的。具体来看，“小城镇”主要指四种情况：（1）建制镇。在民政部的设镇标准中有具体规定；（2）建制镇和集镇的统称。集镇具备了小城镇的经济发展水平和城乡景观状态，但还没有在行政上予以建制；（3）小城市和建制镇的统称。主要增加了人口规模较小的小城市（县级市）；（4）小城市、建制镇、集镇的统称。尽管在概念上存在着模糊性，但“小城镇”总体上是指人口规模较小、具有或初步具有城市性质的居民集聚点。

（一）小城镇发展政策的探索起步阶段

改革开放初期，中国政府从总体定位、产业发展、城区建设等方面对小城镇发展政策的制定进行了初步的探索尝试。1978 年，《关于加强城市建设工作的意见》就强调要“控制大城市规模，多搞小城镇”，指出“今后二三十年行将建设的上万个大中型项目，……，大部分尽可能摆到小城镇去”，“鼓励企事业单位到小城镇定点、职工到小城镇安家落户”，同时将“城市维护费的开征范围扩大到一些工业比较集中的县镇和工矿区”，以进一步做好现有小城镇的维护管理工作。1980 年 10 月，在全国城市规划工作会议上，与会专家建议“国家应制定鼓励发展小城镇的政策”，依托小城镇来发展国民经济。会后形成的《全国城市规划工作会议纪要》被国务院予以批转。自此，中国小城镇建设开始进入到起步探索阶段。

（二）小城镇发展政策的全面推进阶段

为了快速促进小城镇发展，中国政府在劳动力供给方面予以了充分保障。1982 年，中共中央批转了 1 号文件《全国农村工作会议纪要》，其中首次明确指出：在农村中实行的联产到劳、包产到户等各种责任制都是社会主义集体经济的生产责任制。1983 年的中央 1 号文件《当前农村经济政策的若干问题》中再次指出，中国农村中的联产承包制是“在党的领导下我国农民的伟大创造，是马克思主义农业合作化理论在我国实践中的新发展”。这两个中央 1 号文件的连续出台，从国家政府层面极大地鼓舞和推动了农村剩余劳动力的释放。随后，1984 年，中共中央 1 号文件《关于 1984 年农村工作的通知》进一步地指出，“各省、自治区、直辖市可选若干集镇进行试点，允许务工、经商、办服务业的农民自理口粮到集镇落户”。同年10月，国务院下发《关于农民进入集镇落户问题的通知》，要求“各级人民政府应积极支持有经营能力和有技术专长的农民进入集镇经营工商业”，并切实做好相应的落户管理工作。随着这些政策的实施，大批农村剩余劳动力进入到小城镇之中，极大地推动了商品经济和乡镇企业的蓬勃发展，由此产生了“苏南模式”、“温州模式”和“珠江三角洲模式”等典型的小城镇发展模式（详见专栏6–3）。

专栏6–3 小城镇发展的三种典型模式

苏南模式：苏南地区是指江苏南部的苏州、无锡、常州三市的所辖区域，耕地有限但人口众多，存在着大量的剩余劳动力，并且毗邻上海，容易接收到先进的技术信息和管理经验。改革开放后，在原有社队企业的基础上，以村集体为主体组织兴办的乡镇企业获得了较快发展。随着乡镇企业数量的增多和规模的扩张，人口集聚规模逐步扩大，从而形成了具有城市性质的小城镇区域。

温州模式：改革开放前，浙江温州人多地少、与外界联通的交通条件差。改革开放后，以家庭、联户企业为主体兴办的小商品私营经济获得了较快发展，并逐步形成了初步的产业集聚区。为了营造优良的产业发展环境和追求文明的城市生活方式，在政府的统一规划下，这些区域中富裕起来的私人或私企对城镇基础设施项目进行投资，从而兴办了具有一定规模、设施相对完善的小城镇区域。

珠江三角洲模式：改革开放后，以东莞为代表的珠江三角洲区域凭借着毗邻港澳、交通便利、侨胞众多的区位优势，兴办了大量以“来料加工”“来料装配”“来样加工”“补偿贸易”为主要特征的“三资企业”，实现了外向型工业的快速度、大规模、高密度发展。在“三资企业”密集地区，当地政府对交通、通信、水电等基础设施进行了建设和完善，从而推动了小城镇的发展。

除解决人口来源问题外，中国政府在小城镇发展的行政管理制度和机构方面也做出了相应调整。1984年11月，国务院批转了民政部的《关于调整建镇标准的报告》，在全国范围内要求予以试行。该报告中指出，“适当放宽建镇标准，……，对于加速小城镇的建设和发展，……，具有重要意义”。1988年，在调整组建“建设部”时，将原“乡村建设管理局”更名为“村镇建设司”，将小城镇提升到与农村并立的地位，从而更有效地推动中国小城镇发展。

1989年12月，《中华人民共和国城市规划法》正式颁布，从法律层面上确定了中国实行“严格控制大城市规模、合理发展中等城市和小城市的方针”，并明确指出了“本法所称城市，是指国家按行政建制设立的直辖市、市、镇”。由此，鼓励小城镇发展得到了法律上的坚实保障。

（三）小城镇发展政策的优化探索阶段

在以上政策调控下，中国小城镇得到了迅猛发展，但也暴露了一些问题。为此，中国政府相继出台了一系列文件对其进行指导和约束。一方面，出台文件规范乡镇企业的发展。如，1993年11月中共十四届三中全会上通过了《中共中央关于建立社会主义市场经济体制若干问题的决定》，指出要“进行产权制度和经营方式的创新”，要“形成更合理的企业布局”，要“引导乡镇企业适当集中”，要“逐步改革小城镇的户籍管理制度”。另一方面，政府也开始加强对小城镇的规划指导。1994 年 9 月，原建设部、国家计委、原国家体改委、原国家科委、原农业部、民政部联合印发了经国务院原则同意的《关于加强小城镇建设的若干意见》，强调要在思想认识上重视小城镇建设、做好小城镇健康发展的规划管理、深化体制改革以提高小城镇建设服务水平、强化科技先导和支持、加强领导并抓好试点等。为落实该意见，1995 年 4 月，国家 11 部委联合印发了《小城镇综合改革试点指导意见》，从政府管理职能、城镇建设方式、多元投资机制、户籍制度改革、社会保障体制、土地流转制度、乡镇企业制度改革、专业市场培育、镇级财政完善、农村合作基金组织试验、推动科技服务、健全为农服务体系等 12 个方面确立了试点内容，并提出试点的目标原则、组织实施路径等。同年，在全国范围内确定了 57 个综合改革试点镇。

小城镇发展在 20 世纪 90 年代末被确立为国家战略之一。1998 年 10 月，中共第十五届中央委员会第三次全体会议召开，通过了《中共中央关于农业和农村工作若干重大问题的决定》。该决定中指出，“发展小城镇，是带动农村经济和社会发展的一个大战略”，“要制定和完善促进小城镇健康发展的政策措施”，标志着中国小城镇发展进入了一个崭新阶段。

二、新型城镇化进程中的小城镇发展

进入 21 世纪，中国政府愈加重视小城镇的发展质量，在采取积极稳妥发展政策的过程中，逐步寻找到了一条以人的城镇化为核心、以提高质量为关键、具有中国特色、符合中国新形势的协调性发展道路（见表 6–5）。

表 6-5　21 世纪以来中国小城镇发展的相关国家政策

年份	文件	相关内容 / 思想
2000	《中共中央国务院关于促进小城镇健康发展的若干意见》	发展小城镇既要积极，又要稳妥； 严格限制新建制镇的审批； 重点发展现有基础较好的建制镇； 从八方面对小城镇发展提出意见
2001	《中华人民共和国国民经济和社会发展第十个五年计划纲要》	实施城镇化战略； 有重点地发展小城镇
2001	国务院批转公安部《关于推进小城镇户籍管理制度改革的意见》	扩大户籍改革的实施范围； 取消小城镇落户的计划指标管理； 保障小城镇落户人员合法权利
2002	《国务院办公厅关于暂停撤乡设镇工作的通知》	暂停撤乡设镇工作
2002	中国共产党第十六次全国代表大会报告	发展小城镇要以现有的县城和有条件的建制镇为基础
2006	中央 1 号文件《中共中央国务院关于推进社会主义新农村建设的若干意见》	着力发展县城和在建制的重点镇，从财政、金融、税收和公共品投入等方面为小城镇发展创造有利条件
2006	《中华人民共和国国民经济和社会发展第十一个五年规划纲要》	积极稳妥地推进城镇化； 鼓励农村人口进入中小城市和小城镇定居； 重点发展现有城市、县城及有条件的建制镇
2008	《中共中央关于推进农村改革发展若干重大问题的决定》	依法赋予经济发展快、人口吸纳能力强的小城镇相应行政管理权限
2011	《中华人民共和国国民经济和社会发展第十二个五年规划纲要》	积极稳妥推进城镇化； 小城镇要根据实际放宽落户条件； 有重点地发展小城镇； 稳步推进扩权强镇改革试点
2012	中国共产党第十八次全国代表大会报告	增强小城镇产业发展、公共服务、吸纳就业、人口集聚功能
2014	《国家新型城镇化规划（2014—2020 年）》	有重点地发展小城镇； 放开小城镇落户限制； 改善小城镇的对外交通条件

续表

年份	文件	相关内容 / 思想
2016	《国务院关于深入推进新型城镇化建设的若干意见》	加快培育中小城市和特色小城镇； 推进易地扶贫搬迁人口在城镇落户； 新型城镇化综合试点选择向中小城市和小城镇倾斜
2016	《中华人民共和国国民经济和社会发展第十三个五年规划纲要》	加快发展中小城市和特色镇
2016	三部委《关于开展特色小镇培育工作的通知》	至 2020 年，培育 1000 个左右……特色小镇
2017	四部委《关于规范推进特色小镇和特色小城镇建设的若干意见》	把特色小镇和小城镇建设作为供给侧结构性改革的重要平台； 从十个方面提出指导意见

注：作者整理。

（一）小城镇发展政策的稳妥调整阶段

21 世纪伊始，中国政府开始实施积极稳妥的小城镇发展政策，着重于提升小城镇发展质量。2000 年 6 月，国务院出台《国务院关于促进小城镇健康发展的若干意见》，针对当时小城镇发展中存在的突出问题，指出“发展小城镇既要积极，又要稳妥”，要“严格限制新建制镇的审批”，“重点发展现有基础较好的建制镇”，并从合理规划布局、培育经济基础、搞好建设机制、完善用地安排、改革户籍制度、优化政府管理、加强文明建设、强化组织领导等八方面给出了具体指导意见。由此，中国小城镇发展规范调整、提质优化阶段的序幕全面拉开。在这一时期，国家层面的小城镇发展调控政策主要包括暂停设置新建制镇、推进小城镇户口管理制度改革、优先发展重点小城镇、稳步推进扩权强镇改革试点等内容。

1. 推进小城镇户口管理制度改革。2001 年 3 月底，国务院批转的公安部《关于推进小城镇户籍管理制度改革的意见》指出，要将小城镇户籍管理制度改革的实施范围由集镇扩展到县级市市区、县人民政府驻地镇及其他建制镇，“对办理小城镇常住户口的人员，不再实行计划指标管理”，小城镇落户人员与当地原有城镇居民在入学、参军、就业等方面享有同等权利等。2006 年，《中华人民共和国国民经济和社会发展第十一个五年规划纲要》明确要求，要“鼓励农村人口进入中小城市和小城镇定居”。2011 年，《中华人民共和国国民经济和社会发展第十二个五年规划纲要》指出，“把符合落户条件的农业转移人口逐步转为城镇居民作为推进城镇化的重要任务”，要求在“中小城市和小城镇要根据实际放宽落户条件”的同时，鼓励各地自主探索来“合理确定农业转移人口转为城镇居民的规模”。

2. 暂停设置新建制镇。2002 年 8 月，国务院办公厅发布了《关于暂停撤乡设镇工作的通知》，指出“在新的设镇标准公布前，各省、自治区、直辖市暂停撤乡设镇工作”，从而终止了建制镇数量快速扩张的局面。同年 11 月，中共十六大报告也提出“发展小城镇要以现有的县城和有条件的建制镇为基础，科学规划，合理布局”，从而促进现有小城镇的发展质量。

3. 优先发展重点小城镇。2001 年 3 月，《中华人民共和国国民经济和社会发展第十个五年计划纲要》首次确立推进城镇化战略，其重要内容之一就是要“有重点地发展小城镇”，“把发展重点放到县城和部分基础条件好、发展潜力大的建制镇，使之尽快完善功能，集聚人口，发挥农村地域性经济、文化中心的作用”。2006 年，中共中央 1 号文件《中共中央国务院关于推进社会主义新农村建设的若干意见》进一步指出，要“从财政、金融、税收和公共品投入等方面”，为县城和建制镇的发展创造有利条件。同年，《中华人民共和国国民经济和社会发展第十一个五年规划纲要》明确指出，在“人口分散、资源条件较差、不具备城市群发展条件的区域，要重点发展现有城市、县城及有条件的建制镇，成为本地区集聚经济、人口和提供公共服务的中心”。2011 年 3 月，《中华人民共和国国民经济和社会发展第十二个五年规划纲要》指出，要“有重点地发展小城镇，把有条件的东部地区中心镇、中西部地区县城和重要边境口岸逐步发展成为中小城市”。

4. 稳步推进扩权强镇改革试点。2008 年 10 月，中共第十七届三中全会上通过了《中共中央关于推进农村改革发展若干重大问题的决定》，首次明确提出要“依法赋予经济发展快、人口吸纳能力强的小城镇相应行政管理权限”。2011 年，《中华人民共和国国民经济和社会发展第十二个五年规划纲要》中明确指出了上述小城镇相应行政管理权限的范围，主要包括投资审批、工商管理、社会治安等方面，从而为稳步推进扩权强镇的改革试点明确了方向。

（二）小城镇发展政策的特色突破阶段

经过 10 余年的规范调整，中国城镇化水平和质量明显提高，小城镇发展逐渐进入到具有中国特色的新型城镇化道路的阶段。

2012 年，中共十八大报告中首次明确指出，要“坚持走中国特色新型工业化、信息化、城镇化、农业现代化道路”，要“增强中小城市和小城镇产业发展、公共服务、吸纳就业、人口集聚功能”。

2014 年，《国家新型城镇化规划（2014—2020 年）》出台，再次强调要“有重点地发展小城镇”，指出“具有特色资源、区位优势的小城镇，要通过规划引导、市场运作，培育成为文化旅游、商贸物流、资源加工、交通枢纽等专业特色镇。远离中心城市的小城镇和林场、农场等，要完善基础设施和公共服务，发展成为服务农村、带动周边的综合性小城镇。对吸纳人口多、经济实力强的镇，可赋予同人口和经济规模相适应的管理权”。此外，该规划还指出要提升县域和重点镇的基础设施和对外交通条件。

2016 年 2 月，针对新型城镇化推进过程中存在的问题，国务院发布《关于深入推进新型城镇化建设的若干意见》，其中明确提出要“加快培育中小城市和特色小城镇”，“发展具有特色优势的休闲旅游、商贸物流、信息产业、先进制造、民俗文化传承、科技教育等魅力小镇，带动农业现代化和农民就近城镇化”。同年 3 月，《中华人民共和国国民经济和社会发展第十三个五年规划纲要》再次重申了加快特色小镇发展的要求，要“因地制宜发展特色鲜明、产城融合、充满魅力的小城镇”。同年 7 月，住房城乡建设部、发展改革委、财政部联合发文，决定计划至 2020 年在全国范围内培育 1000 个特色小镇，并正式开始首批特色小镇培育的申报工作。

2017 年 12 月，针对特色小镇建设过程中暴露出的典型问题，发展改革委、原国土资源部、环境保护部、住房城乡建设部等四部委联合出台了《关于规范推进特色小镇和特色小城镇建设的若干意见》，指出特色小镇和小城镇建设是供给侧结构性改革的重要平台，从打造鲜明特色、推进“三生融合”、严防政府债务风险、严防房地产化倾向等十个方面提出了相应的指导意见。

第三节　大中小城市与小城镇协调发展思路的提出与实施

改革开放以来，中国城镇化进程不断推进，但也暴露出了不少问题，因此“大中小城市与小城镇协调发展”的思路开始出现。此后，该思路得到了政府的大力支持，成为当前中国城镇化发展的重要指导思想之一。

一、大中小城市与小城镇协调发展思路的提出背景

改革开放初期，基于规避“大城市病”、强化城乡联系、推动区域发展的理论基础，中国政府选择了“控制大城市规模，多搞小城镇”的城市发展方针。通过20世纪80—90年代的实践尝试，全国范围内的小城镇数量迅速增加，呈现出蓬勃发展的态势，城镇化进程稳步推进。然而，在这个过程中，受城乡二元结构等深层次体制因素影响，中国城镇化也暴露出诸多不容忽视的问题。例如：大城市“城市病”问题愈加突出；小城镇人口及产业集聚能力不足，对周边农村辐射带动作用不足，不能很好引导农业发展及农民增收；部分地方的小城镇呈现出盲目扩张、盲目增加的态势等。这些问题逐渐引起了政府管理者的反思，政府开始强调大中小城市与小城镇协调发展，并将小城镇作为“统筹兼顾”的重点对象，期望推动中国城镇化健康发展。

在以上背景下，2000年6月13日，中共中央、国务院发布了《关于促进小城镇健康发展的若干意见》，其中在阐述发展小城镇的

重大战略意义时，指出“发展小城镇，可以吸纳众多的农村人口，降低农村人口盲目涌入大中城市的风险和成本，缓解现有大中城市的就业压力，走出一条适合我国国情的大中小城市和小城镇协调发展的城镇化道路”。这是在中共中央、国务院公开发布的政策文件中首次明确表达了“大中小城市和小城镇协调发展”的思路。

二、大中小城市与小城镇协调发展政策演变

在2000年之后的四个“五年规划”和中国共产党第十六次、十七次、十八次、十九次全国代表大会中，“大中小城市与小城镇协调发展”思路都得到了体现，相关政策也愈加清晰完善，对中国城镇化发展产生了重要影响。

“十五”时期。2001年3月公布的《中华人民共和国国民经济和社会发展第十个五年计划纲要》中指出，要“走符合我国国情、大中小城市和小城镇协调发展的多样化城镇化道路，逐步形成合理的城镇体系”。为实现这一目标，该纲要还指出，要“有重点地发展小城镇，积极发展中小城市，完善区域性中心城市功能，发挥大城市的辐射带动作用，引导城镇密集区有序发展”。次年11月，中共十六大报告也重申了这一发展思路，指出“要逐步提高城镇化水平，坚持大中小城市和小城镇协调发展，走中国特色的城镇化道路”。

“十一五”时期。与“十五”时期相比，该时期国家文件中关于“大中小城市与小城镇协调发展”思路的表述得到大幅扩充。2006年3月，《中华人民共和国国民经济和社会发展第十一个五年规划纲要》获得批准，其中明确了要“坚持大中小城市和小城镇协调发展”，并从“分类引导人口城镇化”“形成合理的城镇化空间格局”“加强城市规划建设管理”“健全城镇化发展的机制体制”等四个方面详细阐述了该

发展思路的实施途径。此外，该纲要还详细阐述了城镇化空间布局，即“把城市群作为推进城镇化的主体形态，逐步形成以沿海及京广京哈线为纵轴，长江及陇海线为横轴，若干城市群为主体，其他城市和小城镇点状分布，永久耕地和生态功能区相间隔，高效协调可持续的城镇化空间格局”。随后，中共十七大报告也沿用了这一发展思路，在《关于推进农村改革发展若干重大问题的决定》中指出要“坚持走中国特色城镇化道路，发挥好大中城市对农村的辐射带动作用，依法赋予经济发展快、人口吸纳能力强的小城镇相应行政管理权限，促进大中小城市和小城镇协调发展，形成城镇化和新农村建设互促共进机制”。

“十二五”时期。这一时期，“大中小城市与小城镇协调”的发展思路在相关国家政策文件中的地位愈加凸显。《中华人民共和国国民经济和社会发展第十二个五年规划纲要》中指出，要“逐步形成辐射作用大的城市群，促进大中小城市和小城镇协调发展”，要“以陆桥通道、沿长江通道为两条横轴，以沿海、京哈京广、包昆通道为三条纵轴，以轴线上若干城市群为依托、其他城市化地区和城市为重要组成部分”形成“两横三纵”城镇化战略格局。2013 年 11 月，《中央中央关于全面深化改革若干重大问题的决定》明确提出，要推进以人为核心的城镇化，推动大中小城市和小城镇协调发展。2014 年 3 月，《国家新型城镇化规划（2014—2020 年）》出台，明确将“以城市群为主体形态，推动大中小城市和小城镇协调发展”作为编制该规划的指导思想之一。同年 7 月出台的《国务院关于进一步推进户籍制度改革的意见》也将“推动大中小城市和小城镇协调发展”作为重要指导思想之一。

“十三五”时期。这一时期，中国延续了“大中小城市与小城镇协调发展”思路。《中华人民共和国国民经济和社会发展第十三个五年规划纲要》提出，要构建大中小城市和小城镇合理分布、协调发展的“两横三纵”城市化战略格局。2017年，中共十九大报告明确提出，要“以城市群为主体构建大中小城市和小城镇协调发展的城镇格局”。

三、大中小城市与小城镇协调发展思路的实施举措

为保障“大中小城市与小城镇协调发展”思路的有效实施，中国政府采取了一系列重要举措，其中较为典型且富有成效的是加强城镇体系规划、加快户籍制度改革。

1. 加强城镇体系规划。加强城镇体系规划，有助于厘清特定区域内城市与城市、城市与城镇、城镇与城镇三者之间的相互作用关系，是做好“大中小城市与小城镇协调发展”的基本前提。根据当地的水土资源、环境容量、产业基础等，制定统一的城镇规划方案，有助于清楚界定不同城市或城镇的功能定位。2010年12月，《国家主体功能区规划》的出台，在很大程度上为确定各城市群以及城市群内部各城市、城镇的功能定位提供了权威性的指导意见。通过统一的城镇体系规划，政府可以更好协调大中小城市和小城镇之间的资源联系和分配，促进它们实现协调发展。

2. 加快户籍制度改革。中国政府曾多次下发文件，要求对户籍制度进行改革，加快实现农村转移人口的市民化（见表6–6）。2001年3月，国务院批转了公安部《关于推进小城镇户籍管理制度改革意见的通知》；2014年7月，国务院出台了《关于进一步推进户籍制度改革的意见》，要求特大城市要完善积分落户制度以严格控制人口规模，大城市要根据实际来合理确定落户条件，中等城市要有序

放开落户限制，而建制镇和小城市要全面放开落户限制。此外，中国政府也正在尝试建立城乡统一的户口登记制度，并研究与之相适应的人口信息管理制度。

表 6–6　大中小城市与小城镇协调发展思路的相关国家政策

年份	政策文件	相关内容 / 思想
2000	《中共中央国务院关于促进小城镇健康发展的若干意见》	走出一条适合我国国情的大中小城市和小城镇协调发展的城镇化道路
2001	《中华人民共和国国民经济和社会发展第十个五年计划纲要》	走符合我国国情、大中小城市和小城镇协调发展的多样化城镇化道路。 阐述了城镇空间结构、重点发展小城镇、体制与政策等任务
2002	中国共产党第十六次全国代表大会报告	坚持大中小城市和小城镇协调发展，走中国特色的城镇化道路
2006	《中华人民共和国国民经济和社会发展第十一个五年规划纲要》	坚持大中小城市和小城镇协调发展； 阐述了人口城镇化、城镇空间格局、城市规划建设管理、体制机制等任务
2007	中国共产党第十七次全国代表大会报告	走中国特色城镇化道路，按照……原则，促进大中小城市和小城镇协调发展
2008	《中共中央关于推进农村改革发展若干重大问题的决定》	坚持走中国特色城镇化道路，发挥好大中城市对农村的辐射带动作用
2011	《中华人民共和国国民经济和社会发展第十二个五年规划纲要》	逐步形成辐射作用大的城市群，促进大中小城市和小城镇协调发展。 阐述了城市化战略格局、人口市民化、综合承载能力等任务
2013	《中共中央关于全面深化改革若干重大问题的决定》	推动大中小城市和小城镇协调发展； 阐述了人口市民化等相关要求
2014	《国家新型城镇化规划（2014—2020 年）》	指导思想：以城市群为主体形态，推动大中小城市和小城镇协调发展 大中小城市和小城镇协调发展的“两横三纵”城镇化战略格局

续表

年份	政策文件	相关内容 / 思想
2014	《国务院关于进一步推进户籍制度改革的意见》	将“推动大中小城市和小城镇协调发展”作为指导思想
2016	《中华人民共和国国民经济和社会发展第十三个五年规划纲要》	加快构建……大中小城市和小城镇合理分布、协调发展的“两横三纵”城市化战略格局
2017	中国共产党第十九次全国代表大会报告	以城市群为主体构建大中小城市和小城镇协调发展的城镇格局

注：作者整理。

第四节 促进各类城市协调发展

展望未来，中国城镇化建设将继续遵循城市发展的客观规律，优化城镇规模结构及空间布局，充分发挥中心城市辐射带动功能，加快发展中小城市，有重点地发展小城镇，促进大中小城市和小城镇协调发展。

一是坚持以城市群为主体促进大中小城市和小城镇协调发展。着眼提高城市群发展质量及增强整体协同性，加快建立城市群协同发展机制和配套政策，促进城市群内不同规模等级城市及小城镇的网络化发展，促进创新资源高效配置、产业分工错位互补、基础设施互联互通、社会事业共建共享，使大中小城市和小城镇发展更趋协调协同、更加集约高效。

二是要进一步增强中心城市辐射带动功能。中心城市要树立大区域、大经济、大市场、大流通的观念，提升参与区域乃至全球产业分工的层次，强化与周边及腹地城市的产业协作协同，发挥在经济发展和产业转型中的引领作用。特大城市要适当疏散经济功能和其他功能，加强与周边城镇基础设施连接和公共服务共享，加快培育形成通勤高效、一体发展的都市圈。

三是加快发展中小城市，优化中国城镇规模结构。考虑到中小城市是当前中国城镇规模结构的“短板”环节，要积极引导产业及公共服务资源到中小城市及县城布局。要鼓励支持资源环境承载力较强、发展潜力较大的中小城市依托自身优势资源，发展特色优势产业，夯实经济发展基础。要加强中小城市及县城、重点基础设施建设及公共服务资源布局，增强其要素集聚能力，将更多具备条件的县城和重点镇发展成为中小城市。

四是因地制宜发展特色鲜明、产城融合、充满魅力的小城镇。大城市周边的重点镇要积极对接中心城区功能疏解需求，加强城市发展的统筹规划与功能配套，逐步发展成为大城市的卫星城。鼓励具备条件的小城镇充分发挥特色资源及优势，培育建设文化旅游、商贸物流、资源加工、交通枢纽等专业特色镇。对于发展基础及条件相对较差的小城镇和林场、农场等，要完善基础设施和公共服务，发展成为服务农村、带动周边的综合性小城镇。

第七章　城市群成为新型城镇化发展的主体形态

城市群（Urban Agglomeration）是指在特定地域范围内，以 1 个超大或特大城市为核心，由至少 3 个以上大城市为基本构成单元，依托发达的交通通信等基础设施网络，所形成的空间组织紧凑、经济联系紧密、并最终实现同城化和高度一体化的城市群体。作为国家工业化和城镇化发展到高级阶段的产物，城市群已成为世界各主要经济体经济发展的主要载体和参与国际竞争合作的重要平台。经过改革开放 40 年来的快速发展，我国城镇化已进入以城市群为主体形态的发展阶段，城市群日益在提升我国参与国际竞争合作能力、支撑全国经济增长、促进区域协调发展等方面扮演着重要角色，国家和地方政府围绕城市群培育和发展所制定并实施一系列规划、政策、重大举措对促进城市群健康发展发挥了重要作用。

第一节　中国城市群的形成历程

从改革开放初期至今，中国经历了控制大城市、发展小城市时期，大中小城市协同发展时期和城市群与城市特色化发展时期，城市群的形成发展也经历了由各城市之间竞争变为竞合一体化和同城化的过程。

一、城市群雏形显现（1982—1992 年）

在改革开放到 20 世纪 90 年代初期，区域合作与中心城区核心作用的有机结合推动了以城市为中心的区域合作组织的形成，进一步发展演变为一批城市群和城市绵延带，成为中国早期城市群的基本雏形。在这一时期，国家围绕地区和城乡管理体制、经济体制和地区间经济技术合作等方面进行了重大改革，为中国城市群的萌芽与形成创造了良好的外部政策环境。

1982 年，中共中央下发《改革地区体制，实行市领导县体制的通知》（中发〔1982〕51 号），要求实行地市合并，打破城乡分离，形成城市带动农村发展的局面。为搞好国民经济管理体制改革，通过中心城市和工业基地把条条块块协调起来，形成合理的经济区域和经济网络。1983 年 2 月中共中央、国务院又发出了《关于地市州党政机关机构改革若干问题的通知》，要求积极实行地、市合并，地级市建制很快在全国铺开。1984 年，我国经济体制改革的重点转向城市，中共中央第一份关于经济体制改革的决定指出，要充分发挥城市的中心作用，逐步形成以城市特别是大、中城市为依托的，不同规模的，开放式、网络型的经济区。

"六五"时期，我国有计划有步骤地开展了地区经济技术协作，提出了编制部分地区国土开发整治规划，首先是编制以上海为中心的长江三角洲经济区规划。1982 年 12 月，国务院发布了《关于成立上海经济区和山西能源基地规划办公室的通知》，正式确立上海经济区，以上海为中心，包括苏州、无锡、常州、南通、杭州、嘉兴、湖州、宁波、绍兴等9个城市，并成立上海经济区规划办公室。这个国家级规划办公室的主要任务是，打破部门和地区的框框，从全局出发制定两个规划区的经济社会发展规划，协调部门之间、地方之间和部门与地方之间的关系，促进规划区内的联合，加强规划区与全国经济发展的结合，促进生产力发展。这次规划成为长三角城市群形成的起点。1985年1月，国务院再次将长江三角洲、珠江三角洲和闽南厦漳泉三角地区批准为沿海经济开放区。1990年4月18日，中共中央、国务院作出开发开放上海浦东重大决策，长三角区域一体化发展步入新的历史阶段，始于1992年6月在京召开的“长江三角洲及长江沿江地区经济规划座谈会”。会议建立了长江三角洲协作办（委）主任联席会议，这对长三角城市群的发展具有决定性意义。

二、城市群加快形成和发展（1992—2005年）

这一时期，乡镇企业（及其园区）、开发区和产业集群的兴起，推动了城市间产业上下游的分工合作，使城市间以产业为纽带形成了更加紧密的联系，国家市县行政体制改革力度加大和支持小城镇发展政策的实施，有力地促进了城市群的形成和发展。

20世纪80年代末到90年代初，乡镇企业异军突起，特别是在沿海大型及以上规模城市周边地区形成了大批新兴工业化地区和小城镇，为城市圈和城市群的形成奠定了坚实的经济基础。到20世纪90年代初期，乡镇企业的兴起促进了以苏锡常周边地区为代表的苏南地区和以顺德、南海和东莞等小城市兴起的珠江三角洲地区，分别为长三角城市群和珠三角城市群的形成奠定了基础。20世纪90年代中后期，开发区和产业集群的快速发展进一步强化了长三角、珠三角以及环渤海地区城市群的发展，使这些地区逐步成为我国沿海地区乃至全国的经济核心区。至 2005 年，我国已批准设立 54 个国家级经济技术开发区和 53 个国家高新技术产业开发区。这些开发区和它们所依托的城市或建制镇已成为城市圈和城市群的核心组成部分，不断促进着城市圈和城市群走向成熟。

与此同时，“市管县（市）”的确立和“撤县设区”工作加快推进，在体制上完成了地级以上中心城区与周边腹地的一体化，促成了我国城市经济圈（或城市圈）的形成。1999 年中共中央发布《关于地方政府机构改革的意见》（中发〔1999〕2 号）进一步明确“市管县（市）”体制改革并要求加大改革力度，市管县的行政体制在我国全面确立。“十五”时期，国家在推进城镇化战略的同时，为集中精力发展小城镇，大量增加了建制镇的数量，基本冻结了设市工作的进程，由此引发了大城市周边“撤县设区”的兴起，使大城市市辖区面积迅速扩大。

三、城市群作为城镇化主体形态的地位确立（2005 年至今）

2005 年底，中共中央发布了《关于制定国民经济和社会发展第十一个五年规划的建议》，首次在国家层面规划中提出了“城市群”的概念，要求“以特大城市和大城市为龙头，形成若干用地少、就业多、要素集聚能力强、人口合理分布的新城市群”，并对当时已经具备较强经济实力的珠三角、长三角和环渤海地区提出了增强城市群整体竞争力的战略任务。由此，城市群作为中国城镇化发展主体形态的地位开始确立，推动现代城市群发展也成为迄今为止的三个“五年规划”所确定的中国城镇化发展的主导任务，并在国家主导下的重大区域规划中得到了充分体现。

“十一五”时期，住建部制定了《全国城镇体系规划纲要（2005—2020年）》，提出要在全国形成京津冀、长三角、珠三角三大都市连绵区和13个城市群；2010年发布的《全国主体功能区规划——构建高效、协调、可持续的国土空间开发格局》，对我国不同区域进行了分层分级，提出了“两纵三横”的城镇化战略，为主要城市群的发展空间格局作出了规划构想。与此同时，国务院先后出台了《关于进一步推进长江三角洲地区改革开放和经济社会发展的指导意见》《珠江三角洲地区改革发展规划纲要（2008—2020年）》等文件，对长三角、珠三角等地的城市群发展提出了具体的任务和目标。

进入“十二五”之后，我国的区域发展主动顺应城市群一体化的大趋势，突出“组团发展”的城市群战略规划加速取代原有的城市发展战略规划，以寻求解决相邻城市之间的同质化竞争和日益加剧的大城市病等问题，更强调跨区域的城市、城镇之间的协作、协同发展。2012年，党的十八大报告明确提出要“科学规划城市群规模和布局”。在2013年的《中共中央关于全面深化改革若干重大问题的决定》中，进一步强调了城市群要完善健康发展机制的核心问题，要在“推动大中小城市和小城镇的协调发展”等方面发挥战略引导作用。

进入“十三五”时期，伴随着中国在全球经济发展中发挥更大的担当作用，以达到稳步提升国家竞争力的目的，构建具有世界影响力和创新带动作用的现代城市群，最大限度地整合区域和全球创新资源，成为新的战略选择。在这种形势下，建设长三角世界级城市群成为国家的战略之举，京津冀协同发展、长江经济带、粤港澳大湾区三大战略引领下的城市群发展正在为中国新型城市群发展提供示范。

第二节　国家层面推动城市群的重大举措

2005年以来，中国中央政府通过编制和出台城市群发展规划、强化对城市群发展的相关政策支持、积极推动跨省基础设施互联互通和生态环境保护以及促进城市群要素市场一体化发展等方式，加快推动城市群的形成和发展。

一、编制和出台城市群发展规划

为积极推动城市群的快速发展，近年来中央政府针对重点区域城市群相继出台了一系列具有较强针对性的规划和指导方案，因地制宜地推动不同地区、不同类型和不同发育程度的城市群发展。据不完全统计，从2007—2011年的5年间，国务院先后批准或同意支持的各类城市群发展规划或实施意见多达31项，涉及23个省、自治区和直辖市，其中仅2009年就多达14项。

党的十八大以来，以习近平同志为核心的党中央对于事关中国经济社会发展全局的京津冀城市群发展高度重视，始终关心并指导京津冀城市群发展规划编制工作。2014年，国务院成立京津冀协同发展领导小组以及相应办公室。2015年4月，习近平主持中央政治局会议，审议通过《京津冀协同发展规划纲要》，并相继出台京津冀交通、生态、产业等12个专项规划和一系列政策意见，形成目标一致、层次明确、互相衔接的协同发展规划体系。2016年2月，《“十三五”时期京津冀国民经济和社会发展规划》印发实施。这是全国第一个跨省市的区域“十三五”规划，是推动京津冀协同发展重大国家战略向纵深推进的重要指导性文件，明确了京津冀地区未来五年的发展目标。2016 年 3 月，习近平主持召开中央政治局常委会会议，审议并原则同意《关于北京市行政副中心和疏解北京非首都功能集中承载地有关情况的汇报》。2017 年 4 月，河北雄安新区设立，并于 2018 年 4 月编制出台了《河北雄安新区规划纲要》，这是中央政府深入推进京津冀协同发展、疏解北京非首都功能的重大决策部署。

同时，各部门也在加快推进我国其他地区城市群规划编制工作。2015—2016 年间，发展改革委先后组织编制和发布了《长江中游城市群发展规划》、《成渝城市群发展规划》和《长江三角洲城市群发展规划》。2016 年 11 月，为进一步加快城市群规划编制进度，促进城市群健康可持续发展，发展改革委发布了《关于加快城市群规划编制工作的通知》(发改办规划〔2016〕2526 号)，明确了跨省级行政区城市群规划由发展改革委会同有关部门负责编制，并报国务院批准后实施；边疆地区城市群规划由相关地区在发展改革委指导下编制，并报发展改革委批准；省域内城市群规划原则上由省级人民政府自行组织编制，发展改革委会同有关部门进行指导。2017 年以来，发展改革委又先后编制出台了《关中平原城市群发展规划》《呼包鄂榆城市群发展规划》《兰州—西宁城市群发展规划》，明确了各城市群在空间格局、产业体系、基础设施、生态环境、开放合作、体制机制等方面的重点任务。

二、强化对城市群发展的相关政策支持

结合相关规划和指导意见的颁布实施，中央政府不断强化对城市群发展的政策支持。据不完全统计，在 2007—2011 年国家出台的各类相关规划和指导意见中，涉及城市群发展的扶持政策共有 24 项，其中支持东部地区城市群发展的政策最多，超过 14 项，支持中部地

区城市群发展的政策 7 项，支持西部地区城市群发展的政策 10 项。

最近几年，国家重点围绕京津冀城市群发展出台了一系列的政策措施。为推动交通基础设施互联互通，2015 年 3 月，在中央政府协调下，京津冀三地与中国铁路总公司按照 3∶3∶3∶1 的比例共同出资成立京津冀城际铁路投资公司，负责京津冀城际铁路项目投资、铁路工程建设、资产管理、房地产开发、土地整理等业务的经营工作，进而通过投资一体化带动区域轨道交通网络一体化。为推动京津冀地区产业梯度转移，2015 年 6—7 月，工业和信息化部会同北京、天津、河北三省市政府出台了《京津冀产业转移指南》，制定了《京津冀产业转移指导目录》，明确了津冀承接的八大类重点产业，即信息技术、装备制造、商贸物流、教育培训、健康养老、金融后台、文化创意、体育休闲。财政部和税务总局又发布了《京津冀协同发展产业转移对接企业税收分享办法》（财预〔2015〕92 号）。北京市为加快非首都功能的疏解步伐，也出台了资源、环境约束、建设用地管控和差异化的区域电价和水价等政策，以及对疏解企事业单位的激励政策，形成有序疏解的倒逼机制；天津市与河北省为促进转移企业的落地投产，设立了承接产业转移基金，从资金上支持转移产业与当地对接，并出台了土地和人口等优惠政策，有力地推动京津冀产业转移对接持续地向前发展。为推动公共服务一体化，自 2015 年 8 月起，中央要求三大电信运营商在北京、天津、河北取消三地间手机长途、漫游费，将手机原属地 / 原套餐（特殊套餐除外）的市话收费标准扩大到京津冀范围。

三、积极推动跨省基础设施互联互通和生态环境保护

基础设施互联互通是加快城市群建设的重要支撑，生态空间管

制是确保城市群协调、持续发展的重要手段。中国中央政府针对重点城市群积极推动跨省（直辖市、自治区）基础设施互联互通和跨界生态环境保护工作。

在基础设施建设方面，国家近年来相继实施了多项跨省市铁路、公路等重大工程项目。如在京津冀城市群地区，为推动京津冀地区基础设施互联互通，2015 年 12 月，发展改革委和交通运输部联合发布《京津冀交通一体化规划》。2016 年 11 月，发展改革委批复《京津冀地区城际铁路网规划》，提出以京津、京保石、京唐秦三大通道为主轴，到 2030 年基本形成“四纵四横一环”城际铁路网的建设构想。目前，在中央政府的大力推动下，京津冀 1 小时交通圈和半小时通勤圈初步形成，异地上班正成为现实，一批高速公路“断头路”、国省干道“瓶颈路段”正在打通或扩容，河北 356 条公交线路已与京津实现互联互通。

在生态环保领域，为严格落实《大气污染防治行动计划》，加强城市群生态环境保护，环境保护部联合其他部门积极开展城市群生态环境保护。如在京津冀城市群地区，中央和地方政府围绕大气污染防治开展了卓有成效的工作。2013 年 9 月，环境保护部联合发展改革委、工业和信息化部、财政部发布《京津冀及周边地区落实大气污染防治行动计划实施细则》，以保障在未来的五年内实现京津冀地区 PM2.5 浓度持续下降和空气质量不断改善。2015 年 12 月，发展改革委、环保部发布《京津冀协同发展生态环境保护规划》，要求到 2020 年，京津冀地区 PM2.5 年均浓度控制在 64 微克 / 立方米左右，并提出将京津冀地区打造成生态修复、环境改善示范区的目标。2016 年 7 月，环保部印发《京津冀大气污染防治强化措施（2016—2017 年）》，强调要加大挥发性有机物（VOCs）综合治理力度，要求京津冀地级及以上城市2016年度前完成所有石化、化工行业VOCs综合整治任务。2017年3月，环保部牵头发布了《京津冀及周边地区2017年大气污染防治工作方案》，明确了“2+26”城市当年的大气污染治理任务。2017年8月21日，环保部牵头印发了《京津冀及周边地区2017—2018年秋冬季大气污染综合治理攻坚行动方案》及6个配套方案。方案围绕全面完成“大气十条”考核指标，针对京津冀及周边地区秋冬季大气污染治理存在的薄弱环节，从重点区域、重点时段、重点领域、重点问题入手，提出了更加严格的标本兼治措施，并按照清单制、台账式的方式，将空气质量改善目标分解到各个城市，将具体任务一一落实到各个市区县，推动治理措施真正落实到位。

四、积极推动城市群要素市场一体化发展

在城市群发展过程中，由于城市群内部各省市地方政府间缺乏必要的合作协调机制以及相应的合作组织，导致市场受到行政区分割和存在市场壁垒，制约了资本、技术、产权、人才和劳动力等要素的自由流动与优化配置。为激发城市群要素市场活力，实现市场间要素充分流动与融合，中央有关部门和地方政府从创新合作和协调机制入手进行了积极探索。

2014年习近平总书记在北京考察时强调，要建立京津冀区域统一的金融投资、产权交易、技术研发、创业就业政策，完善共建共享协作配套、统筹互助机制，推动要素市场的整合重组，加快形成统一开放、竞争有序的市场体系。在中央政府大力推动下，京津冀三地大力推动区域金融市场一体化、产权市场一体化、区域土地市场一体化、区域人力资源市场一体化和区域技术市场一体化。

为推动区域金融市场一体化，京津冀三省市按一定比例共同出资设立京津冀协同发展基金（河北省已于 2016 年 1 月设立了由政府与社会资本合作总金额为 100 亿元的协同发展基金），共同出资设立京津冀产业结构调整基金，积极利用债券市场等多渠道募集资金，并正在研究建立京津冀开发银行等，重点支持回报期较长的基础设施及其他重大项目建设。

为推进区域产权市场一体化，2014 年 7 月，"京津冀产权市场发展联盟"成立，三省市以此为平台在信息联合披露、业务交流学习、重点项目推介、投资人引进、会员资源共享、市场研究等方面开展密切合作。

为推进区域技术市场一体化，2015 年 12 月，由科技部火炬中心和三省市科委（科技厅）倡议成立了"京津冀技术转移协同创新联盟"，积极探索开展技术资本化试点，建立需求导向、市场导向的技术转移服务机制。

为推进区域人力资源市场一体化，2015 年，北京市人力资源和社会保障局与天津市人力资源和社会保障局、河北省人力资源和社会保障厅分别签署了《推动人力资源和社会保障工作协同发展合作协议》和《加强人才工作合作协议》。在劳动就业政策方面，通过搭建区域人力资源信息共享与服务平台，完善人力资源流动的户籍政策，建立区域相互衔接的劳动用工政策，包括从业人员资格证书互认、职业技能培训服务，以及区域内劳动保障监察和争议处理协作机制等。在人才政策方面，建立了专业技术人才职称和任职资格互认机制，统一职称评价标准，创新高端人才与高技能人才的引进与合作交流机制，初步形成了人才自由流动、资源共享、合作共赢的人才发展新格局。

第三节　地方层面推动城市群发展的实践探索

为推动城市群形成和发展，以珠三角、长三角等发达地区地方政府层面也进行了大量的探索，积极建立城市群推进机制并出台实施方案，推动基础设施互联互通，推动产业合作、园区共建和产业转移，推动公共服务共建共享，加强污染联防联控和生态环境共同保护，进而推动和深化城市群内部城市间的分工合作。

一、编制城市群规划并建立推进机制

广东省早在 2004 年就超前谋划了《珠江三角洲城镇群协调发展规划（2004—2020 年）》，提出了打造“亚太地区最具活力和国际竞争力的城市群”的宏伟战略。随后，2009 年 6 月，广东省又出台了《关于加快推进珠江三角洲区域经济一体化的指导意见》，明确提出以交通一体化为先导，以广州、佛山同城化为示范，省市联手推进基础设施、产业发展、环保生态、城市规划、公共服务一体化，到 2020 年在珠三角实现区域经济一体化和基本公共服务均等化。

为促进《珠江三角洲地区改革发展规划纲要（2008—2020 年）》的顺利实施，广东省成立了如表 7–1 所示的促进珠三角城市群发展的纵向组织保障体系。在这一体系的推动下，珠三角城市群探索出领导小组成员全体会议、专项工作协调会、经济圈建设交流会三种工作联动模式。在此基础上，珠三角地级市如广州、佛山、肇庆三市在工作联动机制、规划衔接机制等机制构建上开展了一系列探索和尝试。在工作联动机制建设方面，广佛肇三市建立健全了市长

联席会议办公室碰头会、分管市领导工作协调会、市长联席会议三个层面的工作机制。在规划衔接机制建设方面，广佛两市印发实施了珠三角首个跨地区综合规划——《广佛同城化发展规划（2009—2020 年）》，随后广佛肇三市印发实施了《广佛肇经济圈发展规划（2010—2020 年）》及相配套的 5 个规划，并完成了广州南站、金沙洲、芳村—桂城、五沙、花都空港等全部 5 个广佛重点交界地区的规划整合工作，有力促进了交界地区先行同城化。

表 7–1　珠三角城市群组织保障体系建设现状

组织名称	组织形式	人员组成	运行方式	工作职责
省实施纲要领导小组		省长、常务副省长、副省长、各部门负责人、珠三角九市（代）市长	省领导小组成员全体会议每年至少召开一次	传达中央和省委指示精神；总结实施《纲要》工作情况，研究部署实施《纲要》工作任务
省实施纲要领导小组办公室	设在省政府办公厅	办公室主任（由省政府秘书长兼任）、副主任等	常设机构	承担日常工作，督促、指导、协调实施《纲要》各项工作；就各市、各部门提出的事项向有关单位征求意见并报省领导小组组长同意后，确定提交会议协调的议题
专项规划专责工作组	珠三角基础设施建设（环保、城乡规划、基本公共服务、产业布局）一体化规划专责工作组及其办公室	分管副省长、省直有关部门负责人、珠三角九市副市长	专项工作协调会，根据工作需要召开，其中协调推进珠三角一体化工作的协调会半年召开一次	负责组织、指导、推进相关规划的实施工作，协调解决规划实施过程中存在的重大问题。珠三角五个一体化规划的省牵头部门也可单独提出需协调解决的事项报省领导小组

续表

组织名称	组织形式	人员组成	运行方式	工作职责
市实施纲要领导小组		市党政主要领导	市领导小组成员全体会议每年至少召开一次	负责本行政区域内实施规划纲要工作的组织领导，统筹协调，监督管理；每年1月底和7月底各市提出推进珠三角一体化需省领导小组协调解决的事项，由所在经济圈牵头市汇总后报省领导小组
市实施纲要领导小组办公室	设在市政府办公室或市发改部门	办公室主任、副主任等	常设机构	承担领导小组日常工作，根据领导小组要求督促，指导，协调实施规划纲要各项工作

资料来源：根据与广东省发改委座谈材料整理。

2008年起，长三角政府层面实行决策层、协调层和执行层“三级运作”的区域合作机制。确立了“主要领导座谈会明确任务方向、联席会议协调推进、联席会议办公室和重点专题组具体落实”的机制框架。长三角区域合作采取轮值制度，每年由一个省（市）作为轮值方。沪苏浙皖三省一市分别在发展改革委（或合作交流办）设立了“联席会议办公室”，分管副主任兼联席办主任。目前共设立了交通、能源、信息、科技、环保、信用、社保、金融、涉外服务、城市合作、产业、食品安全12个重点合作专题。2018年3月，由上海、浙江、江苏、安徽三省一市联合组建的长三角区域合作办公室在上海正式挂牌成立，标志着长三角地区在制度合作和体制机制方面的合作进一步得到了加强。2018年6月，长三角地区各省、市合作编制并发布了《长三角地区一体化发展三年行动计划（2018—

2020年)》和《长三角地区合作近期工作要点》。三年行动计划的内容覆盖12个合作专题，进一步聚焦交通互联互通、能源互济互保、产业协同创新、信息网络高速泛在、环境整治联防联控、公共服务普惠便利、市场开放有序等7个重点领域。

二、推动基础设施互联互通

交通基础设施的互通对接是打破行政区经济，促进城市群内部要素自由流动和功能优化重构的关键领域。珠三角、长三角、长江中游城市群都先后出台专项规划或跨界基础设施互联互通实施方案，推动城市群层面基础设施互联互通。

为推动珠三角地区基础设施互联互通，2010年7月，广东省印发了《珠江三角洲基础设施建设一体化规划（2009—2020年)》，其中对推进珠三角地区基础设施互联互通提出了具体要求：加快推进高速公路电子联网收费，进一步撤并高速公路主线收费站，推进年票互通互认，全面撤销政府还贷普通公路收费站，推进公共交通"一卡通"；实现油电气同类型同网同价，推进区域供水同网同价，实现珠三角通信资费一体化，在粤港澳对接方面推进交通、物流等跨境"一卡通"。2012年，广东省政府和原铁道部联合印发了《珠三角城际轨道交通规划实施方案》，提出在珠三角地区规划15条城际轨道交通线路，并计划全部在2020年前建成通车。目前，广珠城际、广佛城际（即广佛地铁)、广佛肇城际等线路以相继建成通车。

专栏7-1　基础设施一体化建设推动广佛都市区的形成

2009年初，国务院出台了《珠江三角洲地区改革发展规划纲要》，正式把广佛同城化提升到国家战略层面。《纲要》提出强化广州佛山同城效应，携领珠江三角洲地区打造布局合理、功能完善、联系紧密的城市群。以广州佛山同城化为示范，以交通基础设施一体化为切入点，积极稳妥地构建城市规划统筹协调、基础设施共建共享、产业发展合作共赢、公共事务协作管理的一体化发展格局，提升整体竞争力。

在这样的背景下，2009年广州和佛山两市迅速制定了《广佛同城化建设合作框架协议》及《广佛同城化发展规划》。规划中提出“一核强化，两脊两带携领、多极带动”的空间布局发展模式。随着广佛之间南沙海港、广州新客站、新白云机场海陆空三大区域性基础设施的建成投入使用，基础设施共享成为广佛合作的战略选择，广佛之间的联系点增加为“三个点，一个面”，并且围绕三大基础设施构筑的高快速路网、地铁轨道交通线网推动广佛两市交通基础设施的全面一体化。

基础设施一体化进一步促进广佛两市各种资源要素的自由流动，都市区内部地区之已出现重新分工，走向更加专业化的道路，进而在整个都市区内部实现体系化。广佛都市区将在“网络化”交通设施的基础上，形成中部广佛发展主轴构成的都会区和外围珠二环构成的产业分布廊的空间结构，形成典型的“核心—边缘”空间一体化发展模式。实践证明，广佛交通基础设施网络的建设为加快广佛同城和城市功能结构优化发挥了重要作用。

为推动长三角地区基础设施互联互通，长三角地区三省一市加强“十三五”交通运输规划衔接，加快构建长三角更加方便快捷的综合立体交通运输体系，建立“长三角综合交通运输信息共享应用与服务系统”。自2008年起，长三角高速铁路网建设拉开序幕，以上海、南京、杭州、合肥为主要节点的高速铁路网络推动区域快速融合，高铁的公交化真正凸显了“同城效应”，交通便利化推动了人员、货物的快速流动，优化了资源配置和产业布局。从高速公路到高速铁路，长三角区域“内循环”进一步加速。2008 年 4 月，华东地区首条高速铁路——合宁客专开通运营，合肥至南京不到 1 小时，至上海只需 3 小时，安徽快步牵手长三角主要城市。2010 年 7 月，沪宁城际开通运营，极大促进了区域内资本、技术、人力资源的快速流动，上海、江苏“2 小时交通圈”正式形成。2010 年 10 月，沪杭高铁开通运营，从根本上缓解了沪杭交通走廊运输紧张状况。2013 年 7 月，宁杭、杭甬高铁同步开通，以上海、南京、杭州为中心城市的“高铁都市圈”正式形成，南京与杭州之间往来不再需要绕行上海，旅行时间比原来的 3 个多小时缩短一半以上。

长江中游城市群也积极推进交通运输方面的互联互通。2013 年以来，武汉、长沙、合肥、南昌四市已签订了《交通运输合作联席会制度》《交通运输发展规划合作机制》《道路运输行政执法协助工作机制》《公路信息交流合作机制》等四个合作文件。四市就各自的《“十三五”交通运输发展规划》进行了交流对接，在连通四市的一些高速公路项目建设时间和进度上部分达成了一致意见，如武深高速涉及武汉与长沙市的对接，武阳高速涉及武汉与南昌市的对接等。2016 年 3 月，在第四届会商会上签署的《南昌行动》中明确提出要开展长江中游四市一卡通互联互通工作。2016 年 10 月，四市交通部门在合肥举行四城市交通运输联席会，签署了《长江中游城市群互联互通战略框架协议》和《长江中游城市群省会城市交通一卡通合作框架协议》，进一步细化了交通一卡通工作方案及工作步骤。目前，四市正积极筹备设立华中一卡通公司，四市通用的公交“一卡通”即将投入试运行。

三、推动产业合作、园区共建和产业转移

城市间具有紧密的经济联系是城市群形成的重要特征，城市群的竞争力很大程度上取决于群内城市间的产业分工与合作。珠三角、长三角等地区通过推动产业合作、园区共建和产业转移，不断深化城市群内部城市间的经济联系。

为推动珠三角城市群产业协调发展和产业梯度转移，2010 年 7 月，广东省印发了《珠江三角洲产业布局一体化规划（2009—2020 年）》，提出了推进珠三角产业布局一体化，遵循产业发展规律，强化市场导向功能，打破行政体制机制障碍，整合资源、集约发展，构建特色突出、错位发展，分工协作、互补互促，空间集聚、布局优化的产业发展新格局，实现资源要素配置效率最大化，提高珠三角区域整体竞争力。以此为依托，珠三角城市群积极推动城市群核心城市与外围城市产业互补错位发展。目前，珠三角制造业总体上呈现出以广州、深圳为中心，珠江口东岸、西岸为重点的发展格局，珠江口东岸深圳、东莞、惠州以电子信息产业为主，珠江口西岸珠海、中山、江门、肇庆以电气机械优势传统产业为主，广佛以装备、汽车、电气机械制造业为主，地区间产业分工协作体系逐步形成。

同时，在珠三角城市群内部，产业转移和园区共建也在积极推进之中。如广州市和佛山市积极引导广州造船业、汽车业和佛山的陶瓷、铝材等传统优势产业向肇庆市转移。2012 年肇庆市全市共承接产业转移项目 137 个，计划总投资 368.62 亿元，其中来自广佛地区的项目超过 80 个，计划总投资约占三成，目前在肇庆投资的广佛

企业已占肇庆承接珠三角产业转移的七成以上。在2012年召开的广佛肇经济圈第三次市长联席会议决定在肇庆市怀集县共建经济合作区，这也是珠三角地区第一个经济圈内三市共建的产业合作园区。

长三角城市群同样加快构建城市群内横向错位发展、纵向分工协作的产业格局，推动城市间产业合作。2009年以来，长三角城市群的合作发展一直侧重在产业领域。2009年长三角第一次联席会议讨论的重点包括安徽地区承接产业转移，尤其是皖江城市带承接产业转移示范区的建设。2011年的联席会议上，上海提出把转变经济发展方式作为深化区域合作的中心任务，江苏瞄准"新亚欧大陆桥东方桥头堡"目标定位，浙江围绕"海洋经济"做文章，安徽希望"皖江示范区"成为沪苏浙地区产业和资本向中西部转移的首选之地。2018年4月，长三角城市经济协调会第18次市长联席会议提出，长三角城市群将在大数据应用、新能源产业、智慧医疗等领域推进新一轮合作，深化区域一体化发展。在长三角城市群新一轮的合作中，将通过设立专业委员会的形式，在大数据应用和新能源产业领域搭建合作平台；搭建长三角区域新能源产业数据、信息、政策的共享平台和成果展示等服务平台，构建长三角新能源产业体系；新设立智慧医疗、智慧城区、产业特色小镇等4个合作联盟。

四、推动公共服务共建共享

实现公共服务共享，既是城市群经济社会发展的重要内容和基础，也是城市群建设和发展的重要途径和措施。珠三角、长江中游等地区在交通服务、社保、公共卫生协作等领域加大合作力度，推动城市群公共服务共建共享。

为推动珠三角地区公共服务共建共享，2010年7月，广东省印发了《珠江三角洲基本公共服务一体化规划（2009—2020 年）》，提出从公共教育、公共卫生、公共文化、公共交通、生活保障、住房保障、就业保障、医疗保障、生态与环境和现代服务业等 10 个方面，从资源共享、制度对接、待遇互认、要素趋同、流转顺畅、差距缩小、城乡统一、指挥协调等 8 个目标路径逐步推进一体化。2013 年 5 月，珠三角 9 市签订创业公共服务区域合作框架协议，标志着珠三角地区就业创业基本保障一体化迈出了实质性的一步。以广佛肇经济圈为例。在交通服务一体化方面：广佛接壤地区公路客运公交改造完成，37 条广佛城巴、快巴连接两市主要客运枢纽，广佛公交线路覆盖两市各大出行组团；广佛出租车在客流集中地实现异地上客，18 个出租车回程点竖牌开通；广佛肇已实现车辆通行费年票互认，公交卡（含广佛通卡）通过升级“岭南通”实现区域内一卡通行。在社会保险一体化方面：广佛肇之间养老保险和流动就业人员失业保险关系实现无障碍转移，开展了指定医院参保人医疗费用直接结算；广州在佛山认定了 9 家医保定点医疗机构，在肇庆认定 4 家；佛山在广州认定 30 家，在肇庆认定 8 家；肇庆在广州认定 1 家，在佛山认定 8 家。在教育培训方面，从 2010 年起广佛肇启动重点中等职业学校互招工作，三市每年分别选定 2—5 家中职学校，拿出 100 个名额面向其他两市招生。三市教育城域网实现互联互通，教育云计算平台正在建设之中。

为推动长江中游城市群公共服务一体化，2014 年 12 月，武汉、长沙、合肥、南昌 4 市住房公积金管理机构在全国率先打破公积金贷款管理的城市壁垒，开展省际住房公积金异地互认互贷，这一经验随后被住建部借鉴于全国推开。2015 年 12 月，4 市实现基本医疗保险异地就医即时结算，惠及长江中游城市群 3000 万民众，还建立了“长江中游城市群公共卫生协作中心”，成立了急救联盟。如今，联盟已由 4 市发展至长江中游城市群中的 20 个城市。为了推进就业创业，4 市还建立了人力资源和社会保障局局长联席会议制度，实现了退休人员异地年审互认、就业创业和人力资源管理统一互惠政策。4 市还推动 4 市工商政务信息的整合共享，建立了质量技术监督一体化机制、食品药品稽查协作机制，初步实现了通关一体化。4 市还开发了“长江中游城市群旅游年卡”，4 市市民只要花 200 元，就可以不限次数游览 4 市 43 个旅游景点。

五、加强污染联防联控和生态环境共同保护

大气污染和水污染等环境影响是城市群形成过程中区域负外部性的重要表现。近年来，珠三角、长株潭等城市群积极开展污染联防联控和跨界生态保护工作，不断将城市群形成过程中的负外部性内部化。

珠三角城市群积极推动城市群污染联防联控工作。2010 年 7 月，广东省印发了《珠江三角洲环境保护一体化规划（2009—2020 年）》。2017 年 6 月，《珠三角国家森林城市群建设规划（2016—2025 年）》正式印发实施。珠三角已建立了大气污染联防联控技术示范区，组建了覆盖区域的大气环境质量监测预警网络，形成了区域空气质量管理体系等运行机制。在珠三角城市群内部的广佛肇经济圈，2011 年 12 月出台的《广佛肇经济圈生态环境保护和建设规划（2010—2020 年）》提出将构建以生态屏障、生态绿核、生态廊道、生态斑块构成的生态安全格局。在污染联防联控方面，广佛肇三市以水环境综合治理与大气污染联防联治为突破口，共同打造广佛肇优质生活圈。在水污染联防联控方面，三市共同整治交界河涌，完成市桥

河、花地河、汾江河、葵蓬涌、秀水涌等多条广佛交界河涌的综合整治。同时，三市联合加强西江流域水资源保护，初步建立起水环境质量监控和数据共享网络。三市联合打击西江河道非法采砂行为，确保西江河道堤防、航运、渔业生产安全。在大气污染联防联控方面，三市环保部门制定了空气污染综合整治实施方案，以全面实施机动车环保标志为切入点，严格机动车污染管控，联手推进大气挥发性有机物的污染控制。在协同处置固体废弃物方面，广佛两市制定了《广佛同城化建设固体废物联合执法工作方案》，同时联合肇庆市对危险废物产生及处置企业开展执法行动，成功查处一批无证经营、非法转移危险废物的违法行为。

长株潭城市群三市共同加强“生态绿心”保护。为了推动城市群跨界地区生态环境保护，长株潭城市群大胆启用“绿心”概念，巧借生态“绿心”，探索“保护”与“发展”的平衡点，摒弃“摊大饼”式的城市发展模式，把绿心地区作为长株潭“空间整合关键、功能提升依托、三市联系纽带”，极大促进了长株潭城市群的绿色发展，有效提升了长株潭城市群的品质。长株潭城市群绿心是中国最具典型代表性的城市群绿心，位于呈品字形布局的长株潭三市中心，面积达 522.87 平方公里，是长株潭城市群重要的生态屏障。为保护生态绿心，长株潭地区编制出台了《绿心总体规划》和《绿心保护条例》。以此为依据，长株潭地区将绿心地区划分为禁止开发区、限制开发区、控制建设区三个层次，划定绿心地区管制红线；加大投入，通过植树造林、生态修复等方法，增加生态产品供给；出台了《长株潭生态绿心地区建设项目准入管理程序》，建立了国土、规划、林业、环保等部门绿心项目选址联合审查机制，实行最严格的建设项目准入制度，并遵循所设定的产业门槛，积极清退污染企业。

第四节　以城市群为核心优化城镇化布局和形态

《国家新型城镇化规划》提出，以城市群为主体优化城镇化空间布局和形态。可以预计，未来城市群将成为中国生产力布局新的增长点，也将是城市与区域发展中最具活力和潜力的核心内容。中国城市群发展目标是通过实施集群化式城市发展战略，到 2030 年形成多层次、开放性城市群体系。多层次城市群包括三方面内容：从城市规模看，将形成城市带、城市群、巨型城市、超大城市、特大城市、大城市、中等城市、小城市、小城镇、居民点协调发展的城市发展格局；从空间影响看，城市发展将自成体系，既有世界城市和国际化城市，也有国家级城市和区域城市；从城市功能看，将呈层级分化趋势，少数城市将成为全球经济控制和管理中心，成为世界顶级城市，同时存在以管理和服务、生产和加工为主要功能的城市。

“十三五”规划纲要提出，要规划建设 19 个城市群，打造带动我国经济持续增长、促进区域协调发展、参与国际合作与竞争的主要平台。未来，要在统筹制定城市群发展规划的基础上，深化细化配套政策措施，建立健全协同工作机制，扎实有序推动规划各项目标任务落到实处。一是要坚持规划引领，形成发展合力。要做实做细规划实施方案，做好地方各级各类规划与城市群规划的有效衔接，鼓励有条件的地方探索“多规合一”，加强对规划落实情况的考核评估；创新一体化发展体制机制，加快完善协同发展机制，强化沟通统筹，形成发展合力；要从更广阔的范围内加强各城市群之间的衔接，促进产业有序转移，发挥各自优势、实现良性互动。二是要坚持问题和目标导向，实现重点突破。要按照规划提出的目标任务，因地制宜、分类施策，根据城市群发展基础和阶段明确主攻方向，在创新驱动发展、生态环境联防联治、基础设施互联互通、推动公共服务一体化、构建开放一体的市场体系等方面率先实现突破。三是要遵循规律，处理好城市群建设中政府和市场关系。一方面要充分发挥市场的决定性作用，通过构建一体化产业集群强化城市群有机联系和内生动力，坚决避免“拉郎配”；另一方面政府要主动作为，破除城市间的“玻璃门、暗门槛”，加强基础设施布局、生态环境治理、公共服务供给等方面的统筹，建立完善信息共享机制，促进形成政府与市场间的良好沟通、有机互动，引导城市群空间合理拓展、经济均衡增长、协同机制健全。

第八章　城镇化进程中的生态环境保护

改革开放以来，工业化和城镇化的快速发展使得中国城市生态环境遭受巨大压力。随着中国政府对城市环境管理逐渐重视，加之社会各界的积极参与，中国城市生态环境逐步好转，绿色成为中国城镇化的底色。尤其是党的十八大以来，在习近平生态文明思想指引下，通过逐步改革环境保护管理体制机制，加强环境法治和监督执法能力建设，中国城市大气、水、固体废物等污染治理取得了显著成效，污染防治攻坚战取得了阶段性胜利。未来中国将继续坚持城市绿色发展理念，提高城市空间利用效率，大力发展绿色交通、绿色建筑、绿色社区，深入推进生态文明理念融入城镇化进程。

第一节　理论创新与体制机制改革逐步深入

从将环境保护列为基本国策，到提出可持续发展理论，再到当前的生态文明思想，随着对环境保护的重视程度不断加深，对环境保护的内涵外延理解不断深入，中国环境保护理论体系得到了创新发展。通过一系列机构改革措施，中国逐步理顺了环境保护管理体制，有效改善了“九龙治水”的困局。“最严”环保法的出台以及中央环保督察的“亮剑”提高了环境保护的强度和力度，真正使环境保护工作“挺起了腰杆”。中国生态环境保护顶层设计的一系列改革创新举措，从指导思想、体制机制、法制建设、监督执法等不同层面，为城市生态环境保护实践提供了基础和保障。

一、理论体系不断完善

1983 年第二次全国环境保护会议召开，中国将环境保护确立为一项基本国策，突出环境保护的重要性，要求环境保护与经济建设同步发展。2003 年，时任中共中央总书记胡锦涛提出：坚持以人为本，树立全面、协调、可持续的发展观，促进经济社会和人的全面发展。可持续发展是指既满足当代人的需要，又不损害后代人满足需要的能力的发展。党的十八大以来，中国生态环境保护在习近平生态文明思想的指引下，在不断的探索实践中迈入了新时代。

习近平生态文明思想的萌芽可以追溯到“两山理论”，早在 2005 年，时任浙江省委书记的习近平就在《之江新语》专栏发表文章，提出了“既要绿水青山，又要金山银山”的观点。2013 年 9 月 7 日，习近平在哈萨克斯坦纳扎尔巴耶夫大学发表演讲时阐述了“两山理论”：“我们既要绿水青山，也要金山银山。宁要绿水青山，不要金山银山，而且绿水青山就是金山银山。”党的十八大以来，在习近平总书记的领导下，中国将生态环境保护提升到前所未有的高度，“像保护眼睛一样保护生态环境，像对待生命一样对待生态环境。”2012 年 11 月，党的十八大报告提出全面落实经济建设、政治建设、文化建设、社会建设、生态文明建设“五位一体”总体布局，生态文明建设首次被纳入中国特色社会主义建设总体布局。2015 年

5月5日，党中央、国务院发布了《关于加快推进生态文明建设的意见》，2015年9月，党中央、国务院印发了《生态文明体制改革总体方案》。2017年10月，党的十九大报告指出，到本世纪中叶，要把中国建成富强民主文明和谐美丽的社会主义现代化强国。“美丽”首次被写入全面建设社会主义现代化强国奋斗目标。在2018年5月18—19日召开的全国生态环境保护大会上，习近平系统阐述了生态文明思想。习近平指出，生态文明建设是关系中华民族永续发展的根本大计。生态文明建设正处于压力叠加、负重前行的关键期，已进入提供更多优质生态产品以满足人民日益增长的优美生态环境需要的攻坚期，也到了有条件有能力解决生态环境突出问题的窗口期。新时代推进生态文明建设，必须坚持人与自然和谐共生、绿水青山就是金山银山、良好生态环境是最普惠的民生福祉、山水林田湖草是生命共同体、用最严格制度最严密法治保护生态环境、共谋全球生态文明建设等六大基本原则。

专栏 8-1　中国历次环境保护会议

1973 年 8 月 5—20 日中国召开了第一次全国环境保护会议，审议通过了《关于保护和改善环境的若干规定》，这是中国第一个具有法规性质的环境保护文件。会议正式提出“全面规划，合理布局，综合利用，化害为利，依靠群众，大家动手，保护环境，造福人类”的环境保护方针。

1983 年 12 月 31 日至 1984 年 1 月 7 日，第二次全国环境保护会议召开，会议正式确立了环境保护是国家的一项基本国策。会议提出，经济建设、城乡建设和环境建设要同步规划，同步实施，同步发展。

1989 年 4 月 28 日—5 月 1 日，第三次全国环境保护会议召开，会议提出要加强制度建设，深化环境监管，向环境污染宣战，促进经济与环境协调发展。

1996 年 7 月 15—17 日，第四次全国环境保护会议召开，提出保护环境是实现可持续发展战略的关键，保护环境就是保护生产力。

2002 年 1 月 8 日，第五次全国环境保护会议召开，提出环境保护是政府的一项重要职能，要按照社会主义市场经济的要求，动员全社会的力量做好这项工作。

2006 年 4 月 17—18 日，第六次全国环境保护大会召开，会议提出了“三个转变”：一是从重经济增长轻环境保护转变为保护环境与经济增长并重；二是从环境保护滞后于经济发展转变为环境保护与经济发展同步；三是从主要用行政办法保护环境转变为综合运用法律、经济、技术和必要的行政办法解决环境问题，提高环境保护工作水平。

2011 年 12 月 20—21 日，第七次全国环境保护大会召开，会议强调，推动经济转型，提升生活质量，为人民群众提供水清天蓝地净的宜居安康环境。

2018 年 5 月 18—19 日，第八次全国生态环境保护大会召开，中共中央总书记、国家主席、中央军委主席习近平出席会议并强调，生态文明建设是关系中华民族永续发展的根本大计。生态环境是关系党的使命宗旨的重大政治问题，也是关系民生的重大社会问题。会议提出，加大力度推进生态文明建设、解决生态环境问题，坚决打好污染防治攻坚战，推动中国生态文明建设迈上新台阶。

资料来源：根据生态环境部微信公众号资料整理。

二、管理体制得到理顺

中国生态环境保护管理机构经历了从无到有，从附属到独立，大部制改革和职能整合等历程，从1974年成立国务院环境保护领导小组到2018年组建生态环境部，生态环境保护的管理体制逐步得到理顺。

长期以来，中国生态环境保护领域，体制机制方面存在两个较为突出的问题：一是职责交叉重复，叠床架屋、九龙治水、多头治理；二是没有很好地区分监管者和所有者，管理机构既是运动员又是裁判员。新的机构改革方案较好地解决了上述问题。新成立的生态环境部吸纳了之前分散在发展改革委、原国土资源部、水利部、原农业部、原国家海洋局、原国务院南水北调办等部门生态环境保护职责，实现了地上和地下，岸上和水里，陆地和海洋，城市和农村，一氧化碳和二氧化碳的“五个打通”。[①] 生态环境部进一步增强了监管方面的四大职能：一是制定生态环境政策、规划和标准；二是监测和评估生态环境变化状况；三是对生态环境违法行为进行执法检查，统一行使生态和城乡各类污染排放监管与行政执法职责；四是对地方政府以及相关部门进行督查和问责。

就绿色城镇化建设来看，由于其复杂性和全面性，目前仍然需要依靠生态环境部会同发展改革委、住建部、水利部等部委来共同推动。

---

① 摘自2018年3月17日十三届全国人大一次会议记者会上环境保护部部长李干杰的讲话。

专栏 8-2 中国环境保护管理机构调整过程

1974 年 5 月，国务院环境保护领导小组成立并召开第一次会议。

1975 年，黄河水源保护管理机构，黄河流域水资源保护局成立。

1982 年 2 月，第五届全国人大常委会决定，组建城乡建设环境保护部，部内设环境保护局。撤销国务院环境保护领导小组。

1984 年 5 月，设立国务院环境保护委员会，国务院副总理李鹏兼任环委会主任。

1984 年 12 月，国家环境保护局成立，仍由城乡建设环境保护部领导。

1988 年 4 月，第七届全国人大第一次会议批准国务院机构改革方案，成立独立的国家环境保护局（副部级），明确为国务院直属机构。

1993 年，第八届全国人大增设环境保护委员会，后更名为环境与资源保护委员会。

1998 年 3 月，第九届全国人大第一次会议通过国务院机构改革方案，国家环境保护局改为国家环境保护总局（正部级），作为国务院的直属机构，撤销国务院环境保护委员会。

2008 年 7 月，国家环境保护总局升格为环境保护部，成为国务院组成部门。

2018 年 3 月，第十三届全国人大第一次会议批准国务院机构改革方案，组建生态环境部，作为国务院组成部门，不再保留环境保护部。4 月 16 日，生态环境部正式挂牌。

资料来源：根据生态环境部微信公众号资料整理。

三、法律法规逐步健全

中国目前已经初步形成了包括环境保护基本法、环境保护单行法和环境保护法规、规章以及地方性环境保护法规组成的环境保护法律体系。1976 年 9 月，中国首次颁布了《中华人民共和国环境保护法（试行）》，环境保护开始进入法制轨道。1989 年 12 月，第七届全国人大常委会正式通过《中华人民共和国环境保护法》，并以中华人民共和国主席第 2 号令公布实施。2014 年 4 月，第十二届全国人民代表大会常务委员会第八次会议修订通过《中华人民共和国环境保护法》，2015 年 1 月 1 日起施行。新法赋予环境执法查封、扣押、拘留、按日计罚等权利，被誉为"史上最严"环保法。

目前，全国人大常委会制定了环境保护法律 10 件、资源保护法律 20 件；地方人大和政府制定了地方性环保法规和规章 700 余件；国务院有关部门制定环保规章数百件；国家还制定了 1000 余项环境标准。[①] 中国环境保护法制建设逐渐完善，环境保护法治意识逐步加强，环保法律作为环境保护的利剑，必将捍卫来之不易的蓝天、绿水、青山。

党的十八大以来，国家、地方对不适应环保发展的法律、法规进行修订、完善，使其更切合实际、更具操作性。原环境保护部积极配合人大立法机关，制修订了包括环境保护法、大气污染防治法等在内的 8 部法律，并推进完成了 9 部环保行政法规和 23 件环保部门规章的制修订。一些省市也积极运用地方立法权，根据当地需求制定了更高标准、更为严格的管理制度和相应的行政处罚制度[②]。

① 岳跃国：《环境法治：新常态下酝酿新突破》，《中国环境报》2014 年 10 月 21 日。

② 陈媛媛：《严格监管　推进环境与经济协调发展——党的十八大以来环境法治建设述评》，《中国环境报》2017 年 10 月 13 日。

同时，中国政府全面向污染宣战，2013年9月，国务院发布《大气污染防治行动计划》（以下简称“大气十条”），2015年4月发布了《水污染防治行动计划》（以下简称“水十条”），2016年5月发布了《土壤污染防治行动计划》。

表8-1　中国主要的环境保护相关法律法规

类别	名称
环境保护基本法	《中华人民共和国环境保护法》
环境保护单行法	《中华人民共和国海洋环境保护法》《中华人民共和国大气污染防治法》《中华人民共和国水污染防治法》《中华人民共和国环境噪声污染防治法》《中华人民共和国固体废物污染环境防治法》《中华人民共和国环境影响评价法》《中华人民共和国清洁生产促进法》《中华人民共和国循环经济促进法》等
环境保护法规	《中华人民共和国大气污染防治法实施细则》《中华人民共和国水污染防治法实施细则》《大气污染防治行动计划》《水污染防治行动计划》《土壤污染防治行动计划》《建设项目环境保护管理条例》《消耗臭氧层物质管理条例》《国务院关于实行最严格水资源管理制度的意见》《放射性物品运输安全许可管理办法》等

四、监督执法日益严格

党的十八大以来，中国环保监督执法力度显著增强。自2015年12月启动河北省环保督察试点以来，中央环保督察组在2016年7月和11月、2017年4月和8月，分四批对另外30个省（区、市）开展督察，实现了全国31个省（区、市）的督察全覆盖，问责人数超过1.8万，累计向地方交办群众举报10.4万件，地方已办结10.2万件，解决群众身边环境问题约8万件[①]。2018年5月份，生态环境

① 李干杰：《在十九大“践行绿色发展理念，建设美丽中国”记者招待会上的讲话》。

部又启动了第一批中央环境保护督察“回头看”行动，重点督察经党中央、国务院审核的中央环境保护督察整改方案总体落实情况，督察整改方案中重点环境问题具体整改进展情况，督察生态环境保护长效机制建设和推进情况。

环境执法能力和力度的不断加强，还体现在环境保护违法案件数量的骤增上。依据史上最严的新环境保护法，查封扣押、停产限产、按日连续罚款、移送拘留成为遏制环境违法行为的重要手段和有力武器。2017 年 1—11 月，全国适用环境保护法配套办法的案件总数35667件，同比增长102.4%①。因甘肃祁连山国家级自然保护区生态环境问题，包括 3 名副省级干部在内的几十名领导干部被严肃问责，批准逮捕祁连山破坏环境资源犯罪案件 8 起 16 人。

2016 年，“12369 环保举报管理平台”建成运行，实现各级“12369”热线电话、微信、网络等举报渠道整合和“国家—省—市—区县”四级数据互联共享。截至 2017 年底，管理平台共接到举报 88 万余件，其中电话举报近 60 万件，微信举报 19 万余件，网络举报 9 万余件。

第二节　城市大气环境质量明显改善

近年来以城市雾霾为主的大气污染问题已经成为人民群众心中的“痛点”，严重影响了百姓的正常生活。随着“大气十条”的颁布，中国打响了一场史无前例的蓝天保卫战，通过调整产业结构和能源

① 中国环境报编辑部：《生态环保攻坚这一年》，《中国环境报》2018 年 1 月 2 日。

结构、实施工业节能减排、机动车污染治理、散煤整治等多项措施，中国空气质量在全国范围和平均水平上总体改善，重点区域明显好转，大气污染防治取得了阶段性进展。

一、"大气十条"完美收官

为解决中国严重的大气污染问题，改善空气质量，2013 年 9 月，国务院颁布实施"大气十条"，提出 10 条 35 项重点任务措施，包括减少污染物排放、严控高耗能、高污染行业新增产能、大力推行清洁生产等内容，明确要求到 2017 年，全国地级及以上城市可吸入颗粒物（PM10）浓度比 2012 年下降 10% 以上。京津冀、长三角、珠三角等区域细颗粒物（PM2.5）浓度分别下降 25%、20%、15% 左右，

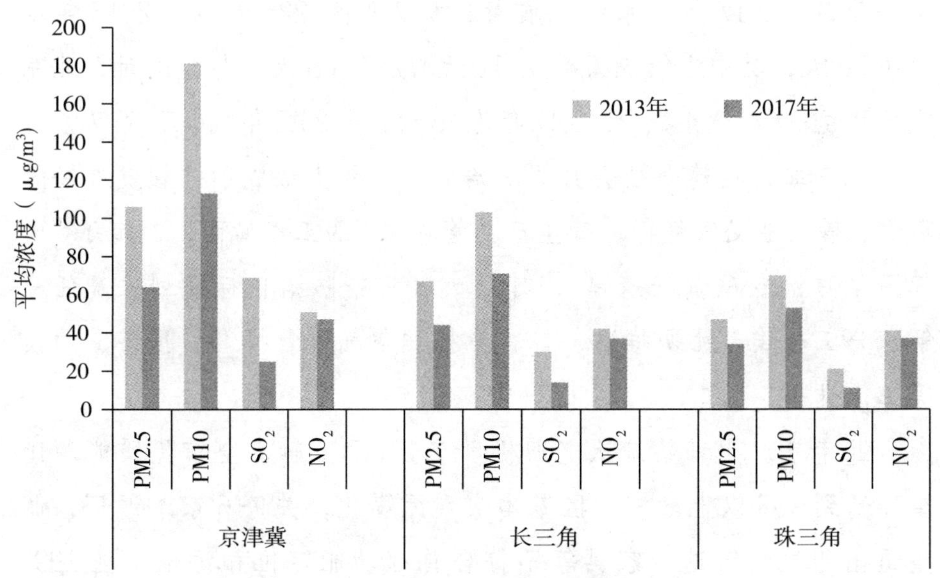

图 8–1　中国重点区域典型污染物浓度

资料来源：根据《中国环境状况公报》数据整理。

其中北京市PM2.5年均浓度控制在每立方米60微克左右。

《2017年中国生态环境状况公报》数据显示，全国地级及以上城市PM10平均浓度为每立方米75微克，比2013年下降22.7%；京津冀、长三角、珠三角等重点区域PM2.5平均浓度分别为每立方米64微克、44微克、34微克，分别比2013年下降39.6%、34.3%、27.7%，珠三角区域PM2.5平均浓度连续三年达标。北京市PM2.5年均浓度从2013年的每立方米89.5微克降至每立方米58微克。“大气十条”确定的各项空气质量改善目标全面实现。

专栏8-3 北京顺利完成“大气十条”任务目标

2017年北京SO_2、NO_2、PM10、PM2.5平均浓度比2013年分别下降70.4%、17.9%、22.2%、35.6%，其中2017年SO_2年均浓度首次降至个位数。2017年北京空气质量达标天数为226天，比2013年增加了50天，其中1级优天数从41天增加到66天，与此同时，北京空气重污染天数逐年减少，2017年为23天，比2013年减少了35天。

北京通过构建全社会共同防治体系，初步形成了“管发展必管环保、管行业必管环保、管生产必管环保”的工作局面，制定了“大气污染防治专项责任清单”，建立大气污染防治目标规划、责任分解、分工合作、协调推进、督查考核和空气质量排名、预警、约谈等工作机制。

五年来，北京共淘汰老旧机动车216.7万辆，全市优质能源比重提高到90%以上，核心区基本实现无煤化，关停6家水泥厂，调整退出印刷、铸造、家具等不符合首都功能定位和污染企业1992家，完成1.1万家“散乱污”企业分类清理整治。此外，提高环保执法强度和精度，建立经济政策激励与环保标准约束并举的节能减排新机制，建设“天空地”一体化空气质量监测网络，建立并深化大气污染联防联控机制等，也是北京打赢蓝天保卫战的有效“法宝”。

资料来源：杨学聪：《北京宣布完成国家“大气十条”任务目标》，《经济日报》2018年1月3日。

二、工业节能减排成效明显

“节能减排”的概念来自《中华人民共和国国民经济和社会发展第十一个五年规划纲要》，“十一五”规划提出单位国内生产总值能耗降低20%左右，主要污染物（COD和二氧化硫）排放总量减少10%的约束性指标，节约能源与减少污染物排放两个指标结合在一起，形成了“节能减排”的具体内涵。2007年国务院以国发15号文件的形式，印发了国家发改委会同有关部门制定的《节能减排综合性工作方案》，对“十一五”期间的节能减排工作做出了进一步部署。之后每个五年规划均会提出对能源节约和污染物减排的控制目标，相应地，国家也出台了《“十二五”节能减排综合性工作方案》和《“十三五”节能减排综合性工作方案》。具体的节能减排目标以及完成情况见表8–2。

表8–2　中国不同时期节能减排目标及完成情况

单位：%

时间 指标	“十一五”时期		“十二五”时期		“十三五”时期
	目标	完成情况	目标	完成情况	目标
单位GDP能源消耗降低	20左右	19.1	16	18.2	15
万元GDP用水量下降	30	36.7	30	35	23

续表

指标 \ 时间		"十一五"时期		"十二五"时期		"十三五"时期
		目标	完成情况	目标	完成情况	目标
主要污染物排放总量减少	化学需氧量	10	14.29	8	12.9	10
	氨氮	/	/	10	13	10
	二氧化硫	10	12.45	8	18	15
	氮氧化物	/	/	10	18.6	15

中国在“十五”规划时期就提出了污染物总量控制的目标，但其中二氧化硫的控制目标没有实现，因此从“十一五”时期开始，中国提出了以二氧化硫为主的大气污染物总量控制指标，“十二五”时期又加入了氮氧化物指标。2017 年二氧化硫和氮氧化物排放量分别为 1103 万吨和 1394 万吨，分别比有统计数据以来的最高值下降了 57.4% 和 42.0%。而减少二氧化硫和氮氧化物排放量的主要工程措施就是对现役及新建燃煤发电、钢铁、水泥等行业的生产设备加装脱硫脱硝设施。

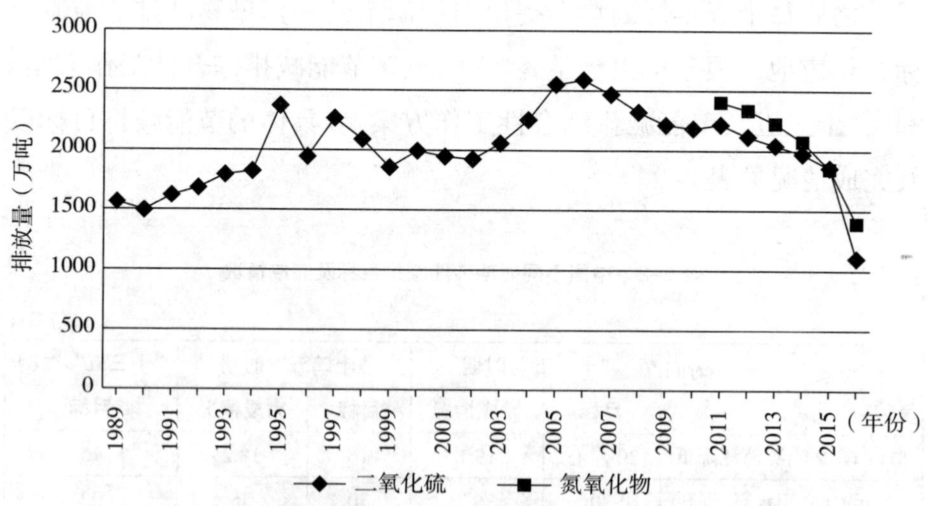

图 8-2　中国主要大气污染物随时间变化情况

资料来源：根据《中国环境统计年鉴》数据整理。

根据中国环保产业协会脱硫脱硝委员会总结的数据：2016年新建投运火电厂烟气脱硫机组容量约5000万千瓦，投运火电厂烟气脱硝机组容量约9000万千瓦。根据该委员会统计，截至2016年底，全国已投运火电厂烟气脱硫机组容量约8.48亿千瓦，占全国火电机组容量的80.5%，占全国煤电机组容量的比重从2005年的4.3%上升至90.0%；已投运火电厂烟气脱硝机组容量约8.64亿千瓦，占全国火电机组容量的82%，占全国煤电机组容量的91.7%。

2015年12月2日，国务院总理李克强召开国务院常务会议，决定全面实施燃煤电厂超低排放和节能改造，大幅降低发电煤耗和污染排放。对完成超低排放改造的燃煤发电企业给予上网电价补贴，标准为每千瓦时1分钱（含税）。2016年，国内燃煤电站脱硫脱硝行业全面进入超低排放改造的高峰。截至2016年底，全国燃煤电站超低排放改造竣工4.25亿千瓦。

三、机动车污染排放治理取得积极进展

2009年中国首次成为世界汽车产销第一大国，机动车尾气排放成为中国大中城市空气污染的主要来源。中国政府通过推进机动车污染排放标准和油品标准升级、淘汰黄标车和老旧车以及推广新能源汽车等手段，在控制机动车污染排放方面取得了积极进展。

根据《中国机动车污染防治年报》数据，2009—2017年，中国一直保持世界汽车产销第一大国地位，2009年全国汽车产、销量分别达到1379.1万辆和1364.5万辆，机动车保有量接近1.7亿辆，到2017年，全国机动车保有量已经达到3.1亿辆，比1980年增长了46倍，其中汽车保有量达到2.17亿辆，新能源汽车保有量达到153.0万辆。

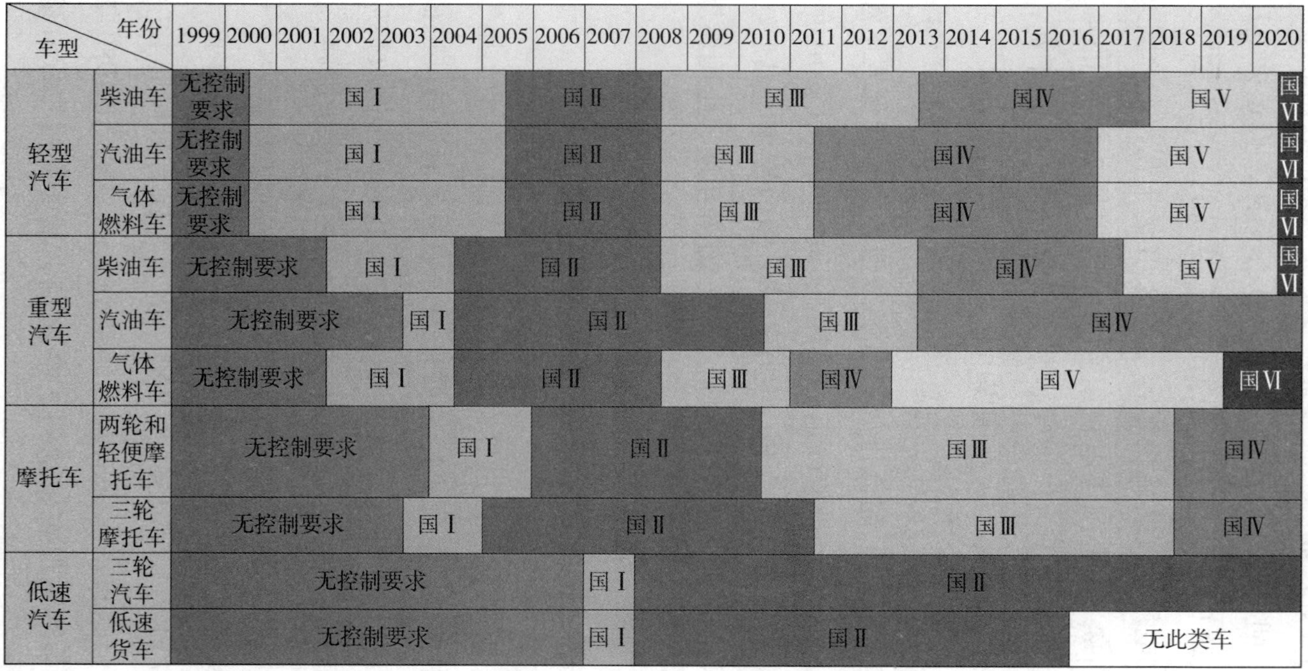

车型		1999	2000	2001	2002	2003	2004	2005	2006	2007	2008	2009	2010	2011	2012	2013	2014	2015	2016	2017	2018	2019	2020
轻型汽车	柴油车	无控制要求	国Ⅰ					国Ⅱ			国Ⅲ					国Ⅳ					国Ⅴ		国Ⅵ
	汽油车	无控制要求	国Ⅰ					国Ⅱ			国Ⅲ			国Ⅳ						国Ⅴ			国Ⅵ
	气体燃料车	无控制要求	国Ⅰ					国Ⅱ			国Ⅲ			国Ⅳ						国Ⅴ			国Ⅵ
重型汽车	柴油车	无控制要求			国Ⅰ		国Ⅱ				国Ⅲ					国Ⅳ				国Ⅴ			国Ⅵ
	汽油车	无控制要求				国Ⅰ	国Ⅱ						国Ⅲ			国Ⅳ							
	气体燃料车	无控制要求			国Ⅰ		国Ⅱ				国Ⅲ			国Ⅳ		国Ⅴ						国Ⅵ	
摩托车	两轮和轻便摩托车	无控制要求					国Ⅰ		国Ⅱ				国Ⅲ								国Ⅳ		
	三轮摩托车	无控制要求				国Ⅰ		国Ⅱ						国Ⅲ							国Ⅳ		
低速汽车	三轮汽车	无控制要求								国Ⅰ	国Ⅱ												
	低速货车	无控制要求								国Ⅰ	国Ⅱ								无此类车				

图 8-3 中国机动车污染排放标准进度图

资料来源：作者根据《中国机动车污染防治年报》资料整理。

中国机动车尾气污染控制排放标准目前已经经历了国Ⅰ—国Ⅴ五个阶段（如图 8–3 所示）。以轻型汽油车为例，2000 年 7 月 1 日开始实施国Ⅰ标准，2005 年 7 月 1 日开始实施国Ⅱ标准，2008 年 7 月 1 日开始实施国Ⅲ标准，2011 年 7 月 1 日开始实施国Ⅳ标准，2017 年 7 月 1 日开始实施国Ⅴ标准，2020 年 7 月 1 日全国范围即将开始实施国Ⅵ a 标准。基本上每隔 3—6 年机动车污染排放标准就会迎来一次升级，而每一次排放标准的升级，都使得各污染物排放限值降低 30%—50%，国Ⅵ标准已经是目前世界上最严格的机动车排放标准之一。

1998 年，国务院办公厅发出《关于限期停止生产销售使用车用含铅汽油的通知》，决定自 2000 年起在全国范围内停止生产、销售和使用车用含铅汽油，实现了车用汽油无铅化。由表 8–3 可以看出，国内油品质量标准不断升级，目前已在全国范围内供应国Ⅴ标准车用汽柴油，国Ⅴ汽油的硫含量限值比 2003 年时的国Ⅰ汽油降低了 98.75%，国Ⅴ柴油的硫含量限值比国Ⅰ柴油下降了 99.5%。京津冀及周边地区“2+26”城市已经提前于 2017 年 10 月 1 日起全面供应国Ⅵ标准车用汽柴油，禁止销售普通柴油，率先实现车用柴油和普通柴油并轨。

表 8–3　中国汽油油品质量标准情况

项目	第一阶段	第二阶段	国Ⅲ阶段	国Ⅳ阶段	国Ⅴ阶段	国Ⅵ a 阶段
执行时间	2003 年	2006 年	2010 年	2014 年	2017 年	2019 年
对应标准	欧Ⅰ	欧Ⅱ	国Ⅲ	国Ⅳ	国Ⅴ	国Ⅵ
硫（mg/kg）	800	500	150	50	10	10
苯	2.5	2.5	1.0	1.0	1.0	0.8
烯烃	35	35	30	28	24	18
芳烃	40	40	40	40	40	35

续表

项目	第一阶段	第二阶段	国Ⅲ阶段	国Ⅳ阶段	国Ⅴ阶段	国Ⅵa 阶段
锰	18	8	16	8	2	2

专栏 8–4　中国新能源汽车产业发展情况

2014 年以来，中央和地方各级政府，密集出台了包括财政补贴、税费减免、行业准入、用电价格、基础设施建设、公交运营补贴、公务车采购等在内的各项鼓励新能源汽车发展政策。据测算，新能源汽车国家和地方各类补贴总额已超过 1000 亿元。

我国新能源汽车发展呈现加速井喷态势，2012 年底前，我国新能源汽车数量为 1.7 万辆，2013—2014 年两年间，新增新能源汽车 10.1 万辆，2015 年新能源汽车销售量达到 33.1 万辆，2016 年和 2017 年，我国新能源汽车销售分别跃升至 50.7 万辆和 77.7 万辆，产销量连续三年居世界第一，达到世界总量的 50% 以上。截至 2017 年底，我国新能源车已累计推广 170 多万辆，保有量达到 153 万辆。

目前已有 32 个城市推出公交电动化规划，2017 年，深圳市 1.6 万辆公交全部实现电动化，成为全球第一个公交电动化的城市。北京市新能源和清洁能源公交车数量达到 1.5 万辆，占全市公交车比例为 65.6%，其中电动公交车 4500 余辆。

资料来源：根据《中国机动车管理年报》资料整理。

"大气十条"中规定，到 2017 年基本淘汰全国范围内的黄标车。淘汰黄标车和老旧车也成为 2014—2017 年《政府工作报告》中规定的明确任务。原环境保护部、发展改革委、公安部、财政部、交通部、商务部等部门先后发布了《2014年黄标车及老旧车淘汰工作方案》《关于全面推进黄标车淘汰工作的通知》等文件。2014—2017年，全国累计淘汰黄标车1154.7万辆，老旧车909.5万辆，圆满完成了淘汰任务。

四、生活源大气污染治理稳步推进

生活源大气污染排放主要来自散煤燃烧。随着“大气十条”的逐步实施，京津冀及周边区域开展了“煤改电”“煤改气”“减煤换煤”等控制散煤燃烧污染排放的措施，逐步扩大实施范围，提高实施力度，取得了良好的成效。

北京市逐步形成平房地区以“煤改电”为主，集中供热以“煤改气”为主，城乡接合部和农村地区以“减煤为主、换煤为过渡方式”的压减燃煤工作体系①。目前北京市核心区已基本实现无煤化，城六区基本实现无燃煤锅炉，城乡接合部和农村地区基本实现优质燃煤全覆盖。自2013年北京市开展压减燃煤工作至今，已累计削减煤炭消费总量超过1800万吨，2017年，北京市燃煤消费总量仅为485万吨，占能源消费总量比重的5.6%。按照计划，2018年北京煤炭消费总量将进一步削减至420万吨以内。

天津市在实现散煤洁净化100%全替代的同时，全力推进散煤清洁能源替代，从根本上解决散煤污染问题，加快实现标本兼治②。

① 魏国强：《多措并举，扎实推进北京市散煤污染治理工作》，《环境保护》2016年第6期。

② 天津市环境保护局大气处：《散煤治理：天津市改善环境的重要抓手》，《环境保护》2016年第6期。

通过推动全市商业活动散煤和机关企事业单位炊事散煤全部实现改燃气或改电，积极推进供热补建工作，天津市煤炭消耗总量从2012年的5300万吨下降至2017年的4000万吨，目前天津市城区散煤实现“清零”，武清区全面建成“无煤区”。

河北省在2013年11月率先成为全国实施清洁型煤战略的省份，主要通过行政推动和奖补激励来推进型煤推广工作。一是政策扶持，2014年河北省制定颁布了洁净颗粒型煤地方标准，各设区市相继出台洁净型煤的销售价格补贴政策。石家庄市每吨补贴360元，由市、县两级财政按照1 ∶ 1比例承担。二是推进洁净型煤产配体系建设，河北省洁净型煤生产配送体系建设自2013年底起步到2015年底，确定型煤建设项目164个。[①] 河北省通过进一步提高城市的集中供热率，探索“无煤化”的供热方式，有效减少了取暖用散煤燃烧量，2017年，河北省中心城市和重点县区全部消灭散煤燃烧。

第三节　城市水环境治理取得较大突破

随着“水十条”的深入实施，中国不断加强城市水源地环境保护力度，保障饮用水安全，逐步完善城市污水处理基础设施建设，提高污水治理能力，同时将人民群众反映强烈的城市黑臭水体问题列入重点治理领域，建立完善的监察体系，逐步消除城市黑臭水体，有效改善了城市水环境质量。

---

① 崔桂芳、宋艳彬：《河北居民散煤污染控制经验及途径探析》，《环境保护》2016年第6期。

一、水源地环境得到有效保护

城镇饮用水源地环境保护关乎城镇居民饮水安全，是城镇水环境治理的重中之重。近年来，国家高度重视水源地环境保护，发布了一系列政策、规划文件。2005 年，国务院发布了《国务院办公厅关于加强饮用水安全保障工作的通知》（国办发〔2005〕45 号），加强全国水资源保护和水污染防治工作。随后水利部对重要饮用水水源地实行核准和安全评估制度，发布了《全国重要饮用水水源地名录》，并于 2016 年对名录进行修订。2010 年 6 月，原环保部、发展改革委、住建部、水利部和原卫生部等五部门联合印发了《全国城市饮用水水源地环境保护规划（2008—2020 年）》，这是中国第一部饮用水水源地环境保护规划。2011 年，水利部发布了《关于开展全国重要饮用水水源地安全保障达标建设的通知》（水资源〔2011〕329 号），要求各地组织做好重要饮用水水源地安全保障达标建设和年度评估工作。2018 年 3 月，原环境保护部与水利部发布了《全国集中式饮用水水源地环境保护专项行动方案》，决定利用两年时间，在县级及以上城市（包括县级人民政府驻地所在镇）地表水型集中式饮用水水源保护区范围内完成划定饮用水水源保护区、设立保护区边界标志、整治保护区内环境执法问题等三项重点任务。

截至 2017 年底，全国 97.7% 的地级及以上城市集中式饮用水水源完成保护区标志设置；长江经济带地级及以上城市饮用水水源地环保执法专项行动排查出的 490 个环境问题全部完成清理整治；国家地下水监测工程建设基本完成，城乡饮用水水质监测覆盖了全国所有地市、县区和85%的乡镇[①]。

2015年颁布的“水十条”中明确规定，2020年，地级及以上城市集中式饮用水水源水质达到或优于Ⅲ类比例总体高于93%，2030年，城市集中式饮用水水源水质达到或优于Ⅲ类比例总体为95%左右。2017年，全国338个地级及以上城市898个在用集中式生活饮用水水源监测断面（点位）中，有813个全年均达标，占90.5%。其中地表水水源监测断面（点位）569个，有533个全年均达标，占93.7%；地下水水源监测断面（点位）329个，有280个全年均达标，占85.1%，水源地环境保护成效显著。

二、城市污水处理设施不断完善

城市污水处理及再生利用设施是保障居民安全健康生活，城市健康发展的重要设施。中国历来高度重视城市污水处理设施建设，随着中国城镇化水平的不断提高，城市污水处理设施建设也逐步完善。

1978年中国城市排水管道长度仅为2.0万公里，城市污水日处理能力仅为64万立方米，而2016年中国城市排水管道长度达到57.7万公里，是1978年水平的将近29倍，城市污水日处理能力达到14910万立方米，是1978年水平的233倍，城市污水处理设施建设增长速度非常惊人（见图8–4）。从时间序列来看，中国污水处理设施建设在改革开放初期提升比较缓慢，1995年城市污水日处理能力为714万立方米，城市排水管道长度为11万公里，这一时期污水处理厂建厂速率仅为5.2座/年。“九五”期间，随着水污染防治法

① 生态环境部：《2017年中国生态环境状况公报》，2018年。

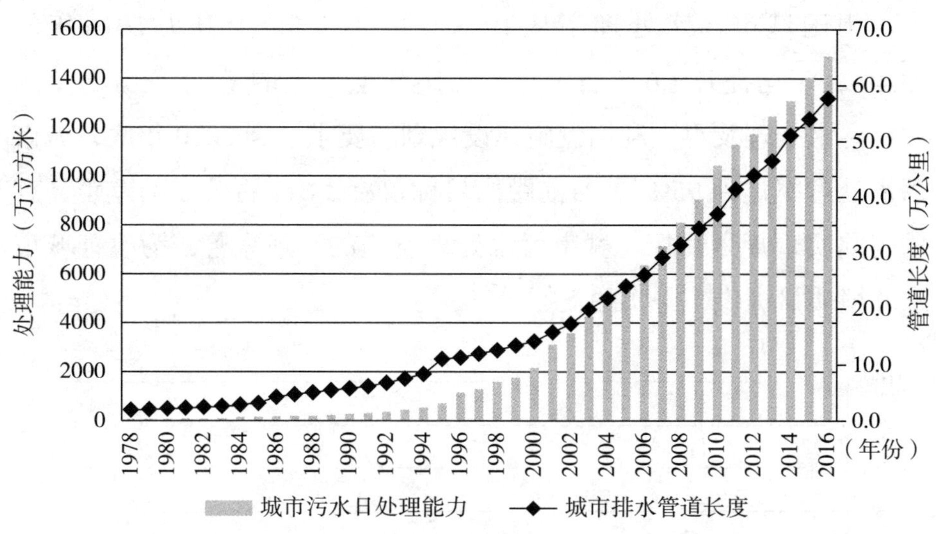

图 8-4　中国城市污水处理能力和排水管道长度情况

资料来源：根据《中国城市建设统计年鉴》《城乡建设统计公报》数据整理。

的修订以及《国家环境保护“九五”计划和 2010 年远景目标》等文件的发布，污水处理设施建设逐步提速，年均增加 18.8 座，污水处理能力增至 2158 万立方米 / 日，排水管道长度为 14.2 万公里。“十五”时期，污水处理设施年均增加 114 座，2005 年污水处理能力达到 5725 万立方米 / 日，排水管道长度为 24.1 万公里。2007 年，发展改革委、原建设部和原环保总局编制了《全国城镇污水处理及再生利用设施建设“十一五”规划》，城镇污水处理设施建设进入了发展的高峰期，城镇污水处理及再生利用设施建设新增投资达到 3320 亿元，平均建厂速率高达每年 500.4 座，2010 年城市污水处理能力达到 10436 万立方米 / 日，排水管道长度达到 37 万公里。2012 年，国务院办公厅发布了《“十二五”全国城镇污水处理及再生利用设施建设规划》（国办发〔2012〕24 号），“十二五”期间各类污水处理及再生利用设施建设投资近 4300 亿元，全国城市污水处理水平明显提高。

中国城市污水处理率从1978年的34.3%，上升为2016年的93.4%，年均提升1.6个百分点，2016年底发布的《“十三五”全国城镇污水处理及再生利用设施建设规划》要求“到2020年底，城市污水处理率达到95%”，目前距离目标仅有1.6个百分点的差距，有望提前实现规划目标。城市污水处理设施的不断完善，为改善城市水环境质量提供了坚实的支撑。

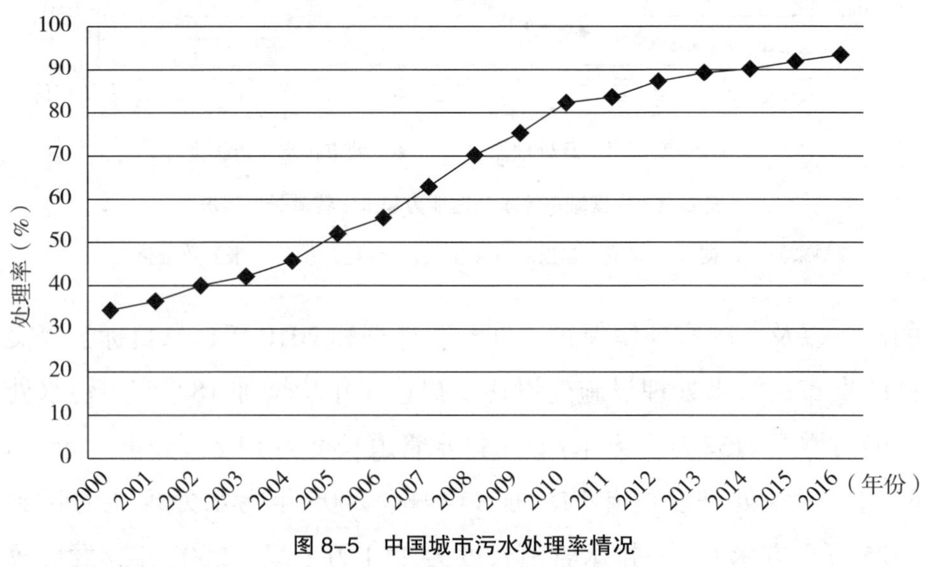

图 8–5　中国城市污水处理率情况

资料来源：根据《中国城市建设统计年鉴》《城乡建设统计公报》数据整理。

三、城市黑臭水体治理取得新进展

黑臭水体是指“城市建成区内，呈现令人不悦的颜色和（或）散发令人不适气味的水体的统称”[①]。“水十条”中对消除黑臭水体提

① 该定义来自《城市黑臭水体整治指南》。

出了明确要求：2017年底前，地级及以上城市实现河面无大面积漂浮物，河岸无垃圾，无违法排污口，直辖市、计划单列市、省会城市建成区基本消除黑臭水体；2020年底前，地级以上城市建成区黑臭水体均控制在10%以内；到2030年，全国城市建成区黑臭水体总体得到消除。

中国城市黑臭水体的治理，最早可以追溯到1996年的上海苏州河环境综合整治[①]。近年来，城市黑臭水体的治理逐渐受到政府和社会各界的重视，并积极开展相关治理实践。2015年8月，为指导各地加快推进城市黑臭水体整治工作，由住建部会同原环保部、水利部、原农业部组织编制了《城市黑臭水体整治工作指南》，对黑臭水体的识别与分级、城市黑臭水体整治方案编制、城市黑臭水体整治技术、城市黑臭水体整治效果评估等内容予以明确。2018年5月，住建部与生态环境部联合启动2018年城市黑臭水体整治环境保护专项行动，目前已经派出三批督查组对全国36个重点城市和部分地级城市开展现场督查，之后将形成城市黑臭水体整治情况统计表和问题清单，并对问题整改情况开展巡查和约谈。住建部与生态环境部还联合推出了全国城市黑臭水体整治信息发布平台，用于发布全国黑臭水体整治相关信息，并建立微信公众号“城市水环境公众参与”接受公众对身边黑臭水体的举报。截至2018年6月22日，全国城市黑臭水体总认定数量为2011个，其中1745个已经完成治理，264个在治理过程中，91个正在制定治理方案。截至2017年底，36个重点城市建成区的黑臭水体已基本消除。

① 赵越、姚瑞华、徐敏等：《我国城市黑臭水体治理实践及思路探讨》，《环境保护》2015年第13期。

专栏 8–5　丽水丽阳溪黑臭水体整治成效突出

丽水市地处浙江省西南部，为“九山半水半分田”的典型山区，是省内面积最大的地级市。丽水市因丽阳溪（民间俗称“丽阳坑”）而得名，其为市内两大内河水系之一，位于城区西北部，发源于城区北部的骑龙山南麓，自北往南流经实验林场、丽阳殿，进入丽水市盆地，在城区西部的溪口与五一溪汇合后，汇入大溪。丽阳溪水系总长 14.38 千米，河宽 4—10 米，主流长 10.1 千米，流域集水面积 10.3 平方千米，支流五一溪河长 3.03 千米，支流佛岭寺溪河长 1.25 千米。20 世纪 80 年代丽阳溪水流清澈、河岸洁净，然而随着城市快速发展，各类污染源衍生，破坏了水系环境，20 世纪 90 年代开始河水变黑、变臭，逐渐成为最脏、最臭的内河。

2014 年以来，丽水市借全省“五水共治”（治污水、防洪水、排涝水、保供水、抓节水）东风，狠下决心，采取“水岸同治、标本兼治、干群共治”措施，全方位推进治水工作，取得了阶段性成效。截至目前，丽阳溪水质由劣Ⅴ类提升至Ⅳ类水标准，实现了水清、鱼跃、岸绿、景美。社会满意度调查中，99% 的市民对丽阳溪的治理工作点赞，成为拉动全市治水的标杆。全市水质量继续保持省内领先，96 个断面达Ⅰ—Ⅲ类水质断面 95 个，满足功能要求 95 个，占比 98.96%，居全省第一；65 个市控断面，高锰酸盐指数、氨氮、总磷三项指标平均浓度达Ⅱ类水质要求。丽水学院内的五一溪，原被学生戏称“黑龙江”，现已成为一溪清水，荷花拂面，河面黑鹅悠闲划水，时而扎个猛子嬉闹，时而游到荷叶旁梳羽毛，风景之美被学校命名“风雅湖”。

资料来源：全国城市黑臭水体整治信息发布平台。

第四节 城市固体废物治理进展顺利

城市固体废弃物管理与大气、水、土壤污染防治密切相关，是整体推进城市环境保护工作不可缺少的重要一环。近年来中国统筹推进固体废物的“无害化、减量化、资源化”，城市生活垃圾无害化处理率显著提升，无害化处理方式也逐步向焚烧处理转变。目前全国已建立了六批共 49 个国家“城市矿产”示范基地，积极探索“城市矿产”再生利用的模式和经验，取得了良好的效果。

一、“垃圾围城”问题得到初步解决

近年来，国家对城市生活垃圾治理逐渐重视，各有关部门出台了一系列政策文件遏制“垃圾围城”问题。2014 年以来，原环境保护部每年定期以年报形式公布城市固体废物污染防治信息；2016 年 10 月，住建部、发展改革委、原国土部、原环保部发布《关于进一步加强城市生活垃圾焚烧处理工作的意见》（建城〔2016〕227 号）；2016 年 12 月，发展改革委、住建部印发《“十三五”全国城镇生活垃圾无害化处理设施建设规划》，增强城市固体废弃物无害化治理力度。

2016 年，城市生活垃圾清运量达到 2.0 亿吨，比 2000 年增长了 72.3%，生活垃圾清运量的不断增加，代表着生活垃圾处理能力的不断提升。2016 年，中国共有垃圾处理设施 2213 座，其中城市建有焚烧厂 249 座、卫生填埋场 657 座、其他处理设施 34 座；县城建有

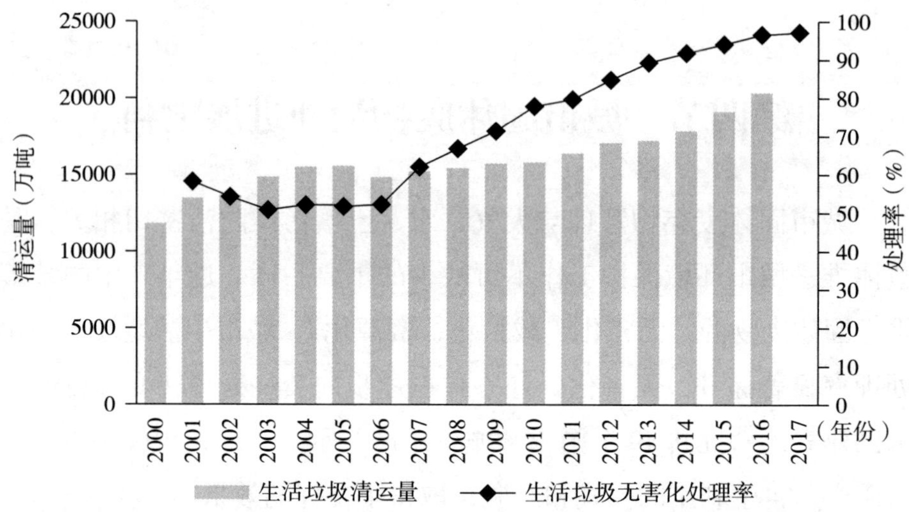

图 8–6　中国城市生活垃圾清运与处理情况

资料来源：根据《中国环境统计年鉴》《城乡建设统计公报》数据整理。

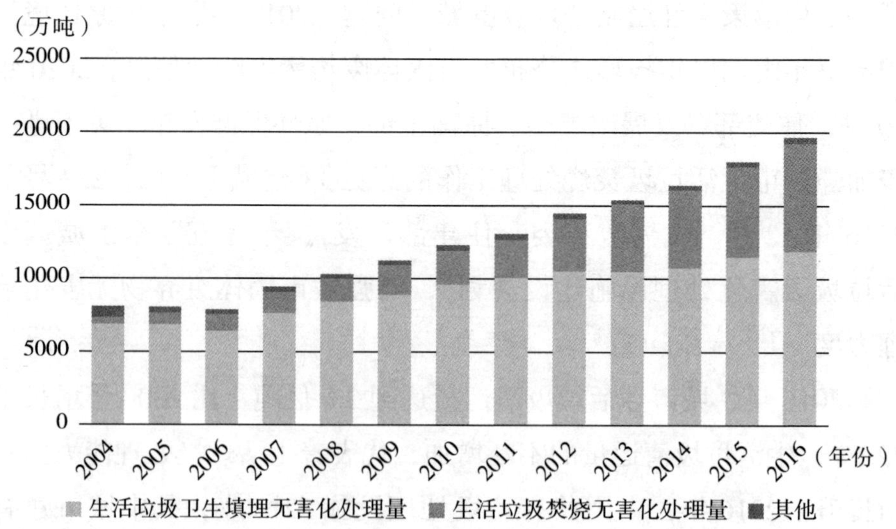

图 8–7　中国城市生活垃圾无害化处理情况

资料来源：根据《中国环境统计年鉴》《城乡建设统计公报》数据整理。

焚烧厂 50 座、卫生填埋场 1183 座、其他处理设施 40 座[①]。2017 年城市生活垃圾无害化处理率达到 97.1%，比 2001 年提高了 38.9 个百分点。

从无害化处理技术的应用来看，目前卫生填埋和焚烧是中国生活垃圾无害化处理的主要方式，其中卫生填埋占总处理量的比重从 2004 年的 85.2% 下降至 2016 年的 60.3%，而焚烧处理技术的应用近年来增长迅速，占比由 2004 年的 5.6% 上升至 37.5%，提高了 5.7 倍。由于卫生填埋处理需要占用大量土地并且容易造成二次污染，未来中国将继续推广焚烧无害化处理技术，以逐步替代卫生填埋的处理方式。

2016 年 12 月，习近平总书记在中央财经领导小组第十四次会议上提出普遍推行垃圾分类制度，2017 年 3 月，国务院办公厅发布《生活垃圾分类制度实施方案》（国办发〔2017〕26 号），提出"到 2020 年底，基本建立垃圾分类相关法律法规和标准体系，形成可复制、可推广的生活垃圾分类模式，在实施生活垃圾强制分类的城市，生活垃圾回收利用率达到 35% 以上"。目前住建部已挑选 46 个城市（区）和 100 个县作为城市和农村生活垃圾分类示范，提高生活垃圾减量化、资源化水平。

二、"城市矿产"资源化利用进程不断加快

1987 年，国家经济委员会等部门发布《关于进一步开发利用再生资源若干问题的通知》，这是中国首次在正式文件中提出再

---

① 中国城市环境卫生协会，中国城市建设研究院有限公司：《中国生活垃圾处理行业发展报告：面向新时代的机遇与挑战》，2017 年。

生资源概念，该文件可视为中国“城市矿产”政策体系发展的原点[①]。随后，国家颁布了一系列法律法规和政策文件，加强“城市矿产”的循环利用，如 1991 年国务院颁布的《加强再生资源回收利用管理工作的通知》（国发〔1991〕73 号）、1996 年国务院颁布的《关于进一步开展资源综合利用意见的通知》（国发〔1991〕73 号）、2008 年颁布循环经济促进法、2012 年制定实施的清洁生产促进法、2013 年国务院发布的《循环经济发展战略及近期行动计划》等。

为贯彻落实循环经济促进法，推动资源循环利用产业发展，促进循环经济形成较大规模，培育新的经济增长点，缓解资源环境瓶颈约束，加快建设资源节约型、环境友好型社会。2010 年 5 月，发展改革委、财政部发布的《关于开展城市矿产示范基地建设的通知》中首次将“城市矿产”界定为：工业化和城镇化过程产生和蕴藏在废旧机电设备、电线电缆、通信工具、汽车、家电、电子产品、金属和塑料包装物以及废料中，可循环利用的钢铁、有色金属、稀贵金属、塑料、橡胶等资源，其利用量相当于原生矿产资源。“城市矿产”是对废弃资源再生利用规模化发展的形象比喻。截至 2015 年 7 月，已有 6 批共 49 个“城市矿产”示范基地得到批复，基本上完成了设定的示范基地建设目标。中国“城市矿产”蓄积量逐年增长，预计到 2020 年，其回收量将达到 3.5 亿吨，回收总值突破 2 万亿元[②]。

---

① 姚海琳、向艳芳、王昶等：《1987—2015 年中国城市矿产政策的文献量化研究》，《资源科学》2017 年第 6 期。

② 广发证券：《拆解行业：拆解行业千亿级，尽享政策红利》，2016 年。

专栏 8-6　湘潭天易示范区城市矿产“综合处置、循环利用”模式

一、主要做法

1. 构建城市矿产循环利用控制体系。编制一般工业固体废物管理“两型标准”，从固废产生、运输、贮存、循环利用和无害化处理全过程着手，对废弃物的存贮场地、固废转移、处理等环节予以规范。建立“五大清单”，即园区工业废弃物资源清单、交易清单、展示清单、处置技术清单和监管清单，实现区域资源循环利用最大化。

2. 制定项目入园两型标准评测体系。建立企业从入园前准入、评审到入园后的考核、淘汰退出等五项评测制度。构建指标体系，明确准入条件，制定评审制度，实施退出机制，通过“高门槛”进入和产业结构优化，实现园区循环产业的共生和补链。

3. 构建集城市矿产行业资源中心、企业服务、数据发布、政府监督为一体的管理平台。“天易城市矿产管理平台”于 2015 年 12 月正式运营，平台涵盖信息发布、交易服务、技术展示、政府管理功能，现已形成线上投废、线下交易的“互联网 + 回收利用”模式的全新模式，手机 App 同步运营，打造湖南省城市矿产行业权威官方行业门户。

4. 引进“第三方”合同环境服务模式。引进湘潭市清源环保公司实施合同环境服务，开展废乳化液综合治理、废油收集；与区内企业康大工贸签订合同环境服务协议，对区内锌废水、废渣、污泥提炼技术、废旧资源综合回收技术处理；支持区内企业斯瑞摩公司创新再生利用镁废料生产涂层颗粒镁技术，通过以上合作模式，实现工业固废资源化和无害化处置。

5. 构建城市垃圾便捷分类模式。“积分制”回收。引进长沙绿动环保科技有限公司，在小学及社区放置智能垃圾回收机，居民只需注

册登记领取分类手册、二维码、环保卡后，即可将可回收垃圾收集打包并贴上二维码，定点投放，扫码积分，兑换礼品。“三分法”简易分类。将垃圾分为可回收、不可回收、有毒有害废物三类，实现有用资源和有毒有害废弃物分开，干垃圾和湿垃圾分离，方便快捷。终端无害处置体系。在梅林桥镇建立垃圾分拣站、成立洁美再生物资回收有限公司分拣处理垃圾，并销往各原材料企业。对有毒有害和不可再利用垃圾，采用PPP模式，联合金利亚环保公司利用水泥窑协同处理。

二、主要成效

1. 经济效益：2016 年完成碎玻璃交易 876 吨，钢板边角料交易 160 余吨，园区实现再生资源企业产值 68.01 亿元以上，占全市规模以上工业产值的 23.06%。

2. 生态效益：资源的综合回收利用率高达 95% 以上；二氧化硫和化学需氧量排放总量连续三年实现“双下降”，三年来累计完成化学需氧量减排 1891 吨，二氧化硫减排 169 吨。

3. 社会效益：县城受益人口达 10 万人，目前，垃圾回收二维码注册用户达 2000 余户，分类回收废纸 2540 千克、废金属 1143 千克、废塑料 1262 千克、旧衣服 1187 千克，居民环保意识极大改变。

第五节　展望：生态文明理念将全面融入城镇化进程

一、生态本位将成为指导城市发展的新理念

在处理人与自然关系的社会实践中，传统的城市发展都是以人

类中心主义为理念。在这种理念的指导下，为了换取经济的高速发展，人类牺牲了生态利益，致使城市环境问题大量出现，污染与破坏严重，造成了生态的失衡。

随着城市生态环境问题的日益严峻及社会各界环境意识的觉醒，以集聚经济、承载人口为主导目标的传统城市发展模式已难以为继，生态本位主义将取代“人类中心主义”，成为指导中国未来城市发展的新理念。

生态本位强调以生态为中心，以生态利益为最高利益，人类的经济发展必须限定在生态允许的范围内。生态本位既是一种理念又是一种伦理观，城市的发展只有在它的指导下才能保护好本地区生态环境和自然资源，城市的生态利益、经济利益和社会利益才能得到协调、持续发展。

在生态本位理念的指导框架下，中国未来城市发展的实践探索将出现三种趋势。第一，生态利益至上将成为刚性原则。未来的城市开发建设，通过生态本位来实现可持续发展是城市发展的途径，也是城市的发展要达到的目的。第二，现状保护地位将更突出。要求在排除已发生的污染、恢复生态环境的基础上，防止现存生态环境的恶化。第三，环境管理民主原则将得到充分体现。在城市环境管理领域，参与式民主的观念将得到进一步增强，政府将向居民提供适当管道参与决策过程，借以调和利益冲突、改善政府的决策品质。

二、紧凑型城市将成为城市空间布局的主流模式

城市空间无序蔓延是中国当前城镇化的突出特征，其代价是土地资源的大量占用。在强调资源节约的绿色城镇化背景下，传统城

市“摊大饼”式的空间布局模式将得到根本扭转，紧凑型城市将成为中国未来城市空间布局的主流模式。

紧凑型城市强调在有限的城市空间布置较高密度的产业和人口，节约城市建设用地，提高土地的配置效率。这一模式首先由乔治·伯纳德·丹齐格（George B.Dantzig）和托马斯·萨提（Thomas Isaaty）于1973年在其出版的专著《紧缩城市——适于居住的城市环境计划》中提出。欧共体委员会（CEC）1990年发布《城市环境绿皮书》，再次提出“紧凑型城市”这一概念，并将其作为“一种解决居住和环境问题的途径”。紧凑型城市优点在于对乡村的保护、出行较少依靠小汽车、减少能源的消耗、支持公共交通和步行、自行车出行、对公共服务设施有更好的可及性、对市政设施和基础设施供给的有效利用、城市中心的重生和复兴。

近年来，中国城市规划界对紧凑型城市的探讨逐渐增多，并对紧凑型城市逐渐达成一些共识，即紧凑型城市是高密度的，功能混用的城市形态。在实践层面，中国目前的新区新城规划建设已出现了借鉴“紧凑型城市”布局模式的趋势，这一模式的推广已是大势所趋。

三、绿色交通将成为城市交通规划与建设的主导方向

随着中国城市经济的快速发展，机动车拥有量迅速增加，并引发了日益严峻的交通供需矛盾。目前，中国多数城市道路拥堵程度问题突出，中国城市交通状况日益恶化的问题引起了社会各界的广泛关注。在此背景下，绿色交通理念应运而生。

绿色交通作为城市交通组织设计与管理的全新理念，与解决环境污染问题的可持续性发展概念一脉相承。绿色交通理念强调的是

城市交通的“绿色性”，即减轻交通拥挤，减少环境污染，促进社会公平，合理利用资源。其本质是建立维持城市可持续发展的交通体系，以满足人们的交通需求，以最少的社会成本实现最大的交通效率。

为有效解决多数城市面临的交通拥堵问题，中国未来城市交通规划与建设将更加注重“绿色交通”理念的实现转化，“绿色交通”理念也将成为城市交通规划的指导思想，并注入到城市交通规划的优化决策之中。在“绿色交通”理念指导下，未来中国城市交通网络规划与建设将呈现两个明显的趋势。第一，步行交通、自行车交通网络将得到强化，道路空间优先分配给小汽车的传统方案将得到一定程度的纠正。第二，公共交通网络将得到优先配置，快速公交、轻轨和地铁等公共交通系统将得到优先发展。

四、绿色社区将成为城市生活空间的主体

中国城市传统社区往往过多地强调居住功能，忽视了生态环境维护与构建。为有效满足居民对美好生活环境的需求，中国城市社区绿色化改造与建设将得到进一步加强，绿色社区将成为中国城市生活空间的主体。

“绿色社区”概念引进中国以来，得到了各级政府的认可、支持和推广。2001 年原环保总局号召全国 47 个重点城市开展创建绿色社区工程，标志着“绿色社区”概念演变成为一项广泛性的国家工程。

结合中国传统城市社区存在的资源环境压力，中国未来绿色社区建设将着重解决两个问题。第一，社区垃圾处理系统的合理配置。固体废弃物分类收集和中转系统设施配套建设将是需要解决的核心

问题，以便减少固体废弃物的长距离运输。第二，美好社区生态环境的构建。社区绿化将是生态环境建设的优先领域，通过乔、灌、草相结合，形成社区生态系统的平衡与协调。在此基础上，一些新的社区绿化理念也将得到探索与应用，垂直绿化、屋顶绿化、高架绿化等立体绿化方式将由理念转化为实践。

五、绿色建筑将呈现迅猛发展势头

自 1992 年在巴西里约热内卢召开的联合国环境与发展大会以来，中国政府相续颁布了若干相关纲要、导则和法规，大力推动绿色建筑的发展。2004 年 9 月原建设部“全国绿色建筑创新奖”的启动，以及 2006 年《绿色建筑评价标准》（GB/T 50378—2006）的颁布，标志着中国的绿色建筑发展进入了全面发展阶段。随着中国绿色建筑政策的不断出台、标准体系的不断完善、绿色建筑实施的不断深入及国家对绿色建筑财政支持力度的不断增大，中国绿色建筑在未来几年将继续保持迅猛发展态势。

绿色建筑旨在最大限度地节约资源，包括节能、节地、节水、节材等，保护环境和减少污染，为人们提供健康、舒适和高效的使用空间，与自然和谐共生的建筑物。绿色建筑技术注重低耗、高效、经济、环保、集成与优化，是人与自然、现在与未来之间的利益共享，是可持续发展的建设手段。

在实践层面，中国未来绿色建筑发展重点将集中体现在以下三个领域：第一，能源节约。即单体建筑设计将侧重于太阳能的充分利用，更多地采用节能的建筑围护结构，以减少采暖和空调的使用。同时，单体建设设计也将根据自然通风的原理设置风冷系统，使建筑能够有效地利用夏季的主导风向。第二，资源节约。在建筑设计、建造和建筑材料的选择中，将更加突出资源的合理使用和处置，以减少资源的使用，力求使资源可再生利用。第三，回归自然。天然建筑材料将得到更广泛的应用，室内装修材料也将更加强调生态环保。同时，绿色建筑外部更加注重与周边环境相融合，做到保护自然生态的和谐一致、动静互补。

第九章 探索中国特色的低碳城市建设

城市是经济社会活动的中心，也是高污染、高耗能、高排放（“三高”）的主集聚地。低碳城市作为一种可持续的城市发展模式，成为世界各国突破资源环境瓶颈制约、实现可持续发展的重要举措，也是中国践行绿色发展理念、转变发展方式的坚定选择。自2010年以来，中国已经组织开展了三批低碳省区和城市试点，形成各具特色的低碳发展模式，为实现经济社会低碳转型和可持续发展做出了有益探索。未来中国城市建设将坚定不移地继续走低碳发展道路，加强国际合作，为世界城市可持续发展做出“中国贡献”。

第一节 低碳城市在中国的发展历程

改革开放后，中国城市发展突飞猛进，但却存在严重的“三高”问题。进入21世纪后，尤其2008年左右，与低碳城市和低碳发展相关的探索开始推进。2010年，发展改革委宣布开展低碳城市试点，随后，相关的政策和实践如雨后春笋般涌现，并取得了较好效果。

一、城市扩张的“高碳”阶段

改革开放初期，中国的城市扩张较为粗放。1978—2008 年，中国城镇化率从 17.92% 增至 48.53%，增长了 1.7 倍，年均增长率达到 3.38%。从用地规模上看，据可统计数据，城市建设用地在 1981—2008 年间由 6720.0 平方千米增至 39140.5 平方千米，增长了 4.8 倍，年均增长率高达 6.7%；人均城市建设用地面积由 1981 年的 46.7 平方米增至 2008 年的 85.5 平方米，是原来的 1.8 倍。城市的粗放型扩张不可避免地过度消耗资源和破坏环境，尤其在产业、交通、建筑等领域，引发较为突出的“高碳”问题。

能源利用效率方面，2004 年，中国 GDP 仅占全球的 4%，但却消耗了全球 8% 的原油、10% 的电力、19% 的铝、20% 的铜、31% 的煤炭、30% 的钢材；单位产值能耗是发达国家的 3—4 倍，其中，是日本的 7 倍、美国的 6 倍，甚至是同为发展中国家印度的 2.8 倍。二氧化碳排放方面，从总量上，中国二氧化碳排放量 2000—2005 年增长了 20.8 亿吨，占同期全球增长量的 56.5%，2007 年，中国碳排放量首次超过美国，成为世界第一大碳排放国；从人均上，1990 年中国人均二氧化碳排放量是世界平均水平的 50.3%，2000 年上升为 60.1%，2005 年则达到 92%①。据统计，城市能源消费量占中国消费总量的60% 以上②，碳排放量占总量的70% 左右③。也就是说，上述能源的高消耗、二氧化碳的高排放主要来源于中国城市地区。“三高”

---

① 资料来源：《把脉中国低碳城市发展　策略与方法》。

② 资料来源：《把脉中国低碳城市发展　策略与方法》。

③ The World Bank. Sustainable low-carbon city development in China. Edited by BAEUMLE R A，2012.

的粗放发展方式难以为继，更可持续的城市发展方式成为迫切需求，而低碳城市是其中的重要探索方向。

二、低碳城市初步探索

进入21世纪后，尤其是2008年前后，以各个地方自发探索为主体，与低碳城市相关的政策和实践开始涌现。

政策层面，中国制定和实施与节能减排相关的政策较早。早在1997年中国就颁布实施了《中华人民共和国节约能源法》。“十一五”期间，对于风电装机、太阳能发电装机等予以补贴，推动可再生能源的发展。《中国应对气候变化国家方案》《节能减排综合性工作方案》《应对气候变化中国科技专项行动》等政策文件也早在2007年就开始颁布实施。对于与低碳城市直接相关的政策，国家低碳城市试点提出前，基本上还处于各城市自我探索阶段。如，保定市制定了《关于建设低碳城市的意见（试行）》（2009年）、《保定市低碳城市发展规划纲要（2008—2020年）》，杭州市颁布了《关于建设低碳城市的决定》（2009年）等。

实践层面，中国相对发达城市对低碳城市建设或低碳发展表现出较高热情，尤其在2008年后，这一趋势更为明显。2008年，世界自然基金（WFF）启动了“中国低碳城市发展项目”，将上海和保定作为首批试点城市。在上海市，低碳建设的重点集中在建筑节能；在保定市，低碳建设的重点在可再生能源产业上，提出了建设“太阳能之城”“中国电谷”概念，在当时引起较大范围关注[①]。随后，南

① 薛冰、鹿晨星、耿涌等：《中国低碳城市试点计划评述与发展展望》，《中外低碳城市建设案例比较研究》。

通、厦门、杭州、武汉、北京、温州、长沙等城市均在低碳城市建设或城市低碳发展方面积极实践，包括编制低碳城市规划、支持新能源产业、推广绿色交通和建筑、鼓励城市居民节能、推广绿色技术等，表现出较高的热情。

表 9–1　2009—2010 年部分城市低碳发展相关支持政策

城市	时间	类别	内容
杭州	2009 年、2010 年	政策文件制定	《关于建设低碳城市的决定》《关于建设低碳城市的实施意见》
长沙	2009 年	节能灯推广	对于居民购买推广的节能灯，财政补贴 50%；对于厂矿企业、公共机构等大宗用户购买节能灯，财政补贴 30%
北京	2009 年	公交补贴	大力推广公共交通，2009 年补贴 120 亿元
南通	2008 年	热电联产鼓励	公用热电联产企业完成上网能力 70% 及以上的上网电量，每千瓦时补贴 0.05 元
常州	2009 年	光伏产业支持	从 2009 年开始，每年出资 4000 万元用于光伏产业的补贴
温州	2009 年	建筑节能	建筑节能各类示范项目按节能工程项目实际投资额的 15% 以内给予补助，单个项目补助不超过 50 万元

注：主要根据《把脉中国低碳城市发展　策略与方法》，以及其他网络文献整理。

三、低碳城市深入实践

2010 年，低碳城市试点开始提出，与之相对应，一系列与低碳发展相关的政策文件相继推出。各城市也结合自身的实际积极开展实践，取得了较好的效果。

2010 年，发展改革委发布《关于开展低碳省区和低碳城市试点工作的通知》，除低碳省区外，8 个城市被确立为首批低碳试点；到 2012 年，低碳城市试点范围扩大至除省区外的 36 个城市，包括了处于不同发展阶段、不同产业特征和资源禀赋的地区；5 年后，低碳城市试点继续扩大至除省区外的 81 个城市。此次试点，城市数量不断扩容、城市类型更加多样、分布地域更为广泛，试点的代表性、引领性、示范性持续增强。除直接政策外，工业、能源、建筑、交通、技术等领域都出台了一系列推动城市节能减排低碳发展的政策文件。目前已初步形成了纵向衔接、横向协调的城市低碳发展政策体系。

表 9–2　2010 年后中国与低碳城市相关的主要政策

年份	政策文件
2010	《国家发展和改革委员会关于开展低碳省区和低碳城市试点工作的通知》《中国应对气候变化科技专项行动》
2011	《“十二五”控制温室气体排放工作方案》《“十二五”节能减排综合性工作方案》《关于开展低碳省区和低碳城市试点工作的通知》《林业应对气候变化“十二五”行动要点》《全国造林绿化规划纲要（2011—2020 年）》《煤层气（煤矿瓦斯）开发利用“十二五”规划》《关于发展天然气分布式能源的指导意见》
2012	《“十二五”循环经济发展规划》《可再生能源发展“十二五”规划》《2012—2020 工业领域应对气候变化行动方案》《关于开展第二批低碳省区和低碳城市试点工作的通知》《关于印发万家企业节能目标责任考核实施方案的通知》
2013	《能源发展“十二五”规划》《绿色建筑行动方案》《关于组织开展循环经济示范城市（县）创建工作的通知》《关于深化限制生产销售使用塑料购物袋实施工作的通知》
2014	《2014—2020 能源发展战略行动计划》《2014—2020 国家应对气候变化规划》《2014—2020 煤电节能减排升级与改造行动计划》《关于开展低碳社区试点工作的通知》《国家重点推广的低碳技术目录（第一批）》《能效“领跑者”制度实施方案》
2015	《强化应对气候变化行动——中国国家自主贡献》《关于印发低碳社区试点建设指南的通知》《国家重点推广的低碳技术目录（第二批）》

续表

年份	政策文件
2016	《可再生能源发展“十三五”规划》《“十三五”节能减排综合工作方案》
2017	《关于开展第三批国家低碳城市试点工作的通知》《国家重点节能低碳技术推广目录（第三批）》《循环发展引领行动》

注：表格内容系作者整理。

实践层面，各低碳试点城市按照任务安排积极开展各项探索，并取得一系列可推广可复制的经验成果。其中，一些低碳实践亮点纷呈。例如，山西太原在2016年将全市8292辆出租车全部更换为纯电动车，每年可减少二氧化碳排放20万吨①。随着科技水平的提升，以“共享单车”为典型代表的共享出行方式在城市居民生活中迅速流行。滴滴出行同样风靡全国城市，其中推出的“顺风车”服务有利于提高交通工具使用率继而降低交通能耗和碳排放，仅2016年，通过该服务，全国主要城市累计能耗直接节约量达10.2万吨标准煤，二氧化碳直接减排量达17.4万吨，约为580万棵树一年吸收的二氧化碳量②。同样，支付宝推广“蚂蚁森林”项目，用互联网的方式记录人们的低碳行动，继而鼓励更多的低碳行为。

第二节　国家低碳城市试点进展

为积极应对气候变化，确保实现中国控制温室气体排放行动目

①《太原成中国首个纯电动出租车城市》,《云南电力技术》2016年第44期。

②《我国共享出行节能减排现状及潜力展望报告》。

标，发展改革委分别于2010年、2012年和2017年组织开展了三批低碳省区和城市试点。迄今为止，中国已有81个城市开展了低碳试点工作。

一、2010年第一批8个试点城市

发展改革委于2010年发布《关于开展低碳省区和低碳城市试点工作的通知》，选取了广东、辽宁、湖北、陕西和云南5省，以及天津、重庆、厦门、深圳、杭州、南昌、贵阳和保定8个城市作为低碳试点省市。

此次试点的背景是2009年11月国务院常务会议决定以及同年12月哥本哈根世界气候大会中国提议，到2020年单位国内生产总值二氧化碳排放比2005年下降40%—45%的目标，与此同时，全国各地主动积极探索落实中央决策部署并希望能够开展低碳试点工作。为顺应形势、推动减排目标落实，发展改革委在统筹考虑各地现实条件和工作基础后，确定5省8市先期试点，并明确试点的五大具体任务，包括编制低碳发展规划、制定支持低碳绿色发展的配套政策、加快建立以低碳排放为特征的产业体系、建立温室气体排放数据统计和管理体系、积极倡导低碳绿色生活方式和消费模式。

第一批试点按照要求积极开展各项工作，编制工作方案、建立健全低碳试点工作机构、探索低碳发展的体制机制，并结合自身实际，开展了各具特色的低碳实践，为全国整体的低碳发展发挥了带动引领作用。

专栏9-1　深圳低碳发展成为全国样板

深圳是最早一批进行低碳试点的城市之一。近年来深圳市着力构建绿色低碳经济体系，全面推广绿色建筑、绿色交通、倡导绿色生活方式，以更少的资源、能源消耗，实现更高质量、更可持续的发展。“十二五”以来，深圳万元GDP能耗累计下降19.7%，该指标在2017年上半年又进一步下降了5.4%，约为全国平均水平的1/2。万元DGP水耗累计下降30.9%，约为全国平均水平的1/9。深圳的空气质量保持在全国副省级城市的最优水平。不仅如此，目前深圳近1/2的土地划入基本生态控制线，建成区绿色覆盖率为45.07%，新建节能建筑1.4亿平方米，绿色建筑6000万平方米，累计推广应用新能源汽车7.6万辆，2018年底将实现全市1.6万辆公交车100%的电动化。

资料来源：邢瑞彩：《深圳国际低碳城空间规划指标体系构建研究》，哈尔滨工业大学，2013年。

二、2012年第二批28个试点城市

2012年11月，发展改革委发布了《关于开展第二批低碳省区和低碳城市试点工作的通知》，选取北京市、上海市、海南省和石家庄市、秦皇岛市、晋城市、呼伦贝尔市、吉林市、大兴安岭地区、苏州市、淮安市、镇江市、宁波市、温州市、池州市、南平市、景德镇市、赣州市、青岛市、济源市、武汉市、广州市、桂林市、广元市、遵义市、昆明市、延安市、金昌市、乌鲁木齐市等1省28市作为第二批试点。

此次试点的背景是《“十二五”控制温室气体排放工作方案》提出到2015年全国单位国内生产总值二氧化碳排放比2010年下降17%的目标要求。另外，在先期试验中发现，省域面积过大影响试

点效果，以城市尺度进行试点效果更好。因此，仅有海南 1 省进入了试点；除此之外，中国地域差异较大，各城市自然条件、资源禀赋、经济基础具有较大差别，为探寻不同类型地区绿色低碳发展路径，第二批将试点城市规模进行了扩大，从 8 个增加至 28 个。在此基础上，提出了六大具体任务。与第一批试点任务相比较，此次任务沿袭了编制低碳发展规划、建立低碳产业体系、建立温室气体排放数据统计和管理体系、倡导低碳绿色生活方式和消费模式等内容，但考虑到各地差异较大，第二批试点在明确各地自身工作方向和原则要求、建立控制温室气体排放目标责任制等方面较上一次进行了创新。

前两批 6 省 36 市试点地区结合自身实际，积极落实工作要求，取得了积极成效。从 2010 年、2014 年数据对比能明显发现，这些试点省市人口和地区生产总值占全国比重持续增长，与此同时，能源消费总量和二氧化碳排放量逐步降低。

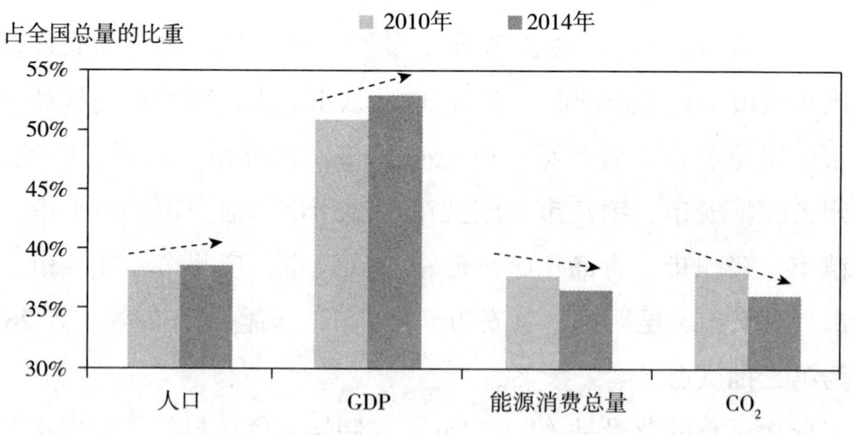

图 9-1　第一、第二批试点的主要指标在全国总量中占比变化

来源：杨秀：《中国低碳城市的进展与展望》。

三、2017 年第三批 45 个试点城市

2017 年 1 月，发展改革委发布了《关于开展第三批国家低碳城市试点工作的通知》，选取内蒙古自治区乌海市、辽宁沈阳市、黑龙江逊克县等 45 个城市（区、县）开展第三批低碳城市试点。

此次试点的背景是《中华人民共和国国民经济和社会发展第十三个五年规划纲要》《国家应对气候变化规划（2014—2020 年）》《"十三五"控制温室气体排放工作方案》对低碳发展提出新的要求。另外，前两批低碳城市试点取得了积极成效，但中国地域差异较大，需要进一步扩大范围鼓励更多地区结合自身实际开展低碳实践，并带动和促进全国范围的绿色低碳发展。因此，第三批试点进一步扩容，试点数量从 28 个增至 45 个，并且城市类型差异扩大。在此基础上，提出试点五项具体任务。值得一提的是，此次任务更强调各地的差异化和路径的多元化，鼓励各个城市结合自身实际开展实践，并且提出符合各地现实情况的峰值目标和各不相同的创新重点。

此次试点的各个城市在人口总量、人均 GDP、单位 GDP 能耗和碳排放强度等方面呈现出较大的差异，不同地域、不同规模的城市都有一定程度的涉及，将低碳发展工作更加深入推进，使低碳理念更加深入人心。截至目前，所有试点地区已经提出明确的峰值目标，形成较为清晰的发展路径，并因地制宜地开展工业、能源、建筑、交通等各领域的低碳行动。

表 9-3　第三批部分低碳试点城市峰值目标和创新重点

省份	城市	峰值年	创新重点
内蒙古	乌海市	2025	1. 建立碳管理制度；2. 探索重点单位温室气体排放直报制度；3. 建立低碳科技创新机制；4. 推进现代低碳农业发展机制；5. 建立低碳与生态文明建设考评机制
辽宁	沈阳市	2027	1. 建立重点耗能企业碳排放在线监测体系；2. 完善碳排放中央管理平台
黑龙江	逊克县	2024	探索低碳农业发展模式和支撑体系
江苏	南京市	2022	1. 建立碳排放总量和强度“双控”制度；2. 建立碳排放权有偿使用制度；3. 建立低碳综合管理体系
浙江	嘉兴市	2023	探索低碳发展多领域协同制度创新
安徽	合肥市	2024	1. 建立碳数据管理制度；2. 探索低碳产品和技术推广制度
福建	三明市	2027	1. 建立碳数据管理机制；2. 探索森林碳汇补偿机制
江西	共青城市	2027	建立低碳城市规划制度
湖北	长阳土家族自治县	2023	在清江画廊旅游区、长阳创新产业园、龙舟坪郑家榜村创建碳中和示范工程
广西	柳州市	2026	1. 建立跨部门协同的碳数据管理制度；2. 建立碳排放总量控制制度；3. 建立温室气体清单编制常态化工作机制
西藏	拉萨市	2024	创建碳中和示范工程
陕西	安康市	2028	1. 试点实施“多规合一”；2. 建立碳汇生态补偿机制；3. 建立低碳产业扶贫机制
青海	西宁市	2025	建立居民生活碳积分制度
新疆	昌吉市	2025	1. 创建碳排放总量控制联动机制；2. 建设碳排放数据管理平台和数据库；3. 建立固定资产投资碳排放评价制度

注：根据《关于开展第三批国家低碳城市试点工作的通知》内名单节选整理。

第三节　低碳城市建设所取得的经验

以科学的目标和规划体系为基础，以政府的高效主导和政策配套为保障，以示范区域和重点项目为先行和引领，借鉴国际先进经验，中国各城市因地制宜开展低碳发展探索，取得较好效果。

一、科学制定低碳目标和规划体系

科学的低碳目标和规划体系是低碳城市建设的纲领和基础。有效的城市低碳战略，需要清晰明确的目标来指明方向，并结合可行的方法和举措来实现①。从目前中国城市低碳工作普遍开展的路径来看，首先，通过深入分析本城市碳排放源头、组成、结构、相互作用、发展态势，明确目标方向，并根据形势的发展保证其科学性和动态性；其次，将确立的目标作为倒逼手段，激发各项工作动力；在此基础上，配套详细的规划体系，制定细化行动策略，强力完成各项任务。从目前实践的进展来看，大部分国家低碳试点城市将峰值目标、时间表、路线图的提出作为工作开展的前提，并配套建立以规划为载体的体制机制、支撑体系、行动方案，在此基础上，强力执行既定的各项政策方案，取得了较好效果。

① 国家应对气候变化战略研究和国际合作中心：《中国城镇化低碳发展的关联分析及对策研究》。

专栏 9-2　武汉以峰值目标为导向倒逼低碳发展

武汉市将碳排放峰值目标作为导向，在科学制定和动态调整的基础上，始终以目标为倒逼，推动城市低碳发展。早在 2011 年，武汉市政府印发《武汉市“十二五”时期节能降耗与应对气候变化实施方案》，明确提出确保到“十二五”末，全市万元地区生产总值二氧化碳排放量比“十一五”末下降 19%。在此基础上，围绕目标要求，相应的政策体系被制定实施。2013 年，武汉市政府印发《武汉市低碳试点工作实施方案》明确提出，力争到 2020 年单位地区生产总值二氧化碳排放量比 2005 年下降 56% 左右。随后，武汉市发改委先后启动了《武汉市 2020 年低碳发展规划研究》《武汉市碳排放峰值预测及减排路径研究》等课题，通过对人口、城市化率、人均 GDP、产业结构、能耗强度、能源结构等因素的情景分析，提出 2022 年左右达到峰值，并围绕低碳目标制定了一系列重点任务。2015 年 9 月在美国洛杉矶召开的第一届中美气候智慧型 / 低碳城市峰会期间，武汉和其他城市共同签署了《中美气候领导宣言》，明确承诺到 2022 年左右达到二氧化碳峰值的低碳发展战略目标。“十二五”末，武汉市单位地区生产总值二氧化碳排放强度、规模以上工业增加值单位能耗均一定幅度下降，超额完成“十二五”碳排放强度下降目标。

资料来源:《武汉市国家低碳城市试点工作调研报告》。

二、强化政府主导和政策配套

政府的高效主导作用是所有低碳城市建设的关键环节。中国政府从目标规划编制、实施路径制定、政策配套支撑、市场社会引导等全方位、多层次、立体化推动低碳城市建设。以国家低碳城市试点为例，低碳发展领导小组和组织体系的设立是整个试点建设的关键环节。以各城市市长或副市长为组长来统筹协调各部门之间的工作，形成的“横向到边、纵向到底”组织体系是城市低碳建设的根本保障[①]。中国政府工作人员自古被称为“父母官”，他们为所管辖范围更好发展倾注了大量的精力和心血，这些付出确实是值得称道的。另外，为保障低碳工作的顺利推动，各城市在法令条例、规划标准、政策规范等方面建立了全面的配套体系。除行政性主导外，一些市场化手段包括碳市场交易、资源有偿使用制度、行业碳排放标准制定等正逐步被运用。

三、以示范区域和重点项目为先行和引领

低碳城市建设是一项全局性、综合性、系统性工程，如果在建设之初全面铺开，资金、经验、技术都有一定限制。因此，大多数城市选择重点示范区域和项目先行开展，以此为突破，带动引领整体的低碳城市建设。示范区域包括低碳新城新区、产业园区、街道社区等；重点项目包括产业体系、能源结构、交通、建筑、废弃物管理、碳汇、居民消费等领域的重点举措。以武汉市为例，示范区域方面以武汉花山生态新城为载体重点推动低碳工业园区建设，以东湖新技术开发区为载体重点推动高新技术低碳园区建设，以百步亭社区为载体重点推动低碳生活社区建设；重点项目方面，着力推

① 徐华清、王雪纯等：《国家低碳省市试点工作调研与总结报告》，《气候战略研究简报》2017 年第 8 期。

进以轨道交通、新能源汽车、公共交通系统、城市慢行系统为主体的低碳智慧交通体系，以城市森林公园、生态隔离带、绿道、城市主干道绿化为主体的碳汇体系，以126项低碳产业研发项目为主体的低碳技术体系。通过这些示范区域和重点项目的带动引领，使城市低碳发展效果明显，并为后续全面建设积累了宝贵经验。

四、尊重差异结合自身实际开展特色化实践

中国地域广博，各个城市历史文化背景、资源禀赋特征、地理区位条件、经济社会发展特点具有较大差异，在低碳城市建设过程中不可能照搬统一模式、设计统一路径。以上从三批国家低碳城市试点工作中能够较为清晰地体现。从规模上，试点城市数量逐步增多；从分布上，所选城市地域覆盖范围更广；从类型上，各个试点种类更加多样；从要求上，国家统一的任务要求更加宏观并强调自身的差异化探索，城市各自的考核要求更加细化并结合自身实际所有城市重点各不相同。正是因为认识到城市的差异化，国家试点的内容和方式在不断调整，也为各个城市更好的低碳发展提供了基础和支撑。在此基础上，各城市结合着自身特点开展了丰富的多样化探索。

专栏 9-3　低碳城市的多样化探索实践

深圳市：

作为第一批低碳城市试点，深圳市主要从五个方面着力：一是从生境网络、地质安全、水循环及微气候四方面出发，搭建自持续、自规避、自循环、自优化的绿色基础设施。二是结合生态框架、轨

道布局、现状路网及市民出行需求，构筑以公交和慢行为主体的绿色出行体系。三是设立相对独立的、功能混合、服务设施差异化配置的产城融合社区单元。四是通过城市设计形成连山通水、错落有致的城市形态，打造国际化城区品质与氛围。五是建立复合的微循环结构，形成绿色智能的城区支持系统。

武汉市：

作为第二批低碳城市试点，武汉市主要从四个方面着力：一是推出碳资产质押贷款、碳众筹、配额托管、引入境外投资、建立低碳产业基金等项目，活跃城市碳交易市场。二是建立新建项目碳核准准入制度，对各类建设项目温室气体排放进行源头控制。三是积极开展市级温室气体清单编制工作，同步开展碳计量研究，探索建立重点行业温室气体排放标准。四是分别建立"武汉市节能低碳智慧管理平台""武汉低碳新生活服务平台"引导低碳产业和低碳生活。

成都市：

作为第三批低碳城市试点，成都市主要从四个方面着力：一是大力推动共享单车普及。二是与美国、瑞士、德国等国家开展了形式多样的低碳合作。三是不断优化能源结构，加快淘汰落后产能，大力发展绿色建筑和低碳交通，强力推动城市转型升级。四是成立了全国碳市场能力建设（成都）中心，强化碳市场作用。

资料来源：

1. 邢瑞彩：《深圳国际低碳城空间规划指标体系构建研究》，哈尔滨工业大学，2013 年。

2.《武汉市国家低碳城市试点工作调研报告》。

五、注重与国际知名机构的合作

低碳城市建设既需要自身摸索实践，也离不开向先进者学习吸收经验。中国不少低碳城市十分重视国际合作，在与外方的交流合作中，不断学习国际先进低碳技术与发展经验，更好推动自身建设进程。例如，为应对全球气候变化、开展低碳经济合作，天津与新加坡合作共建了中新天津生态城。在生态城的建设过程中，新加坡的城市规划、环境保护、循环经济、可再生能源利用、中水回用等先进理念和经验具有较大贡献。再如，上海、保定在与 WFF“低碳城市”合作过程中，无论是建筑设计和管理、产业发展还是资金支撑方面，均获得一定帮助。而上海在建设崇明生态岛过程中，进一步与联合国环境规划署合作共建，并在自然生态、人居生态、产业生态方面取得了较好效果。成都更是本着为我所用的原则，与美国、瑞士、德国等国家开展广泛合作，以国际化视野推进低碳城市建设。

第四节　探索低碳转型的中国城镇建设之路

中国城市建设将不仅局限于试点示范或是满足单一目标要求，未来城市发展必将走集经济、社会、资源、环境、文化优化协调于一体、且所有城市均能实现的普惠之路。另外，无论是市场主体还是市场化政策手段在其中将会发挥更大作用。中国的低碳实践不仅是引进消化吸收，将进一步向外传播经验，为世界低碳城市发展做出更大贡献。

一、低碳城市是中国未来城市建设的整体趋势

低碳城市作为一种资源环境友好型城市形态，是生态文明的一种先行体现。生态文明是优于传统农耕文明、工业文明的更先进文明形态，更是所有人的期盼；作为生态文明先行体现的低碳城市，同样也是人所向往的居住形态。当前，我国经济社会发展水平不断提高，人民对美好生活向往的需求更加迫切。建设低碳城市已经成为当前中国广泛、自发的共识。正如习近平总书记阐述中国应对气候变化时所言“这不是别人要我们做，而是我们自己要做”，建设低碳城市也同样是中国自主的选择和发展的需要。随着国家低碳城市试点规模数量的逐步增多，相关经验的逐步积累，以及各个城市企业和居民自发的低碳行动，自上而下与自下而上相结合，低碳城市的发展将快速推动。整体而言，低碳城市将是中国城市建设与发展的大趋势。

二、低碳城市建设将不仅实现碳减排而是整体优化

当前，中国除了低碳城市建设外，国家可持续发展议程创新示范区、低碳城（镇）、生态文明建设示范市县、国家卫生城市、国家园林城市、全国绿化模范城市等也同时开展。除此之外，国家智慧城市、全国文明城市、国家幸福家庭创建活动示范市等也在同步建设。城市是一个综合载体，经济、社会、资源环境、文化等一体化协调发展是必然趋势。随着中国资金技术经验进一步积累，各项体制机制进一步优化，城市建设将不仅仅是实现能源消耗的降低、碳排放的减少，而是会在经济结构优化、空间布局、体制机制完善、生态环境保护和建设、文化文明创建等方面全面推进，最终实现经

济高效、社会和谐、生态环境保护的全面优化城市。

三、市场主体和方式将在低碳城市建设中发挥更大作用

市场主体在低碳发展方面尝试作用的动力较强。一方面企业需要承担社会责任，另一方面低碳尝试利于自身提升竞争力、赢取市场，由此市场主体具有较大动力开展低碳实践，进而推动整体低碳发展进程。当前，共享单车企业、滴滴出行公司、阿里巴巴集团等在城市低碳发展方面做出较大贡献。可以预见，未来更多类型行业企业会加入其中，新的技术会层出不穷。在市场主体作用下，中国低碳城市会得到进一步的发展。此外，中国低碳发展政策手段也将会引入更多的市场化方式。当前，新一轮的机构改革为环境治理能力的提升做好了铺垫。随着中国生态环境治理经验的不断积累，加上前期各项铺垫准备，中国环境治理水平将会加快提升。其中，税费、资源环境价格机制、污染权交易等市场化手段将会更加成熟、精准和广泛被应用。城市低碳发展政策体系将由此更加完善。

四、中国低碳城市建设将为世界城市可持续发展提供借鉴经验

中国低碳城市的建设和发展向世界发达地区和城市学习吸收了宝贵经验和技术。未来，中国仍然会在低碳园区社区建设、温室气体核算和计量、节能低碳技术研发、人员培训等方面与发达国家加强交流合作。与此同行，中国在低碳城市建设过程中已经积累了一定技术。随着“丝绸之路经济带”和“21 世纪海上丝绸之路”等对外开放举措深化实施，中国与国际社会在人才、技术、资金等市场要素的交流渠道将不断扩展，合作内容会更为丰富。在此基础上，

中国在低碳城市规划编制、能效管理、可持续城市发展能力建设方面积累的经验和技术，也会一定程度上在对外合作中体现。随着中国低碳城市发展的日趋成熟，相关标准、规划、建设经验会在国际交往和交流中为世人所接受，为推动世界城市可持续发展提供中国方案，做出中国贡献。

参考文献

1. 蔡昉:《人口转变、人口红利与刘易斯转折点》,《经济研究》2010 年第 45 期。

2. 蔡昉等:《中国经济改革与发展:1978—2018》, 社会科学文献出版社 2018 年版。

3. 范芝芬(Fan C.Cindy):《流动中国:迁移、国家和家庭》,社会科学文献出版社 2013 年版。

4. 国务院发展研究中心、世界银行:《中国推进高效、包容可持续的城镇化》, 中国发展出版社 2014 年版。

5. 国家卫生和计划生育委员会流动人口司:《中国流动人口发展报告(2011)》, 中国人口出版社 2011 年版。

6. 迈克尔・斯彭斯、帕特里夏・克拉克・安妮兹:《城镇化与增长:城市是发展中国家繁荣和发展的发动机吗?》, 中国人民大学出版社 2016 年版。

7. 段成荣、杨舸、张斐、卢雪和:《改革开放以来我国流动人口变动的九大趋势》,《人口研究》2008 年 6 月。

8. 胡序威:《经济全球化与中国城市化》,《城市规划学刊》2007 年第 4 期。

9.J.Vernon Henderson:《中国的城市化:面临的政策问题与选

择》,《城市发展研究》2007 年第 4 期。

10. 林毅夫、蔡昉、李周:《中国的奇迹：发展战略与经济改革》，格致出版社 1999 年版。

11. 李强、陈宇琳、刘精明:《中国城镇化“推进模式”研究》,《中国社会科学》2012 年第 7 期。

12. 刘守英:《以地谋发展模式的风险与改革》,《国际经济评论》2012 年第 2 期。

13. 田莉、姚之浩:《中国大城市流动人口的居住问题》,《比较》2018 年第 1 辑。

14. 史育龙:《中国特色城镇化道路的内涵和发展模式》,《贵州社会科学》2008 年第 10 期。

15. 史育龙:《市镇建制变更与区划调整的城镇化效应研究》,《宏观经济研究》2014 年第 2 期。

16. 赵新平、周一星:《改革以来中国城市化道路及城市化理论研究述评》,《中国社会科学》2002 年第 2 期。

17. 周一星、曹广忠:《改革开放 20 年来的中国城市化进程》,《城市规划》1999 年第 12 期。

18. 住房和城乡建设部课题组:《“十二五”中国城镇化发展战略研究报告》，中国建筑工业出版社 2011 年版。

19. 程名望、史清华、刘晓峰:《中国农村劳动力转移：从推到拉的嬗变》,《浙江大学学报（人文社会科学版）》2005 年第 6 期。

20. 程名望、史清华、徐剑侠:《中国农村劳动力转移动因与障碍的一种解释》,《经济研究》2006 年第 4 期。

21. 蔡昉:《中国经济增长可持续性与劳动贡献》,《经济研究》1999 年第 10 期。

22. 杜鹰:《现阶段中国农村劳动力流动的群体特征与宏观背景分析》,《中国农村经济》1997 年第 6 期。

23. 范小玉:《我国农村劳动力转移现状及其发展趋势》,《调研世界》1997 年第 3 期。

24. 简玉兰:《我国农村劳动力转移的现状及其对策》,《中国农村经济》2005 年第 3 期。

25. 国家发展和改革委员会宏观经济研究院:《迈向全面建成小康社会的新型城镇化道路研究》,经济科学出版社 2013 年版。

26.《重庆市人民政府关于统筹城乡户籍制度改革的意见》,2010 年 7 月 28 日,见 http://www.cq.gov.cn/publicinfo/web/views/Show!detail.action?sid=4047465。

27. 国家发改委国土开发与地区经济研究所课题组:《农民工群体差别化落户政策及实施方案研究》,2016 年。

28. 清华大学中国新型城镇化研究院:《关于石家庄推进农业转移人口市民化的调研报告》,2016 年 11 月 29 日,见 http://tucsu.tsinghua.edu.cn/index.php?c=content&a=show&id=12。

29. 国家发改委发展规划司:《河北省石家庄市推进农业转移人口市民化的典型经验》,2016 年 12 月 29 日,见 http://ghs.ndrc.gov.cn/zttp/xxczhjs/zhsd/201612/t20161229_833438.html。

30. 国家发改委发展规划司:《广东省东莞市推进农业转移人口市民化的典型经验》,2016 年 12 月 29 日,见 http://ghs.ndrc.gov.cn/zttp/xxczhjs/zhsd/201612/t20161229_833437.htmll。

31. 曹雪根等:《论常住人口与流动人口倒挂下的冲突处置——以嘉兴市为例》,《公安学刊——浙江警察学院学报》2013 年第 2 期。

32.《嘉兴首设新居民事务局 180 万外来者告别暂住证》,《领导决策信息》2008 年第 20 期。

33. 国家统计局嘉兴调查队：《嘉兴外来人口居住证申领比例高》，2016 年 1 月 8 日，见 http://www.jiaxing.gov.cn/jxgdd/tjxx_9544/tjsj_9546/201601/t20160108_565441.html。

34. 雨之：《国有土地使用权招拍挂出让实证分析》，《中国房地产金融》2005 年第 5 期。

35. 米健、王小映：《进一步探索完善土地储备制度》，http://www.mlr.gov.cn/xwdt/mtsy/people/201607/t20160729_1413119.htm。

36. 吴璟：《建设用地增减挂钩试点十年　土地利用布局“变形记”》，http://www.scps.gov.cn/info/1243/29151.htm。

37. 张文：《城乡建设用地增减挂钩节余指标可跨省域调剂　乡村振兴资金渠道更多了》，http://hbjswm.gov.cn/xj_pd/gddt/201805/t20180510_4681172.shtml。

38. 黄征学：《土地征用制度创新的实践及深化改革的建议》，《中国经贸导刊》2013 年第 25 期。

39. 许光辉、梁小珍：《河北定州：蹚出征地制度改革新路》，http://www.mlr.gov.cn/xwdt/jrxw/201706/t20170616_1510473.htm。

40. 叶敏：《“三块地”改革的突破口——关于农村宅基地制度改革初步分析》，《国土资源通讯》2017 年第 12 期。

41. 孔祥智：《农村的“三块地”改革应走市场化之路》，《农村经营管理》2015 年第 8 期。

42. 侯隽：《全国人大代表蔡继明：“三块地”改革关键是处理好农村宅基地的流转》，《中国经济周刊》2017 年第 9 期。

43. 高伟、林远、崔晶：《农村“三块地”改革试点进入“决战期”宅基地制度改革有望率先扩围》，《农村·农业·农民》2017 年第

6 期。

44. 赵祯祺:《人大授权：农村土地征收等三项改革试点继续推进》,《中国人大》2017 年第 21 期。

45. 周颖明:《农村土地征收制度改革的建议》,《南方农业》2015 年第 9 期。

46. 刘禺涵:《我国土地征收制度改革的问题与走向》,《河北法学》2017 年第 35 期。

47 许经勇:《我国农村土地制度改革的演进轨迹》,《湖湘论坛》2017 年第 30 期。

48. 黄征学:《土地征用存在的问题及其对策思路》,《中国发展观察》2006 年第 5 期。

49. 张海明:《成都郫都区试点农村住房抵押贷款农村房子也值钱了》，http://scnews.newssc.org/system/20170206/000746750.html。

50. 董祚继:《如何看待农村宅基地有偿使用改革》，http://www.laimaidi.com/pid/16514.html。

51. 刁其怀:《宅基地退出：模式、问题及建议》,《农村经济》2015 年第 12 期。

52. 张恒:《中央深改组会议之后，“三块地”改革试点透露未来信号》，http://finance.sina.com.cn/roll/2017-11-25/doc-ifypapmz4950786.shtml。

53. 楼明月:《义乌宅基地“三权分置”写进中央 1 号文件》，http://www.jhnews.com.cn/2018/0207/799858.shtml。

54. 沈宏婷、陆玉麒:《开发区转型的演变过程及发展方向研究》《城市发展研究》2011 年第 18 期。

55. 王兴平、许景：中国城市开发区群的发展与演化——以南京为例》,《城市规划》2008 年第 243 期。

56. 肖金成:《改革开放三十年看开发区的建设》,《经济》2008 年第 9 期。

57. 陈益升、陈宏愚、湛学勇:《经济技术开发区与高新技术产业开发区未来发展分析》,《科技进步与对策》2002 年第 19 期。

58. 胡新智:《中国国家级经济技术开发区产业集群效果分析》,《管理评论》2005 年第 17 期。

59. 黄鲁成、张淑谦:《中国高新技术产业开发区科技创新初探》,《科学管理研究》2007 年第 25 期。

60. 郝寿义:《雄安新区与我国国家级新区的转型与升级》,《经济学动态》2017 年第 7 期。

61. 谢广靖、石郁萌:《国家级新区发展的再认识》,《城市规划》2016 年第 40 期。

62. 刘涛:《国家级新区的理论、实践及其未来研究方向》,《城市观察》2015 年第 4 期。

63. 袁铽伴:《从经济开发区看改革开放 20 年》,《中国外资》1998 年第 9 期。

64. 肖金成:《雄安新区：定位、规划与建设》,《领导科学论坛》2017 年第 16 期。

65. 樊雪志:《市管县体制的历史作用及历史局限性》,《中国经济时报》2010 年 7 月 13 日。

66. 付长良:《试论理顺地区行政公署的行政区划体制》,《政治学研究》, 1997 年第 2 期。

67. 甘行琼:《“省管县”代替“市管县”的政治经济学》,《财政研究》2005 年第 6 期。

68. 顾朝林、浦善新:《论县下设市及其模式》,《城市规划学刊》2008 年第 1 期。

69. 胡印斌:《“撤县设市”不是城市化的灵丹妙药》,《光明日报》2015 年 4 月 28 日。

70. 李清芳:《市县关系的法律研究》, 中国政法大学, 2005 年。

71. 浦兴祖:《当代中国政治制度》, 复旦大学出版社 1999 年版。

72. 石超艺:《中国县级市前景试析》,《江汉论坛》2006 年第 5 期。

73. 王春霞:《市管县体制: 变迁、困境和创新》,《城乡建设》2000 年第 12 期。

74. 王松青:《县改市是中国城市化的方向》,《理论月刊》1996 年第 1 期。

75. 王英津:《市管县体制的利弊分析及改革思路》,《理论导刊》2005 年第 2 期。

76. 王永明:《地级市辖区行政职能和管理体制探析》, 复旦大学, 2009 年。

77. 徐海珍、张晶、姜飞燕:《中国市县法律关系初探》,《中国商界》2009 年第 8 期。

78. 徐湘林:《社会转型与国家治理》,《政治学研究》2015 年第 1 期。

79. 杨海华:《近十年来的行政区划调整对城市郊区化的影响——以广州为例》,《商场现代化》2009 年第 36 期。

80. 殷洁、罗小龙:《从撤县设区到区界重组——中国区县级行政区划调整的新趋势》,《城市规划》2013 年第 37 期。

81. 张艺烁:《撤县设区的历史和现状分析》,《法制与社会》

2016 年第 24 期。

82. 张艺烁：《撤县设区改革的对策研究》，《农村经济与科技》2016 年第 27 期。

83. 陈剩勇、张丙宣：《强镇扩权：浙江省近年来小城镇政府管理体制改革的实践》，《浙江学刊》2007 年第 6 期。

84. 曹飞：《城市存量建设用地低效利用问题的解决途径》，《城市管理》2017 年第 11 期。

85. 孟祥舟、林家彬：《对完善我国土地用途管制制度的思考》，《中国人口 · 资源与环境》2015 年第 5 期。

86. 刘新平、胡如梅、宋子秋：《建设项目用地预审制度变迁的理论逻辑、演化特征与路径选择》，《中国土地科学》2018 年第 3 期。

87. 卢为民、张琳薇：《国际城市土地用途管制制度的演变特征与趋势》，《中国国土资源报》2015 年 9 月 21 日。

88. 李恩平：《中国城市土地制度改革回顾与展望》，《改革与战略》2010 年第 5 期。

89. 蓝颖春：《解读〈土地利用年度计划管理办法〉》，《地球》2016 年第 7 期。

90. 杨东峰、刘正莹：《中国 30 年来新区发展历程回顾与机制探析》，《国际城市规划》2017 年第 2 期。

91. 古超：《生态保护红线区划与城市空间营制区划协调性研究》，硕士学位论文，西北大学，2017 年。

92. 张舰：《对完善城市“四线”管理办法的思考与建议》，中国城市规划年会，2014 年。

93. 彭小雷、苏洁琼、焦怡雪等：《城市总体规划中“四区”的划定方法研究整理》，《城市规划》2009 年第 2 期。

94. 洪明、邵波：《浙江县市域“多规合一”探索研究》，中国城市规划年会，2014 年。

95. 王浩：《城乡统筹背景下镇域规划编制办法研究——以广东省四会市江谷镇总体规划为例》，《规划师》2013 年第 29 期。

96. 滕飞、李忠、卢伟：《建设生态绿心打造绿色城市群》，《中国经贸导刊》2016 年第 12 期。

97. 汪越、谭纵波、高浩歌等：《中国城乡规划法规与标准体系的演变研究》，中国城市规划年会，2017 年。

98. 周勇：《城市总体规划中的空间管制体系研究》，《建材世界》2017 年第 38 期。

99. 杨晓刚：《城市总体规划中空间管制衔接机制研究》，硕士学位论文，桂林理工大学，2015 年。

100. 张晓峰：《城市总体规划中的空间管制体系建构研究》，《中国标准化》，2017 年第 8 期。

101. 周一星，于艇：《对我国城市发展方针的讨论》，《城市规划》1988 年第 3 期。

102. 陈雯：《城市发展方针的再探讨》，《科技导报》1995 年第 8 期。

103. 中国城乡建设经济研究所：《基本建设文件选编》，中国建筑工业出版社 1984 年版。

104. 李秉仁：《我国城市发展方针政策对城市化的影响和作用》，《城市发展研究》，2008 年 2 月。

105. 闫学东：《城市总体规划》，北京交通大学出版社 2016 年版。

106. 魏后凯：《中国城市行政等级与规模增长》，《城市与环境研究》2014 年第 1 期。

107. 陈宇琳:《我国快速城镇化时期大城市人口规模调控对策评价与思考》,《现代城市研究》2012 年第 7 期。

108. 邱国盛:《现代化与中国大城市外来人口管理研究——以上海市为例(1840—2000)》, 华东师范大学, 2005 年。

109. 陈亚军:《特色小(城)镇建设应在新型城镇化进程中找准定位和方向》, 2017 年。

110. 任致远:《关于城市发展方针和规模标准问题的看法》,《城市发展研究》2014 年第 9 期。

111. 方创琳:《中国城市发展方针的演变调整与城市规模新格局》,《地理研究》2014 年第 4 期。

112. 何兴华、张立:《小城镇发展战略的由来及实际效果》,《小城镇建设》2017 年第 4 期。

113. 李明超:《我国城市化进程中的小城镇研究回顾与分析》,《当代经济管理》2012 年第 3 期。

114. 袁中金:《中国小城镇发展战略研究》。

115. 张洪兴:《社会资本论: 社会资本与新农村建设研究》, 旅游教育出版社 2014 年版。

116. 吴晓林:《大中小城市与小城镇协调发展——中国小城镇发展的误区与思路调整》,《中国社会科学报》。

117. 王娟:《中国城市群演进研究》, 西南财经大学博士学位论文, 2012 年。

118. 毛汉英:《京津冀协同发展的机制创新与区域政策研究》,《地理科学进展》2017 年第 1 期。

119. 王玉明、王沛雯:《珠三角城市群一体化发展: 经验总结、问题分析及对策建议》,《城市》2015 年第 1 期。

120. 卢伟、汪阳红、贾若祥、张燕:《基于珠三角城市群一体化发展的调研报告——以广佛肇经济圈为例》,《调查·研究·建议》2013 年 12 月。

121. 卢伟:《我国城市群形成过程中的区域负外部性及内部化对策研究》,《中国软科学》2014 年第 8 期。

122.《国家新型城镇化发展规划(2014—2020)》。

123.《中华人民共和国国民经济和社会发展第十三个五年规划纲要(2016—2020)》。